Doris Leupold, Dez. 99

MERIDIANE

Aus aller Welt

Band 9

Zoé Valdés

Dir gehört mein Leben

Roman

Aus dem Spanischen von
Susanne Lange

Ammann Verlag

Satz: Gaby Michel, Gießen
Druck und Bindung: Clausen & Bosse, Leck
ISBN 3-250-60009-1

Für Mami

Müßt ich am Ende meiner Tage
mein Leben niederschreiben,
müßt ich die intensivsten Stunden
am Ende in Worte kleiden,
dann würde ich ohne Frage
von dir am meisten schreiben,
denn du bist Liebe, Freude, Illusion,
Gefühl und Traumvision.

von Juan Arrondo, gesungen von Clara y Mario

Beschwörung des Kopfes

Igba, baba, igba yeye, igba echu alagbana
Bitte Vater, bitte Mutter, bitte Echu Alagbana;
igba ile akuokoyeri, igba ita meta bidigaga
bitte Haus Echu Akuokoyeri, bitte Ecke 3, bitte Maulbeerbaum;
kinkamache oyubona, kinkamache apetevi
sei gesegnet, zweite heilige Patentante, sei gesegnet, Hüterin von Orula;
kinkamache ori mi kinkamache gbogbo oricha
sei gesegnet, mein Kopf, seid gesegnet, alle Orishas;
agbalagba kinkamache kinkamache komalebe
ihr Alten, seid gesegnet. Sei gesegnet, begünstigter Kopf;
agbaniche, oba ni omo
Orisha ozeanischer Tiefen, König sein Sohn;
ona kuni obani ye emi
sei auf der Hut unterwegs, das Wild ist für Obatalá;
kachocho eni kachocho
Obatalá, laß mich gewähren.

Erster Teil

Die Havannomanie der Havannomanien, alles ist Havannomanie … Zwei Heimsuchungen habe ich, die Stadt und die Nacht. Sich erinnern bedeutet, diese Büchse der Pandora zu öffnen, aus der alle Flüche und alle Gerüche dringen und die Musik der Nacht …

Guillermo Cabrera Infante

Erstes Kapitel

Be Careful, It's My Heart

Vorsicht,
du hältst mein Herz,
nicht meine Uhr
in deiner Hand.

von Irving Berlin,
gesungen von Bola de Nieve

Ich bin nicht Autorin dieses Romans. Ich bin sein Leichnam. Aber das spielt keine Rolle. Jetzt muß erzählt werden, und sei es mit Würmern im Mund, wie der Tote, der als Erzähler durch meinen Lieblingsfilm, *Sunset Boulevard* von Billy Wilder, führt. Später, in einem der folgenden Kapitel, werde ich meinen offiziell beglaubigten Totenschein vorlegen. Jetzt aber die Ohren gespitzt oder, besser gesagt, in diese Seiten gestürzt, in denen ich – und zwar mit Liebe und Schmerz – als Geist überlebt habe:

Im Jahr vierunddreißig kam in Santa Clara in der früheren Provinz Las Villas, heute Villa Clara, Cuca Martínez zur Welt. Ihr Vater war ein chinesischer Gastwirt, der sich von Kanton nach Mexiko aufgemacht hatte. In Mexiko hatte er sich einen anderen Nachnamen zugelegt und war nach Kuba gegangen, um dort sein Glück zu machen. Ihre Mutter war in Dublin geboren worden, hatte dort aber nur die ersten zwei Jahre ihres Lebens verbracht. Cucas Großeltern mütterlicherseits zogen mit ihren drei weiblichen Sprößlingen im Schlepptau nach Kuba in der Hoffnung, sich dort mit Pferdefleisch eine goldene Nase zu verdienen, denn Cucas Großvater war Metzger und überall als der Hackebeilkönig bekannt. Die drei Bälger wuchsen zu drei rothaarigen jungen Damen mit blauen Augen heran. Die Jüngste hatte sich inzwischen darauf verlegt, französische Dichtung auf der Provinzbühne zu deklamieren, und verliebte sich, mehr vom Exotischen als vom Asiatischen angezogen, in den Küchenchinesen von bescheidener Herkunft. Aus der Verbindung von Schlitzauge und Rotschopf gingen fünf Kinder hervor, ein Sohn starb schon im zarten Alter, ein anderer bekam mit fünfzehn Kinderlähmung, der dritte ist Asthmatiker und chronischer Katholik, eine Tochter ist nervenkrank, und die fünfte, Cuca Martínez, ist die gesündeste von allen und war beileibe nicht immer so alt, zahnlos und häßlich wie jetzt. Wir wollen festhalten, daß Cuca Martínez einmal üppige fünfzehn war, was auf gut havannisch heißt, daß sie eine Schönheit gewesen ist, gewaltig was hergemacht und in ganz Havanna auf Straßen und Boulevards Auffahrunfälle verursacht hat.

An ihrem zehnten Geburtstag mußte die Kleine, wie Cuca Martínez einfach genannt wurde, zu María Andrea, ihrer rituellen *Santera*-Patentante, ziehen, denn ihre Erzeugerin mit der roten Zottelmähne und den Meeresaugen hatte sich in den Kopf gesetzt, ihre Laufbahn als erbärmliche Schauspielerin oder eher als Vortragskünstlerin fortzusetzen, und trennte sich von Klein-Cucas chinesischem Vater. Sie legte sich einen achtzehnjährigen Liebhaber zu und ließ sie sitzen: aus den Augen, aus dem Sinn. Der Asiate, der keine vier Kinder durchfüttern konnte, behielt zwei bei sich und gab die anderen zwei an die schwarze Patentante ab, die unter anhaltenden und hartnäckigen Zahnschmerzen litt. Bei ihr lernte Klein-Cuca waschen, spülen, kochen, bügeln und all die anderen Arbeiten, die ihrem Geschlecht vorbehalten waren (wie ungern benutze ich diese Floskel!). In ihrer äußerst spärlichen

Freizeit durfte sie mit einer zur Puppe umgewandelten Bierflasche spielen. Hunger hat sie nie leiden müssen, um ehrlich zu sein, aber man kann nicht gerade behaupten, daß sie in Spielzeug erstickt wäre, wahrscheinlich hat sie nie eins besessen. Für Langeweile war keine Zeit, unaufhörlich arbeitete Klein-Cuca wie ein Maultier, und in den kurzen Augenblikken der Muße spielte sie mit der Flaschenpuppe oder wärmte Alkohol im Mund, um dann mit der lauwarmen Flüssigkeit María Andreas fauliges Gebiß zu besprengen und so den Schmerz zu lindern, mit dem die Karies sie marterte. Sie wohnten mit Klein-Cucas asthmatischem und chronisch katholischem Bruder und dem dreiundzwanzigjährigen Sohn der Patentante zusammen.

Während einer dieser hitzigen, öden Nächte auf dem Lande mußte die Patentante zu einer spiritistischen Sitzung gehen. Mutterseelenallein blieb Klein-Cuca daheim. Das Geschirr war schon gespült, und so machte sie sich daran, ihrer Flaschenpuppe neue Kleider zu nähen. Sie fädelte gerade den Faden ein, als auf einmal der hellhäutige, mattfarbene Mulattensohn der Patentante María Andrea auf der Bildfläche erschien. Er hatte seinen Kolben schon im Anschlag, stürzte sich auf die Kleine und warf sie, ihrer Sinne beraubt, ruck, zuck auf die geheiligte Matte zum Muschelwerfen. Hastig zerfetzte er ihr Unterhöschen, bog die schlanken, mit Flohstichen übersäten Schenkel auseinander und schickte sich an, ihre knochentrockene, kahle Muschel mit seiner Brechstange zu knacken, als auf einmal die Patentante María Andrea, vom Geist besessen, in voller spiritistischer Trance auftauchte, eine Latte mit einem Nagel am Ende schwang und den Rücken ihres Vergewaltigersohns mit einem Schlag spaltete. Dieser nahm beide Beine in die Hand und stürzte aus offenen Schleusen blutend davon. Unterwegs entleerte er noch kurz seine Spritze in ein Kälbchen und versuchte dann, sich zu erhängen. Aber da er den Strick in einem Laden geklaut und der Inhaber ihn angezeigt hatte, war er kaum hundert Schritte weit gekommen, als die Polizei ihn unter dem Baum festnahm, der eigentlich sein Galgen hätte sein sollen.

Als Klein-Cuca erwachte, die Zunge in Blut gebettet, vergewisserte sich María Andrea mit Hilfe einer Hebamme, daß ihr Patentöchterchen noch Jungfrau war, und zerdrückte nur ein paar Krokodilstränen bei der Nachricht, daß ihr Sohn nun im Gefängnis saß. Sie hatte noch nie viel für den Jungen übrig gehabt, und er ebensowenig für sie. Mutter und Sohn scheuten einander wie der Teufel das Weihwasser. María Andrea atmete sogar erleichtert auf, sagte sich, daß ihm das Gefängnis nur guttun würde, tröstete sich jedoch gleichzeitig mit dem Gedanken, daß *ein fauler Stamm schlechte Früchte trägt* und machte sich daran, den Betonboden mit Petroleum zu scheuern, als wäre nichts weiter geschehen.

Sechs Jahre vergingen, und der matte Mulatte kam aus dem Bunker nur raus, um wegen gewöhnlicher Delikte wieder reinzukommen: Raubüberfall, versuchte Vergewaltigung, Autodiebstahl. Aber er war geschickt genug, sich Freigang zu verschaffen, und wurde schließlich endgültig auf freien Fuß gesetzt. Zu seiner Familie wollte er nicht mehr zurück, doch kam er sie häufig besuchen. Er blieb immer nur fünfzehn, zwanzig Minuten, gerade mal auf einen Kaffee, sagte nichts, tat nichts, war einfach bloß da, in Gedanken versunken, und berührte alle unangenehm mit seinem Atem und seinem stinkigen Verbrecherschweiß.

Klein-Cucas asthmatischem, chronisch katholischem Bruder hatten sie den Verschlag von María Andreas Sohn angeboten, Bretterwand an Bretterwand mit der Pritsche seines Schwesterchens. Die Kleine war inzwischen zu einem jungen Mädchen herangewachsen, aber der Spitzname blieb ihr, bis sie eine gestandene Frau war, und als eines Tages der Morgen unter heftigem Regen graute, vernahm sie ein Hecheln wie von einem durstigen Pferd und den Schlachtlärm von reißenden Laken und Kleidern. Mehr ängstlich als neugierig, mit einem Eisklotz im Magen und diesem dringenden Bedürfnis, zu kotzen und zu kacken, das einem die Panik eingibt, spähte sie durch eine Ritze. Sie verrenkte sich fast den Kiefer, als sie den Schrei erstickte. Jemand hielt ihren Bruder gewaltsam bei den Haaren gepackt, er war nackt, mit Schrammen übersät und naß, der Geifer tropfte nur so an ihm runter, er war gefesselt, weinte leise und betete dabei, »oh, mein Gott, o weh«. Seine Zwillingsmonde glänzten käsig im Mondenschein, der durch die unzähligen Spalten einfiel, während in die Spalte seines Hinterlands der Knüppel des matten Mulatten einfiel wie ein türkisches Krummschwert, das sich in ein Herz versenkt. Klein-Cuca konnte die grellroten Arschbacken ihres Bruders sehen und die blut- und kotverschmierte Rute des anderen. Sie wollte schreien, wollte für ihren katholischen und chronisch asthmatischen Bruder um Hilfe rufen. Aber da ereilte den Mulatten ein Jahrhundertorgasmus, und er erstickte sein Stöhnen durch einen beherzten Biß in die Schulter des anderen. Der weinte und lachte zugleich, säuselte »ach, mein göttlicher Liebling, mein süßer Mulatte, mein Mauseschwänzchen, ojeoje«. Sogleich bekam auch er seinen überirdischen Orgasmus, seine Lungen öffneten sich, und er atmete tief und gleichmäßig durch wie ein Taucher, ein Froschmann. Mit Schmerzen und Schrecken erkannte Klein-Cuca, was sich da abspielte, begriff die Lust ihres katholischen und chronisch asthmatischen Bruders und lernte von da an, schweigend zu leiden – die Zeit des Spielens war für sie vorbei. Nach dieser Po-Operette hatte Klein-Cuca ein Trauma fürs Leben weg und empfand seitdem Faszination und Ekel zugleich vor dem Sex.

An ihrem sechzehnten Geburtstag ging sie zum Haus ihrer Stiefmutter und bat ihren Vater um Erlaubnis fortzugehen

– aus wirtschaftlicher Not gewährt – und um ein paar Zechinen, mit dem Versprechen, sie später zurückzuerstatten. Dann verabschiedete sie sich mit tränen- und rotztriefenden Küssen von ihrer Patentante, überzeugt, sie niemals wiederzusehen. Ihrem Bruder gab sie nur den knappen, doch leicht mütterlichen Rat, auf sein Asthma achtzugeben. Er kannte sein Heilmittel bereits, sein Leib- und Hintern-Spray, sein Darm-Aerosol.

Sie nahm den Bummelzug, der an jeder gottverdammten Ecke der verflixten Insel hielt, nach Havanna. Cuca Martínez erinnert sich nicht an ihren ersten Eindruck von der ehemals schönsten Hauptstadt Lateinamerikas. Klein-Cuca machte sich, halbtot vor Hunger, Müdigkeit und Hitze, direkt zu einem Etagenhaus – so hießen damals noch die späteren Mietshäuser – in der Altstadt von Havanna auf, wo in der Calle Conde eine asturische Freundin von María Andrea mit Namen Concha wohnte, die sie unter ihre Fittiche nehmen sollte. Als erstes fragte die mollige, von Fettschweiß triefende Concha nach ihrem Alter. Die Antwort, von der ihr Gegenüber keine Silbe glaubte, lautete:

»Ich bin gerade zwanzig geworden, bin halt ein bißchen mickrig geraten.«

Zwischen ihrer eigenen vereitelten Vergewaltigung im Alter von zehn und der vollendeten Vergewaltigung ihres Bruders waren sechs Jahre vergangen.

»'n bißchn?« Die Asturierin lispelte zwar wie die Spanier, verschluckte aber ganze Silben wie die Leute aus Havanna. Sie zog ein Männertaschentuch mit einem Knoten an jeder Ecke aus dem Ausschnitt, ihr Brustbeutel für den Spargroschen, verteilte damit den fettigen Schweiß über Hals und Stirn und klemmte sich die Fahne dann wieder unter den BH-Träger. Sogleich drückte sie Klein-Cuca einen Besenstiel in die Hand mit den Worten: »Na los, mach voran, hier wartet 'n Berg Arbeit.

Kriegst ne Pritsche im Zimmer von der Mechunguita und der Puchunguita. Später kann ich dich inner *Cafetera* von Pepe unterbringen, fürs erste bekommste Kost und Logis bei mir, wennde das Haus eifrig und emsig schrubbst: alle Zimmer, das Bad, die Spüle, die Treppen bis zum Dach rauf, und daß mir ja alles blitzt, oder du kriegst ne Abreibung mit meinem Pantoffel, schau ihn dir gut an!« Sie zeigte auf ihre Holzpantinen mit der schwarzen Gummilasche. »Außerdem mußt du kochen, einkaufen, waschen, bügeln und was mir sonst noch so zwischen Himmel und Erde mein Oberstübchen oder mein Unterleib eingibt. Und damit du's weißt, ich halt nichts vom Zusammenglucken, also keine Sauereien mit der Mechunga und ihrer kleinen Freundin, der Puchunga. Hier wird gearbeitet, und zwar mit Karacho!«

Damit hier keine falschen Vorstellungen aufkommen, muß ein für allemal klargestellt werden, daß Cuca Martínez eins von den unzähligen Landeiern war, die ohne einen Fünfer in der Tasche in Havanna landen, noch halb Kind, unerfahren, mit einer vorprogrammierten Zukunft als Dienstmädchen, ohne jede Chance, berühmt zu werden, denn die Kleine sang so schlecht, daß sie sich nicht mal unter der Dusche zu trällern traute, außerdem hatte sie ein paar einmalige Quadratlatschen. Später lernte sie zwar noch, mit den Hüften zu wackeln und sich im Cha-Cha-Cha-Rhythmus, oder was sonst noch so in Mode war, zu wiegen, aber das machte aus ihr noch lange keine berüchtigte Tanzparkettkönigin. Sie konnte nur arbeiten, folgsam sein und lieben. Denn Klein-Cuca liebte alles und jeden auf der Welt, und niemand liebte sie, Zuneigung erhielt sie keine! Vor allem nicht die einer Mutter.

Wie ein geölter Blitz fegte sie mit dem Staubwedel durch die Zimmer, wischte Ruß weg, kehrte, schrubbte, kochte, spülte und wusch, stärkte und bügelte die ganze Wäsche der letzten Woche. Als sie mit der Arbeit fertig war, warf sie sich, ungewaschen und ohne gegessen zu haben, zitternd mit vierzig Fieber auf ihr Lager. Nicht einmal das Zimmer nahm sie zunächst wahr. Die vom Delirium tränenden, glühenden Augen wanderten ganz allmählich durch den Raum. Die Wände waren gelb, der Türrahmen pastellblau gestrichen. Von der Decke hing eine Trauerlampe, die Kristalltränen weinte und mit ihrem Schattenspiel eine phantasmagorische Wehklage an die Wände zeichnete. Die Möbel waren spanischer Reu-naissance-Stil. Ein breites Bett schaukelte und quietschte im Rhythmus weiblichen Stöhnens. Im Fieberwahn hatte sie zuerst gedacht, die Klagelaute würden aus ihrer eigenen Brust kommen. Aber nein, nicht sie rieb da ihren nackten Körper gegen die zimtfarbene Haut eines anderen funkensprühenden Körpers, der wie der einer *Tropicana*-Tänzerin aussah. Sie rieb sich die Augen mit den Fäusten, um sich zu vergewissern, daß sie nicht träumte. Nein. Die zwei entfesselten Rasseweiber mußten ihre Zimmergenossinnen sein: die Mechunguita und die Puchunguita. Beide verkneteten sich gerade zu einer sapphischen Tortilla, die schon fast aus der Pfanne sprang, sie rubbelten sich gegenseitig, daß die Funken stoben. Titte auf Titte. Schlitz auf Schlitz. Ihre Finger voll billiger Klunker machten sich mit Lichtgeschwindigkeit an ihren Kitzlern zu schaffen. Ihre Münder oder, besser gesagt, Wulstschnuten saugten an jedem Vorsprung, den sie nur finden konnten. Sie trommelten sich sogar auf die Pobacken, bis ihre Hintern feuerrot waren, und zwickten sich in die Brustwarzen, bis sie vor Lust aufkreischten. Cuquita glaubte, vor Scham zu vergehen. Warum konfrontierte sie das Leben immer mit für ihr zartes Alter allzu gewaltsamen Szenen? Sie wußte nicht, wie sie auf sich aufmerksam machen sollte, sie räusperte sich kräftig, aber die anderen nahmen keine Notiz von ihr. Dann hustete sie, und dabei öffnete sich ihr After mit lautem Knattern. Die Mahagonimähne der Puchunguita wallte in der Luft, ihre steil aufgerichteten Titten erzitterten wie zwei Kanonenrohre, kurz davor, Feuerkugeln abzuschießen:

»He, wer hat den fahrenlassen?«

»Also, ich war's nicht!« protestierte lautstark die Mechunguita, die so entflammt war, daß ihr das Kraushaar der hellen Mulattin wie elektrisiert zu Berge stand.

Schließlich bemerkten sie Klein-Cuca. Zitternd sah sie ihnen zu, den Rücken an die Zimmertür gepreßt. Die Mechunga und die Puchunga schlüpften in ihre Unterröcke, die mit Jersey-Geschmeidigkeit über ihre Haut bis zu den Knien glitten. Da sie keine Slips trugen, schimmerte ihre Schamwolle durch und zeichnete sich unter dem dünnen Stoff ab. Die beiden Frauen schleuderten Cuquita, die den Tränen nahe war, blitzende Blicke zu.

»Und wo kommt das Arschgeigengesicht da her?«

»Woher soll ich'n das wissen? War das dein Furz?«

Cuquita nickte, noch ängstlicher, denn schon sah sie sich von diesen beiden sexuell einseitig oder, besser gesagt, beidseitig gewandten Tortillas vergewaltigt. Offenbar errieten sie ihre Gedanken, denn sogleich antworteten sie:

»Mach dir keine Illusionen, für Gören haben wir nichts übrig ...«, sagte die Mechunguita. »Wir sind an ordentliche Weibs- und Mannsbilder gewöhnt... Ach, du mußt Cuquita Martínez sein, die Neue! Aber Kind, du bist doch noch viel zu klein für so was... für die Seligkeit des Sündenlebens!«

Cuquita erklärte ihnen, schon etwas beruhigter, als sie sah, daß sich die beiden auf je einer Bettkante niederließen und sich synchron eine Camel anzündeten, daß sie nur zum Putzen, Waschen, Kochen, das heißt, um im Haushalt zu helfen, hier war... um sich ihren Unterhalt zu verdienen – und zwar auf anständige Weise. Kurz und gut, sie war nur das neue Dienstmädchen.

»Ich weiß nicht, ob unsere Hauswirtin euch erzählt hat,

daß ich bei euch im Zimmer schlafe ... Ich bin sehr rücksichtsvoll, störe niemanden, respektiere die anderen und erwarte dasselbe von ihnen ...«

Worauf die Mechunguita sarkastisch zurückgab:

»Hier stellt niemand mit dir was an, was du nicht selber willst ... Nicht wahr, Puchunguita?«

»Klar doch.«

Kaum hatte sie ihren Satz beendet, verdrehte Cuquita die Augen zur Decke und klatschte der Länge nach wie ein Huhn, dem man den Hals umgedreht hatte, auf den Boden, übermannt vom Fieber und dem Aufruhr der Gefühle. Die beiden Amazonen richteten den zerbrechlichen Körper auf und führten die Kleine zum Bett. Liegend sah das Mädchen noch magerer, schwächlicher und kränklicher aus. Die Puchunga holte Eiswasser in einer Schüssel sowie Alkohol und rieb sie damit ab. Das Fieber ging bald runter, und Cuquita schlief friedlich bis zehn Uhr abends. Um diese Uhrzeit wachte sie wie neugeboren und voller Elan auf und hätte, wenn nötig, das ganze Gebäude noch mal putzen können. Die Mechunga gab ihr einen Teller Hühnersuppe. Den hatte sie im Nu verputzt, wobei sie die Löffelvoll in sich hineinschlürfte und dabei ein Getöse wie ein Spülbeckenabfluß veranstaltete.

»Gewöhn dich ja nicht ans Krankwerden, das Hausmädchen bist du, nicht wir ... Ach ja, und lern mal, ordentlich Suppe zu essen ...«

»Verzeihung, es kommt nicht mehr vor«, bat und versicherte Cuquita Martínez, rot vor Scham.

Inzwischen zwängte die Puchunguita ihren modellierten Körper in ein granatrotes Lamékleid, schlüpfte in ein Paar hohe, rote Stöckellackschuhe und bepinselte sich die Lippen in Bordeauxrot. Auch die Mechunga machte sich an ihre Betakelung, wand sich in ein goldenes Lamékleid, zog sich hohe, ebenfalls goldene Sandalen an und übermalte sich die Schnute scharlachrot. Dann betupften sie sich Rücken, Schultern und Ausschnitt mit ihren Puderquasten. So sind nun mal die Frauen von Havanna, sie lieben es, auf der Straße Pudertupfer am Hals zur Schau zu stellen. Frisch parfümiert zündeten sie sich zwei weitere Camels an. Vor dem Spiegel strichen sie sich dann über ihre Bäuche, zupften sich die Kleider über dem Hintersteven zurecht und rückten ihre Titten in Position. Schließlich zogen sie sich mit schwarzem Kohlestift die Leberflecke nach, die Mechunga einen über der Lippe und die Puchunga einen am linken Brustansatz, genau über dem Herzen. Cuquita schaute ihnen mit offenem Mund zu.

»Warum gibst du dir keinen Stoß und kommst mit, he?« fragte scherzhaft die Mechunguita.

Sie verneinte lebhaft mit entschiedenem Kopfschütteln, beneidete ihre Zimmergenossinnen jedoch heftig.

»Ach komm schon, amüsier dich 'n bißchen mit uns im *Momatre*!« – sie meinte das *Montmartre*. »Na los, ich leih dir 'n Kleid aus der Zeit, als ich noch nicht so'n ausladenden Balkon und solche Sitzpolster hatte ...«, ermunterte sie mit schrillem Lachen die Puchunguita.

Im Handumdrehen kostümierten die beiden sie mit einem schwarzen Samtkleid, mit blauen Pailletten bestickt. Ihre Bällchen paßten nicht in den Ausschnitt und hüpften im Korsett umher. Zumindest füllten die Hüften den unteren Teil des Kleides aus. Die Mulattin polsterte ihren BH und löste so das Problem der Hühnchenbrust. Die Mechunga lieh ihr ein Paar schwarze Lacksandalen.

»Mädchen, was haste für'n Elefantenfuß! Hast ja meine Größe, vierzig, kolossale Quanten für dein Alter!«

Es stimmte, daß Cuquita mit ihren Zaunlatten Wasserski hätte fahren können und mehr als komisch, ja sogar lächerlich in ihrem Aufzug aussah, mit ihren bloßen, behaarten Schienbeinen und diesen Entenfüßen, diesen Froschmannflossen. Die Puchunga schminkte ihr noch unschuldiges Gesicht so schreiend, wie sie nur konnte. Und als sich Cuca im Spiegel betrachtete, fand sie sich hinreißend schön, denn wenn sich ein Kind das erste Mal anmalt, dann beginnt eine neue Zeitrechnung, sein weibliches Trauma, seine obligatorische Anarchie. Sie gönnten ihr nicht viel Zeit vor dem Quecksilber, packten sie am Arm und zogen sie mit sich in die Nachtfrische von Alt-Havanna, von wo aus sie bis zur Alameda de Paula liefen. Dort wartete der Chevrolet ihres Freundes Ivo auf sie, um sie zum Nachtklub *Montmartre* zu fahren. Als Ivo Cuquita sah, konnte er seinen kubanischen Sarkasmus nicht unterdrücken und fragte verletzend:

»Und in welchem Krankenhaus setzen wir das kleine, schwindsüchtige Flittchen da ab?«

Die Puchunguita verpaßte ihm ordentlich eins mit ihrem Lacktäschchen, dessen Verschluß ihm eine Zahnecke ausschlug. Eine Stunde warteten sie im Dunkeln, bis Ivo das verlorene Stück Zahn wiedergefunden hatte, damit es ihm der Zahnarzt am nächsten Tag wieder ankleben konnte. Als er auf dem Asphalt fündig geworden war und den Splitter sorgfältig in einem groben Stofftaschentuch verwahrt hatte, stiegen sie ins Auto und machten sich in Richtung Nachtklub auf. Cuquita war ganz aufgelöst wegen Ivos Kommentar und der schlagfertigen Antwort der Puchunguita, ihr Kinn begann zu zittern, und ihre Zähne knirschten, bis sie es schließlich keine Sekunde länger aushielt.

»Verehrte Herrschaften ...«, meldete sich die Kleine feierlich zu Wort.

»Häh, hält die sich für ne Fernsehansagerin oder was?« unterbrach sie die Mechunguita, und alle ließen ein historisch hysterisches Lachen los, aber unsere junge Cuca fuhr fort:

»Meine Damen und Herren ... ich möchte hier vor allen Anwesenden klar und deutlich erklären, daß ich keine Hure oder sonst was bin, ja, ich bin sogar noch Jungfrau... Ich kann lesen und schreiben, das hat mir meine Patentante beigebracht, und sobald ich die Gelegenheit habe, möchte ich mich weiterbilden...«

Wegen der ohrenbetäubenden Lachsalven wandten sich die Insassen der anderen Autos nach ihnen um und versuchten herauszukriegen, was da im Chevrolet vor sich ging. Cuquita machte einen Schmollmund und hätte am liebsten die Tür aufgerissen und sich aus dem fahrenden Wagen gestürzt. Tatsächlich versuchte sie es auch, und wäre nicht die Puchunga gewesen, die sie beherzt am Schlafittchen packte und ihr das Samtkleid dabei aufriß, so wäre Cuquita inzwischen plattgewalzter oder versteinerter Brei im Asphalt des Malecón.

»Nun mach keinen Unsinn, Kind! Was zum Teufel ist in dich gefahren? Niemand hier ist eine Hure, für was hältst du uns. Mechunga und ich sind Verkäuferinnen im *Encanto*, dem famosen Kaufhaus... Aber du Landei weißt natürlich nicht, wovon ich rede... Es *gefällt* uns eben, uns nachts ganz famos zu vergnügen... das ist alles. Und was die Sache mit der Jungfräulichkeit angeht, wir werden ja sehen, wie lange das vorhält. Und damit du's weißt, auch wir sind gebildet... denn wo ein Wille ist, da ist hier auch ein Weg.«

Die beiden anderen entschuldigten sich bei dem Mädchen, und Grabesstille hielt im Wageninnern Einzug, nur von den Flutwellen unterbrochen, die über die Malecón-Mauer gepeitscht wurden, die halbe Uferstraße überschwemmten und sogar die Häuser auf der anderen Straßenseite erreichten. Der salzige Meeresdunst gab der ins gelbe Licht der majestätischen, imposanten Straßenlaternen getauchten Nacht eine geheimnisvolle Aura. Der Wind, der durchs Fenster pfiff, trocknete Cuquitas Tränen, jetzt mußte sie an ihre Familie und die trostlosen, dunklen Felder denken, die sie sogleich mit dem leuchtenden Havanna verglich, das sich ihren Augen so schön, so neu und so strahlend präsentierte. Ivo schaltete das Radio ein, und Ignacio Villas', das heißt Bola de Nieves changierende, einzigartige Stimme mit dem rauhen Flair war zu hören. Er sang auf englisch ein trauriges Lied. Cuquita packte sofort ein unerklärliches Filin (von *feeling*) dabei, obwohl sie keine Silbe Englisch konnte, aber auf spirituellem oder spiritistischem Wege begriff sie, daß das ihr Lied war oder jedenfalls das Lied, das ihrer augenblicklichen Gemütsverfassung entsprach: *Remember it's my heart, the heart with the wishes old ... Be careful, it's my heart...*

»Was singt der da?« fragte sie schmachtend, schon mit feuchtem Mauseloch, ohne zu wissen, was diese vaginalen Ausscheidungen überhaupt zu bedeuten hatten.

»Ach, nichts weiter, weißt du, irgendwas Dummes übers Herz ...«, und die Mechunga begann, das Lied zu singen, schräg und erbärmlich übersetzt: »*Denk dran, es ist mein Herz, mein Herz voll alter Sehnsüchte... Paß auf, es ist mein Herz, la, la, la...* Weiß nicht, wie's weitergeht.«

Cuquita seufzte tief und tönend, bereits hingerissen vom Besitzer jener verhexten, melodischen Stimme. Die Puchunga erriet ihre plötzlichen Gefühlsaufwallungen, und mit ein paar Sätzen zertrümmerte sie die Wälle ihrer Sandburg:

»Also unser Bola de Nieve hat wirklich ne tolle Stimme, was für ein Organ, weich wie Butter, schade, daß er schwarz und vom andern Ufer is!« Als sie Cuquitas bestürztes Gesicht sah, rief sie aus: »Jetzt frag bloß nicht, was ›vom andern Ufer‹ ist, das kriegste schon noch raus! Wenn du ihn leibhaftig sehen willst, kannst du ins Restaurant *Monseigneur* gehen oder ...« – sie wurde ironisch – »ins Flugzeug steigen und nach Paris fliegen, da soll er ein ganz besonderer Renner sein...«

Der Meeresgeruch, vermischt mit fauligem Gras und Dreigroschenparfum, durchströmte die Nacht, und in den tiefsten Tiefen ihres Herzens fuhr Cuquita fort, die Melodie des Liedes vor sich hinzusummen. Und obwohl sie noch ein Kind war, wünschte sie sich ebenfalls aus tiefstem Herzen, daß jemand käme, um eben jenes Herz wie ein Zuckerpüppchen, wie ein Porzellanfigürchen zu hegen und zu pflegen. Sie brauchte dringend einen wohlwollenden – und wohlhabenden – Kandidaten, der sie gründlich verwöhnte. Ivo öffnete das Faltdach des Wagens. Meine Auto-Hommage an Cabrera Infantes Romane. Die salzige Meeresbrise zerzauste ihre Frisuren, schlug Breschen in ihr Make-up und nagte an der Pons-Creme. Cuquita überlegte sich, daß vielleicht ein verwegener Naturbursche, ein ewiger Liebhaber, Typ Highlander, ihr die Zuneigung geben könnte, die sie in ihrer bewegten Kindheit nicht erhalten hatte.

Zweites Kapitel

Die Kellnerin der Liebe

In dieser Bar erzählten sich unsere Seelen
die herrlichsten Dinge der Welt,
in dieser Bar kam uns so viel in den Sinn,
und so zieht es mich immer wieder zu jener Ecke hin.
Noch ein Schlückchen Rum möcht ich von dir,
und trink du Herz an Herz mit mir ein Bier,
denn für mich bist du die Kellnerin der Liebe.

von José Quiñones, gesungen von Beny Moré

Das war das Havanna von damals, bunt und strahlend, gütiger Himmel, was für eine herrliche Stadt! Und mir ist sie durch die Lappen gegangen, weil ich zu spät geboren wurde. Das Havanna mit seinen Vollblutfrauen mit den festen Körpern, den üppigen, baumlangen Schenkeln, den glatten, ebenmäßigen Beinen, den grazilen Knöcheln und den Füßen, die geschickt die Stöckelschuhe übers Parkett wirbeln lassen konnten, die Frauen mit den kleinen, harten oder den runden, weichen Brüsten, denn so sieht die Habanera aus: kleine Büste, schmaler Oberkörper, breite Hüften. Die weit ausgeschnittenen Dekolletés präsentierten ihre aufreizenden Busen ungeniert wie Balkone in Erwartung José Martís mit der kubanischen Fahne. Die bemalten Wulstlippen säuselten Zärtlichkeiten. Kurzum, alles war – so erzählt man sich – stets zum Anbeißen: die Muttermale, die geschwungenen Augenbrauen, die Locken in der Stirn, das Parfum hinterm Ohr, das steil aufgerichtete Hinterteil, das gewölbte Bäuchlein, das Hüftwackeln und die kokette Grazie. Das waren einige der sexuellen, munteren Maximen der Perle der Antillen, eine wahre Unzuchtperle!

Havanna mit seinem salzigen Meeresdunst, der einem an der Haut haften blieb. Havanna mit seinen frisch gebadeten, gepuderten, parfümierten und dennoch klebrigen Körpern. Körpern, die von Schweiß glänzten, dem Schweiß der Lust, der Lust am Tanz, dem Tanz der Liebe. Havanna mit seinen hitzigen Blicken, Reibungen, seinen glühenden, eng aneinandergeschmiegten Körpern und den schlüpfrig-hintersinnigen Komplimenten:

»Mädchen, was für'n Klassearsch, wenn du in 'n Puderfaß furzt, schneit's hier für nen ganzen Monat!«

»Hör mal, Puppe, wenn du so kochst, wie du gehst, kratz ich sogar den Topf aus!«

»He, Kleine, ist dein Vater Drechsler? Ach, hat der nicht deine Kurven gedrechselt?«

»Du hast ja nen tollen Vorbau, Herzchen, wenn du niest, kannst du dich glatt in deine Ballons schneuzen!«

»Mein Mangoscheibchen! Mein Sahnehäubchen, mein Kürbispudding, mein Milchreiz mit Zimt, komm rüber zu mir, mein Baiserkringelchen!«

Es war eine Stadt mit Zuckerguß, von Kopf bis Fuß aus Honig, Musik und rauhen Kehlen, Nachtklubs, Festen, Diners gemacht. Ein typisch kubanisches Gericht: gebratenes Schweinefleisch mit einer Knoblauch-Zwiebel-Pomeranzen-Soße. Wie lautet das Rezept für kubanisches Eisbein? Zutaten: eine Schweinskeule, zirka sechs Pfund schwer, eine Knoblauchknolle, eine Dreivierteltasse Pomeranzensaft, ein Eßlöffel Oregano, zwei Teelöffel Kümmel, ein halber Teelöffel Pfeffer, zwei Eßlöffel Salz, ein Pfund Zwiebeln. Also gut, zuerst wasche man das Fleisch und schneide es mehrfach ein. Man zerquetsche die »testa« des Knoblauchs, füge eine Prise Salz, Oregano, Kümmel, Pfeffer und den Pomeranzensaft hinzu und bepinsele das Fleisch mit etwas Soße. Das Eisbein muß mindestens zwölf Stunden in Zwiebelringe gebettet ziehen. Man hacke eine weitere ordentliche Portion Zwiebeln, von den dikken, weißen, brate sie mit dem Knoblauch und einer Prise Pfeffer an, bei zugedeckter Pfanne, bis die Zwiebeln glasig sind, der Knoblauch jedoch nicht anbrennt. Das Ganze gebe man zum Pomeranzensaft. Währenddessen wird das Fleisch im Ofen bei 165 °C vier Stunden lang geschmort. Wenn ein Bratthermometer benutzt wird, warte man, bis dieses 85 °C anzeigt. Kann auch im Römertopf zubereitet werden. Das Fleisch serviere man auf einem Teller und übergieße es mit der Soße. Ein wahrer Gaumenschmaus. Reicht für acht Personen. Oder man macht Schweinegeschnetzeltes. Die Fleischstückchen werden in viel Schweinefett gebraten und dann reichlich mit Limonensaft getränkt. Weißer Reis. Das ist das Einfachste auf der Welt, wissen Sie, kein Grund, nervös zu werden, ich weiß, mit dem Reis ist das so eine Sache, er gelingt nicht jedem. Manchen gerät er zu pampig, und andere können die Wände damit kleistern. Schön locker wird er nach folgender Anleitung: die Zutaten dafür sind, sagen wir, eine Tasse Reis, zwei Tassen Wasser, ein Eßlöffel Salz, zwei Knoblauchzehen, drei Eßlöffel Öl. Das Öl in einem Topf erhitzen, die Knoblauchzehen golden anbraten, herausfischen und das Öl von der Herdplatte nehmen. Wasser und Salz in den Topf mit dem Öl geben. Man warte, bis das Wasser zu kochen anfängt, und gebe dann mit einem Mal den ganzen, gut gewaschenen Reis hinzu. Man bringe ihn wieder zum Kochen und lasse ihn dann bei geschlossenem Deckel auf kleiner Flamme dreißig Minuten köcheln. Reicht für sechs Portionen. Schwarze Bohnen à la Valdés Fauly sind ebenfalls ein Kinderspiel: zweieinhalb Pfund schwarze Bohnen, eineinhalb Pfund scharfe Pfefferschoten, zwei Tassen Olivenöl, eineinhalb Pfund Zwiebeln, zwei Dosen eingelegte Paprika, von den großen, süßen, eine halbe

Tasse Essig, vier Knoblauchzehen, vier Teelöffel Salz, ein halber Teelöffel Pfeffer, ein viertel Teelöffel Oregano, ein Lorbeerblatt, zwei Teelöffel weißer Zucker. Man wasche die Bohnen und lasse sie über Nacht in einem Topf mit Wasser zusammen mit den scharfen Pfefferschoten einweichen. Am nächsten Tag koche man die inzwischen ordentlich aufgequollenen Bohnen in reichlich Wasser, so daß sie immer bedeckt sind. Zwiebeln und scharfe Paprika fein hacken, den Saft, den sie gezogen haben, nicht wegtun. Das ganze Gebräu zum Kochen bringen, bis die Flüssigkeit verdampft ist; dann gebe man eine Dose der gehackten süßen Paprika und die Hälfte des Öls hinzu. Anbraten und das Ganze mit den Bohnen mischen. Mit Salz, Zucker und Pfeffer abschmecken und auf kleiner Flamme köcheln lassen. Nach und nach Öl, Essig und die zweite Dose der zerkleinerten Paprika mit dem Saft hinzugeben. Drei Stunden schön eindicken lassen oder fünfundvierzig Minuten, wenn man einen Schnellkochtopf benützt. Nicht vergessen, je nach Geschmack Blutwurst und Lorbeer hinzuzufügen. Die Kochzeit hängt natürlich ganz von der Qualität der Bohnen ab, die großen, langen, harten amerikanischen brauchen länger, für die klitzekleinen, runden, zarten kubanischen oder brasilianischen ist die angegebene Zeit gerade richtig. Beim Aufdecken erhöht man die Temperatur nach Gefühl etwas, bis das Ganze einkocht und eine Art Brei bildet. Am nächsten Tag schmecken sie noch besser, dann nennt man sie verschlafene Bohnen, denn genauso sehen sie aus, träge und müde. So viele Rezepte, so viele Gerüche gibt es hier! All die Geschmacksrichtungen Havannas, die Mischung aus Salzigem und Süßem, Reis mit Bohnen und gebratenen, süßen Bananen, und zum Nachtisch kandierte Guayavenschalen mit Frischkäse. Ach, Havanna und seine unbeschreiblichen Freuden, die des Gaumens und… anderer Regionen! So viele knackige, elegante Jungs in weißen Leinenanzügen, wer es sich leisten konnte, oder in weniger kostspieligen Anzügen, aber alle waren sie tadellos gekleidet. Denn wir wollen doch festhalten, daß Havanna – und wer wagt es, mir da zu widersprechen? – die Metropole der jungen Akademiker gewesen ist, die mit ihren Sakkos über den Schultern auf der Plaza Cadena ein Gedicht von Paul Valéry diskutierten, in dem es heißt: *Ce toit tranquille, où marchent des colombes.* Die Weltstadt, die es faustdick hinter den Ohren hatte, die Stadt der Ärzte, hyperprofessionell mit ihren Praxen im hypereleganten Vedado-Viertel, die Stadt der kurzsichtigen, sonntäglich herausgeputzten Professoren, die auf den Bänken im Parque Central saßen. Und ebenso die der jungen Zuhälter, warum denn nicht? Eine Stadt, vor allem diese hier, ist um so reicher, je vielfältiger die Charaktere sind, die sie beleben. Sogar die Gauner, die Pomade im Haar und ein arrogantes Lachen zur Schau stellen. Die jungen Fräuleins und die Huren, die sich Ansehen und Reichtum streitig machten. Und die Mörder und die Ermordeten.

Die Morgendämmerung verbreitete Duftwolken teurer Parfums aus dem Kaufhaus *El Encanto* oder billige, grenzenlos ordinäre aus den *Tencenes*, vermischt mit dem Gestank verschiedener Sorten von Alkohol. Ach, die Habaneros, immer bereit, gestreichelt und geküßt zu werden! Wie herrlich war dieses dampfende Havanna, Teufel noch mal, mit seinen heißen, süßlichen Nächten! Ab und zu bezauberte einen ein Windstoß vom Meer, und dann brachen wieder die Dunstwellen von Suppen, von baskischen Tortillas mit Würstchen oder von geröstetem Brot über einen herein. Oder man wurde einfach nur von der Gegenwart, der Nähe einer anderen Haut durchströmt. Man mußte lernen, sich aneinander zu reiben, sich unter einem Torbogen am Malecón lasziv umfassen zu lassen, vom Vergnügen getrieben, was etwas anderes ist, als sich mit seinen Trieben zu vergnügen. Und von jeder Terrasse perlte berauschende Musik herab, stürmische Trommeln, melancholische Gitarren, vorwitzige Klaviere und Stimmen ... Ach, Havannas Stimmen, alle schienen unentwegt einen *Guaguancó*, einen *Filín*, eine *Guaracha*, einen *Son* oder einen *Danzonete* auf den Lippen zu haben:

Danzonete, na komm, tanz mit mir,
ich dreh mich doch so gerne
im Danzonete-Rhythmus mit dir...

Selbst die Beschallung aus der Nachbarschaft erklang je nach Tageszeit in einer anderen Tonart. Am Morgen verflochten sich Geräusche und Kommentare im geschmeidigen Takt eines *Danzóns*. Am Mittag, wenn ganze Viertel in der kochenden Hitze verdampften, wurde die Luft schwer von den Bongos und Timbales. Der Nachmittag mit seinen knisternden Schwingungen war ein *Son*. Die Nacht ein *Filín* und eine *Guaracha*. Und nicht zu vergessen der *Cha-Cha-Cha*, sein Rhythmus paßte hervorragend zur Stunde des Mittagessens. Sein lockeres Hin und Her gab den Takt an für die schläfrigen weißen Bettlaken, die sich auf den Dächern im Wind wiegten, und jeder Gang des Gaumenfestes entsprach einem gekonnten Tanzschritt. Und ebensowenig kam man am Geruch des Kaffees, des Tabaks vorbei, am Schaukeln des Farns in der Mattigkeit der Siesta... Und noch später dann: die Nacht. Der Habanero ist ein Nachtgeschöpf. Die Nacht ist sein Altar. Dort opfert er sich mit ganzer Seele und bloßem Körper, wie eine Hure.

Die Stadt flößte Cuquita Martínez gleichzeitig Angst und Verlangen ein. Im Wageninnern entging ihr nicht das Geringste von dem, was sich auf der Straße abspielte, obwohl alles in Höchstgeschwindigkeit an ihren Augen vorbeirauschte. Schließlich kamen sie beim *Montmartre* an. Ihre neuen, wundersamen Freundinnen sprangen beide geübt und schwungvoll aus dem Wagen. Wie schon erwähnt, hatte ihr chauffierender Freund Ivo während der Fahrt das Dach zurückgeklappt, denn der Schlitten verfügte über ein Faltdach. Das war Cuquita nicht entgangen, auch wenn ihr der Mechanismus nicht ganz klar war, doch nun, dachte sie, war es höchste Zeit, sich an die Subtilitäten und Abnormitäten der Stadt zu gewöhnen. Sie wollte es ihren beiden Freundinnen also gleichtun und sprang beherzt aus dem Wagen. Doch zu ihrem Pech erwischte sie die falsche Seite und platschte mit dem Hintern in eine riesige Pfütze voll schleimigen, stinkigen Wassers. Die Absätze der Schuhe gaben nach, und einer landete im Toupet eines Tattergreises mit dem Gesicht eines Jesuitenpfarrers (Jesuitenpfarrer haben Gesichter wie verschimmelte Marshmallows). Der andere verstöpselte das Saxophon eines gerade eintreffenden Musikers. Der Tattergreis erfuhr nie, woher ihm der Absatz zugeflogen war, und wie ein Schwachsinniger, als sei er nicht ganz normal, wollte er den Schuldigen unbedingt oben auf den Balkonen suchen. Der Saxophonspieler bemerkte erst Stunden später sein Glück, als er ins Instrument stoßen wollte und der Absatz ihn zum Absetzen zwang. Niemandem fiel Cuquitas Sturz auf, denn sie bewegte sich schneller als eine Rakete. Sie hatte kaum den Asphalt berührt, da war sie wie eine Springfeder schon wieder auf den Beinen, bleich und dreckverschmiert, aber mit unerschütterlicher Miene, obwohl sie nicht übel Lust hatte, sich das Hinterteil zu reiben und das Steißbein zu massieren, das ihr ganz gemein weh tat. Aber sie schämte sich zu sehr. So schnell konnten Mechunga, Puchunga und Ivo gar nicht spucken, wie sie Cuquita ab- und wieder auftauchen sahen. Halb bestürzt und halbtot vor Lachen hielten sie sich die Bäuche, um den Folgen übermäßiger Heiterkeit vorzubeugen, zogen dann Servietten, Taschentücher und Parfumfläschchen hervor und säuberten die Kleine umgehend und sorgfältig. An Statur hatte Cuquita allerdings verloren. So sehr sie auch die Augenbrauen hochziehen mochte, wie ihr die

Puchunga empfahl, verrieten ihr Gesicht mit seiner Erstkommunionseinfalt, die mageren Schultern und die Knie doch ihr Alter. Die Lacksandalen waren nun zu profanen Latschen geworden. Der Barkeeper musterte Cuquita mißtrauisch:

»Verzeihen Sie meine Neugier, aber sind Sie schon volljährig?«

Die Mechunga schob die blendende Erscheinung ihres ins Goldlamé gequetschten Skulpturkörpers zwischen das entsetzte Mädchen und den reuevollen Barkeeper. Ihre Titten brachten den Mann zum Niesen, so dichte Parfumwolken stiegen von ihrem Himmelfahrtsbusen auf, der genau unter den Nasenlöchern des Kerls schwebte:

»Das ist meine Kusine, damit du's weißt. Die Arme ist ne Zwergin ... Da sieht man, wie undankbar die Natur sein kann. Ich schwimme jetzt im weiten Meer des Lasters, und sie kann fast in der Kloschüssel schwimmen!« Alle wieherten über den Witz der Mechunga.

Der Barkeeper, verwirrt und beleidigt, zeigte und bot ihnen die besten Tische an. Der Kunde war damals eben noch König.

Cuquita begannen die Tränen über die roten Wangen zu kullern. Als sie endlich saß und, ins Halbdunkel gehüllt, nicht mehr den Blicken ausgesetzt war, weinte sie wegen der vorangegangenen Szene, aber auch, weil sie zum ersten Mal einen roten Teppichboden unter den Füßen hatte. Sie streifte sich die Latschen ab und streichelte ihre platten Sohlen mit den weichen, warmen Teppichhärchen. Als sie noch auf dem Land über steinige Furchen gewandert war, wer hätte da vermutet, daß sie einmal einen roten Teppich berühren würde? Das war doch was für Königinnen, für Millionärinnen, für...

»Flittchen, uns Flittchen zu nennen! Dem werde ich eine schallern, daß er einen Gesichtschirurgen braucht. Wenn ich erst mal so richtig in Form bin, kann ich den glatt deformieren«, knurrte die Puchunga und meinte damit Ivo, der gerade in Richtung eines anderen Tischs absegelte, an dem ihm eine üppige Vollbusige schon seit einer Weile zuzwinkerte.

»Bist ja nur eifersüchtig ... Mach mir doch nichts vor, schon seit Monaten bist du doch bis über beide Ohren in Ivo verschossen, willst es bloß nicht zugeben ... Mir soll's recht sein, weißt ja, daß ich alles leichtnehme und es mit beiden Lagern halte. Und übel ist er ja nicht... Aber für diese Nacht wird wohl die Wasserstoffbombe den Fisch an Land ziehen... oder das lange Ende von der Wurst erwischen, stimmt's nicht?« lautete der ironische Kommentar der Mulattin.

»Werden wir ja sehen... und was glotzt du so, Kleine, haste dich in mich vergafft oder nen Narren an mir gefressen?« Die Puchunguita ließ jetzt ihre Lockenmähne in Richtung von Klein-Cuca wallen. »Schau zu, daß du dir nen Typen aufgabelst, und laß mich in Frieden, Mann, die hat sich ja richtig festgebissen an mir!«

Mit Schmollmund stand die Kleine auf und lief gequält und verzweifelt zwischen den Tischen umher, auf der Suche nach der Toilette. Sie stieß mit allem und jedem zusammen. Die Leute regten sich über diesen *ziellosen Wirbelwind* auf. Am Ende einer der Reihen, von denen immer wieder neue nachwuchsen, wie ihr schien, stolperte sie direkt in seine Arme. Er war ein schlanker, jedoch kräftig gebauter junger Mann. Er hielt sie fest und verhinderte so, daß sie sich am Türstock die Zähne ausschlug. Sein glattes Haar glänzte von Brillantine; bei der abrupten Bewegung, mit der er sie auffing, fiel ihm eine lange Strähne quer übers Gesicht. Seine Augen waren so strahlend wie der Himmel, wie irgendein Himmel eben, hier soll jetzt kein bestimmter beschrieben werden, und sein Lächeln war wunderschön, auch wenn die unteren Zähne etwas aus der Reihe tanzten. Er holte ein Taschentuch hervor und putzte ihre Wangen damit ab. Er war weder zu groß noch zu klein, genau richtig, um ihn auf Zehenspitzen aus nächster Nähe mustern zu können.

»Komm, Kleine, laß uns tanzen«, sagte er, und seine Stimme klang wie die eines Tanzmeisters, der bei der *Rueda de Casino* den Ton angibt, obwohl dieser Tanz damals noch gar nicht in Mode war. Sein metallenes Timbre versprach Ekstase, prophezeite Geborgenheit. Cuquita überlief ein Schauder, und sie riß sich von dieser knochigen, doch starken Hand los.

»Ach nein, wo denken Sie hin!« Aber sie blieb weiter auf den Zehenspitzen stehen und schaute ihn sich eingehend aus der Nähe an, roch sein Rasierwasser, das Cologne von Guerlain, die Brillantine.

Er fackelte nicht lange, schnappte sich ihre Taille und zog das Mädchen auf die Tanzfläche. Das Orchester begann zu spielen, und auf einmal war die Welt nicht mehr dieser quälende Trott von Macht, Politik, vom Weg-da-jetzt-komm-Ich oder einer Gemeinheit hier, einer Schweinerei da. Cuquita sah zum ersten Mal den großen Beny Moré den Taktstock vor seinem wunderbaren Orchester schwingen. Er ertrank fast in seinem grauen Anzug. Aber das gehörte so, das war die Mode damals. Die weiten Hosen flatterten wie Fahnen im Takt seiner brandneuen Tanzrhythmen. Mit seiner Stimme, die wie der Wind durchs Zuckerrohr strich, setzte er zu dem Lied an, das auch den Einsatz für Cuquita Martínez' erste und einzige Liebesgeschichte gab:

In dieser Bar, da sah ich dich zum ersten Mal,
ohne zu überlegen, schenkte ich dir mein Leben,
in dieser Bar, da tranken wir unser Bier zu zweit,
inmitten von Ergriffenheit, doch auch von Trübsal.

Die Decke drehte und drehte und drehte sich... und die Lichter mit ihr, die Wände schienen blitzende Spiegel aus Versailles zu sein, wie versilbert oder vergoldet. Jedenfalls warfen sie ihnen ihr Bild zurück wie in einem Spiegelkabinett. Die Deckenstrahler waren Sternschnuppen, die zu Tausenden in Lichtgeschwindigkeit hinabfielen, und sie durfte sich unzählige Male etwas wünschen. Nur wenig davon sollte in Erfüllung gehen. Sie wünschte sich, daß ihre Mama und ihr Papa wieder zueinanderfänden, sie bat inständig, daß sie doch alle in Havanna oder Santa Clara zusammenwohnen könnten, im selben Haus, wie eine ganz normale Familie. Sie betete zehn Credos, damit ihre Mutter das Theater aufgebe und ihr Vater eine besser bezahlte Arbeit bekäme. Sie wünschte sich, daß ihr Bruder von seinem Asthma und seiner Schwuchtelei geheilt würde, daß der andere Bruder mit der Kinderlähmung wieder sein krankes Bein bewegen könne, daß die Operation ihrer Schwester, die eine Zyste im Gehirn hatte, gut verlief, daß sich die Zahngeschwüre ihrer Patentante beruhigten, daß der matte Mulatte wieder auf den rechten Weg fände und ihren Bruder in Frieden ließe. Und sie flehte, daß dieser Mann, mit dem sie da Wange an Wange tanzte, ewig in dieser Stellung verharrte.

Kellnerin, Kellnerin, für mich bist du die Kellnerin der Liebe.

Auf einmal seufzte er tief, und Cuquita sog die üblen Dünste seines Mundgeruchs ein.

»Sagen Sie, tragen Sie eine Brücke?« fragte sie und meinte damit, ob er eine Prothese hatte.

»Nee, wieso?« Peinlich berührt löste er sich von ihr.

»Sie stinken 'n bißchen aus dem Mund, schlechter Atem, Mensch. Bei ner Brücke hätte ich Ihnen geraten, mal nachschauen zu lassen, könnt ja sein, daß ein Hund sein Häufchen drunter gemacht hat, aber da Sie nun mal keine haben ...«, sagte sie, die Witzige spielend, und hauchte sich in die hohle Hand, um ihren Atem zu riechen.

»Ich hab Zwiebeltortilla gegessen, eß halt gern rohe Zwiebeln.« Und er lächelte mit geschlossenen Lippen, sprach mit zusammengepreßten Zähnen, tanzte jedoch weiter, die Fingerspitzen in die Rückenrille des Mädchens gekrallt.

»Wenn man Zwiebeln gegessen hat, muß man sich ordentlich den Mund ausspülen oder Zeitungspapier oder Pappe essen. Und Sie? In welchem Beruf sind Sie tätig oder nicht tätig?«

Ihr Vater hatte ihr eingeschärft, daß man bei einem Mann als erstes die Beschäftigungslage erkunden mußte.

»Wer, ich?« fragte er wie ein Trottel.

»Nein, der da drüben, Sie Schwachkopf, mit wem sprech ich wohl gerade?«

»Natürlich. Nein, momentan verkaufe ich einfach, was mir so unter die Finger kommt, Bücher, Möbel, Nähmaschinen, Schreibmaschinen, Fahrmaschinen, ich meine, Autos ... Ich verkauf sogar meine Mutter, wenn sie mir dumm kommt. Ich bin das, was man einen Lebenskünstler nennt, Kleine. Ich verkauf meine Alte für'n Dollar, wenn's drauf ankommt.«

Ein klammes Zittern überkam das Mädchen und kräuselte ihre Haut von den Knöcheln bis zum Hals.

»Sagen Sie doch nicht so was, eine Mutter ist doch das Allerheiligste ...«

»Ist doch nur ne Redewendung, Kleine, sagt man doch bloß so ...«

Und nach einer vollen Drehung ließ er sie los, zwang sie, sich von selbst im Rhythmus zu bewegen, zu zeigen, was sie konnte, und er verlangte von ihr, dabei das Fahrgestell tüchtig zu rütteln. Aber Klein-Cuca konnte nicht, denn sie hatte es zum ersten Mal gewagt, mit jemand in Lokalkolorit und -geschmack so Erfahrenem zu tanzen. Ja, sie tanzte überhaupt das erste Mal in ihrem Leben. Und bis jetzt hatte sie eigentlich nur die zweifarbigen Schuhe ihres Partners mit Tritten malträtiert.

Allein auf weiter Flur, hatte sie ihre Taille kaum mehr unter Kontrolle, sie verlor das Gleichgewicht, und keine einzige ihrer Bewegungen war mehr im Takt, ihr Körper wackelte hin und her wie ein umgestürzter Pudding auf einem Präsentierteller. Er merkte, daß sie zwei linke Füße hatte, griff sie leicht um die winzige Wespentaille und steuerte mit seinen Fingerspitzen den Körper des Mädchens, korrigierte ihre Tanzschritte, koordinierte den Hüftschwung, zeigte ihr, wie sie die Schultern graziöser hielt. Und als gute Schülerin im Fach koketten Wackelns lernte Cuquita sogleich, wie man sein Skelett zu schütteln hatte, ja übertraf sogar ihren Lehrer, und im Nu entschwand sie zur Mitte der Tanzfläche und verrenkte hemmungslos ihre Gliedmaßen, als hätte sie von der Wiege an vom Hüftwackeln gelebt.

Fassungslos sahen ihre Freundinnen vom Tisch aus zu, der Speichel tropfte ihnen auf die Lamékleider, der Puchunga gelang es, die starren Lippen zu folgenden Worten zu bewegen:

»Was hat die denn gestochen, sag mal, was für ein Geist ist denn in die gefahren?«

»Nee, die hat bloß den Mann ihres Lebens gefunden«, antwortete die Mulattin.

Sie war die Sensation der Nacht, ein Mambo wurde gespielt, und ehe man sich's versah, war ihr dieser Tanzstil einer läufigen Hündin, der diesem Rhythmus eigen ist, schon ins Blut übergegangen:

Mambo, herrlich ist der Mambo.
Mambo, himmlisch ist er, eh, eh, eh…

Kam ein Cha-Cha-Cha an die Reihe, schaute sie ihrem Freund nur kurz auf die Füße, um sich die Schritte abzugucken, und im Nu hatte sie es gelernt, und eins, zwei, drei, cha-cha-cha, und eins, zwei, drei, cha-cha-cha, und jeder

Liedzeile mußte die Puchunga, neidisch auf Cuquita, einen boshaften Nachsatz hinzufügen:

Auf der Prado, Höhe Neptuno, da ging eine feine Kleine,
ordinäre Tussi
alle Männer drehten sich nach ihr um.
aufreizendes Luder
Sie hatte eine stattliche Statur, eine schön runde Figur,
mickriges Klappergestell
sie war die reine Anmut, kurzum, einfach fabelhaft.
häßliche Vogelscheuche
Aber alles im Leben kommt einmal ans Licht,
hinterfotziges Aas
und zwar immer ganz von alleine,
blödes Klatschweib
und so stellte sich heraus, daß ihre kurvenreiche Gestalt,
Mißgestalt
aus nichts als aus Polstern bestand.
plattes Waschbrett
Wie dumm sind doch die Frauen,
total verblödet
wenn sie uns zu täuschen versuchen, jawohl!
doppelzüngig und doppelbusig

Dann wurde eine *Guaracha* gespielt, und ihre Körper drängten sich aneinander. Es folgte ein Rumba, und sie lösten sich wieder. Sie schwitzte wie ein Wasserfall, ihre Schminke war ganz verlaufen, und ihre Augen glänzten, denn zwischendurch hatte sie ordentlich Martini gebechert. Heilige Jungfrau der Barmherzigkeit, zum ersten Mal probierte sie Martini! Cuquita tanzte wie besessen, bis sie, am Ende ihrer Kräfte, fast ohnmächtig erneut in die Arme ihres Partners sank.

Beny Moré, der König des Rhythmus, hatte wieder mit

seinem unvergleichlichen Orchester die Bühne bestiegen und stimmte mit seiner Honigkehle einen Bolero an, der es in sich hatte, einer von denen, bei denen man sich überwältigt in einen Stuhl fallen läßt und nur noch Zyanid trinken möchte. Der junge Mann zog Cuquita zu sich heran, wollte sie mit seinem Körper verschmelzen, und sie spürte seinen harten Bolzen, seinen Balzen zwischen ihren mageren Schenkeln und wunderte sich über das merkwürdige Kitzeln, das die Pimmelspitze am Kamm ihres Ameisenhügels verursachte. Er zog ein weißes Taschentuch aus der Hosentasche und wischte Cuquita den Schweiß von Gesicht und Hals; ihre Schminke verschönerte nun den weißen Stoff. Ihr Haar war pechschwarz und gewellt, ihr Gesicht oval, die Stirn breit, und ihr Nackenwirbel ragte vorwitzig hervor (ein Zeichen stürmischer Sinnlichkeit, ach was, ein Symptom zukünftiger Mannstollheit), ihre Augen waren mandelförmig und braun, ins Honigfarbene spielend, ihre Nase klein, aber platt, ihr Mund rosenrot und aufgeplustert und ihr Teint wie Perlmutt. Ihr Gesicht, nun unbefleckt, kam glatt und kindlich zum Vorschein. Ihr tropfnasses Haar ließ sie nach dem aussehen, was sie war, ein junges Mädchen, gerade vom Strand gekommen oder einem Fluß entstiegen oder einfach nur der Dusche, wie in Stanley Kubricks *Lolita.*

»Sag mal, wie alt bist du eigentlich?« fragte er und nahm ihr Gesicht in beide Hände.

»Jetzt geht die Post ab«, lautete am Tisch der Kommentar der Mechu, die kein Auge von ihnen wandte.

»Also ich, ach, weißt du was, wie dumm von mir, ich hab völlig vergessen, dich nach deinem Namen zu fragen! Und du weißt ja auch gar nicht, wie ich heiße, ich bin Caridad Martínez, ach, ganz schön frech, was, ich duze Sie ja schon, also, freut mich, Sie kennenzulernen, man nennt mich Kleine oder Cuquita oder Caruquita. Kann ich Sie duzen?« Er nickte trocken, widerwillig.

»Mann, die Schwester hat's ja faustdick hinter den Ohren. Eine echte Schlange«, antwortete die Puchu, die dem Paar ebenfalls jedes Wort von den Lippen ablas, ihrer Freundin.

»Ja, ja, aber in welchem Jahr bist du geboren? Ich heiße Juan Pérez, und man nennt mich den Uan, kommt vom englischen *one*, denn ich bin immer die Nummer eins, wenn's ums Geschäft geht, da kommt mir so schnell keiner zuvor, ich bin der Beste, ach was, ich bin der Größte, die Nummer eins eben, hier und überall... und was dein Alter angeht, sag mal, bist du etwa noch minderjährig?«

»Aber der wird sich nicht so einfach einwickeln lassen...«, fuhr die Mechu während ihres mühseligen Lippenbuchstabierens fort.

Cuquita nickte, denn sie wußte, daß ihr Grünschnabelgesicht mit der Pfirsichhaut sie verraten hatte, gleichzeitig hatte sie eine panische Angst, ihn zu verlieren, den einzigen Menschen, der sie jemals zärtlich gestreichelt hatte. Ihn, ihren ersten Mann, den Kerl, der ihr das Tanzen beigebracht hatte.

»Wie minderjährig bist du denn?« Sein männliches Gesicht verzog sich vor Schreck und Zweifel, doch ließ er in dem Satz auch eine Spur von Stolz mitschwingen.

Die Mechu und die Puchu schrieben sie endgültig ab, wohl vor allem, weil ihnen endlich wieder ihr gewohntes Glück lachte und sie zwei mordsmäßige Mannsbilder, nach Art der sizilianischen Mafia gekleidet, zum Tanzen aufforderten.

»Ach, so minderjährig auch wieder nicht, ich bin etwas über sechzehn...«

Da hüpfte er vor paternalistischer Euphorie, ganz im Pygmalion-Rausch, bekreuzigte sich mehrmals, hob sie hoch, wirbelte sie herum und stellte sie dann wieder mit der extremen Vorsicht eines Spielzeugverkäufers auf den Boden:

»Ach, mach dir keine Gedanken, bist ja schon fast ne Alte!« Und... er küßte sie auf den Mund.

Hui, ui, ui, was für eine Wonne, was für eine Lust, mein lieber Mann! Allerdings schmeckte sie nach, wollte ganz besonders gründlich sein, öffnete seinen Mund und roch hinein:

»Du hast ja immer noch ne Spur von Pestatem. Kauf dir nen Kaugummi oder nimm 'n Pfefferminzbonbon, das ist bei schlechtem Atem am besten, zweckmäßigsten.«

»Mehr hast du nicht zu meinem Kuß zu sagen?«

»Also, solange du nichts gegen diesen Gestank nach fauligem Zahn und Zwiebel unternimmst, weiß ich nicht, was das Küssen für einen Sinn haben soll. Denk dran, daß das mein ERSTER KUSS ist.« Sie sprach das mit größeren Großbuchstaben aus, als meine Schreibmaschine hergibt.

Der Uan stürzte in Richtung Theke davon, verschwand zwischen Tischen und Menschen. Da fielen Cuquita ihre neuen Freundinnen ein, sie suchte sie mit den Augen und fand sie verschlungen von und mit den beiden Mannsbildern à la George Raft, ich meine, à la Sonny Corleone. Erst jetzt spürte sie das unerträgliche Stechen an den Überbeinen ihrer Füße, und sie ging zum Tisch zurück. Sie streckte die Beine aus und massierte sanft mit den roten Teppichhaaren ihre verdreckten Fußsohlen, rieb sich die Zehzwischenräume mit der Teppichkante – was für eine Erleichterung! Ganz erschöpft sank sie in sich zusammen, und ihr Kopf fiel ihr ein paarmal auf die Brust.

Sie blinzelte. Ein tösender Trommelwirbel riß sie aus ihrem Dämmer- oder eher Erschöpfungszustand. Der Saal versank im Halbdunkel, nur ein großer Lichtkegel erleuchtete die Mitte des Raums. In dem blendendweißen Licht stellten zwei Männer ihre Luxuskörper zur Schau, sie trugen nichts als ein hautenges und -farbenes Trikot, so daß man meinen konnte, sie wären nackt. Da sie recht gut bestückt waren, konnte man ihre *Dinger* (na, die Prügel eben) durchsehen, daß es nur so eine Freude war. Die Kleine guckte schnell weg, doch immer wieder schlüpften ihre Blicke hinüber, und aus dem Augenwinkel musterte sie eingehend die beiden Prachtstücke, die fast die Nähte platzen ließen. Zwischen den beiden Tänzern lächelte eine muskulöse Frau mit dem Körper einer Amerikanerin, also mit plattem Po und Schultern wie ein Schrank. Sie trug einen Fransenbadeanzug aus Leopardenfell, der wohl den Eindruck von Wildheit vermitteln sollte. Als die Trommeln schwiegen, änderten sie ihre Position in Zeitlupentempo. Bei einem erneuten Trommelwirbel begannen sie, den Apachentanz aufzuführen. Dessen Choreographie bestand darin, die Frau hin und her zu werfen und wieder aufzufangen, kurz bevor sie am Boden zerschellte. Der athletische Blonde mit dem Schnurrbärtchen packte sie beim Handgelenk, holte Schwung, und mit einem Ruck segelte sie wie ein neu erfundener Wurfspeer durch die Luft und sauste auf die Wand zu, die man am wenigsten vermutet hätte. Der schmucke Schwarzhaarige griff sie sich mit erigierten Sehnen, einige Millimeter bevor sie gegen die mit Spiegeln verkleidete Mauer prallte. Wild wirbelten die Trommeln weiter und beschworen unzweifelhaft afrikanische Abenteuer herauf. Nichts paßte zusammen, weder die Musik der Stammesfeiern noch die verrenkten, ruckartigen Bewegungen, weder die Kostüme noch der bemühte Indianername des Tanzes. Das hübsche, aber tragikomische Mädchen wurde umgehend erneut ins Leere katapultiert, wobei es ein starres, hypergekünsteltes Lächeln zur Schau stellte, um nicht das geringste Anzeichen von Furcht angesichts der gefährlichen Darbietung zu verraten, oder sie wurde über den glänzenden Boden in Richtung der entgegengesetzten Saalecke gerollt, wo sie anscheinend der unsichtbare Mann auffing. Der Lichtkegel folgte ihr, und als das Mädchen drauf und dran war, sich an einem Tisch das Genick zu brechen, tauchte auf einmal wieder die Hand auf, die sie rettete und dann wieder wegschnellen ließ, als würde sie sich an ihr verbrennen. Cuquita Martínez war fasziniert, aber vor allem erschreckt angesichts dieser neuen Sportart, die ihr völlig unbekannt war, obwohl sie viel mit Baseball gemein hatte, bloß ohne Schläger, oder vielleicht auch mit Fußball, obwohl den halbnackten Nachtklub-Epheben die Trikots fehlten, in denen sie die Football-, Basketball- oder Volleyballspieler in der Zeitung gesehen hatte. Jedenfalls war sie restlos verwirrt angesichts dieses gleichmütigen Frauenballs, der Aggressivität der Szene und der Tatsache, daß ihr der Partner abhanden gekommen war. Sie war ein einziges Bündel, und zwar nicht aus Reisig, sondern aus Nerven. Sie schaute sich nach ihren Freundinnen um und konnte ihre Profile im Dämmerdunkel ausmachen, sie schauten verzückt dem Schauspiel zu, eng an die Brüste der Großprotze à la Al Capone gedrängt, wer weiß, vielleicht hatten sie sogar Lust, sich selbst kräftig schütteln und ins Leere schleudern zu lassen. Mit dem verrückten, nicht zu unterdrückenden Verlangen, ebenfalls zum Spielball zu werden.

Am Ende des Tanzes blieb die Frau wie erledigt, fast zerschmettert am Boden liegen. Wie eine Leiche, die nicht zu lächeln aufhört. Die beiden Kerle winkten triumphierend ins Publikum, das in wilden Applaus ausbrach. Kurz darauf richtete sich die Tänzerin wieder auf und gab, allerdings noch keuchend, Zeichen größerer Munterkeit von sich, schließlich sprang sie mit einem Satz auf und klappte ihren Körper zu einer Verbeugung zusammen. Der Beifall wuchs zu einem noch wilderen, tosenderen Gejohle an. Cuquita Martínez bekam von alldem nichts mit. Sie weinte nur und hatte ihre Hände dabei gefaltet, nicht etwa, weil sie die Darbietung so gerührt hatte, sondern weil alles ohne tragischen Zwischenfall, ohne die geringste Fraktur am Körper der falschen Apachin vorübergegangen war.

Ein Mentholdunst und eine Alkoholwolke drangen ihr ins linke Ohr. Er war wieder zurück; er brachte für beide Gläser, bis zum Rand mit Pfefferminzlikör und Eis gefüllt, und kaute auf einem Kaugummi, ebenfalls mit Pfefferminzgeschmack. Er zog sich einen Stuhl heran, setzte sich Klein-Cuca gegenüber und reichte ihr eins der Gläser. Entflammt schaute er – mit feuchter Schwanzspitze – in die braunen Augen. Sie hielt dem wollüstigen Blick stand. Der Uan trank sein Glas bis zum letzten Tropfen aus, hauchte seiner Begleiterin wieder ins Gesicht und fragte mit einer Kopfbewegung, ob der unangenehme Geruch immer noch da war. Nein, sie konnte ihm versichern, daß nichts mehr zu merken war; der Mief war beseitigt, keine Spur mehr von stinkendem Belag auf den Mandeln. Und der Pfefferminzgeschmack hatte sich der Zahnfäule bemächtigt, war sicher durch die Plombe gedrungen und hatte den angefaulten Nerv des kariösen Backenzahns desinfiziert.

Er wechselte den Stuhl und setzte sich nun dicht neben den zitternden, beredten Körper der Kleinen. Sie führte das Glas mit beiden Händen zum Mund und stürzte die Flüssigkeit gluckernd hinunter, ohne auch nur einmal Luft zu holen. Dann fischte sie mit den Fingerspitzen das Eis heraus und lutschte und kaute geräuschvoll darauf herum. Nur gut, daß nun wieder Musik einsetzte und das Kieferkrachen auf der Frostkost übertönte. Er ließ sie dabei nicht aus den Augen; bevor der letzte Eiswürfel verschwand, forderte er sie auf, ihn von ihrem Mund in den seinen zu befördern. Sie gehorchte, und der eisige Festkörperaperitif zerschmolz im Nu und verwandelte sich in schlüpfrigen Speichel.

Der Kuß begann ziemlich neckisch mit dem verspielten Schieben des Eiswürfelchens von Zunge zu Zunge, und als es sich aufgelöst hatte, verflochten sich die roten Schlangen, und aus der Naivität wurde Obszönität. Er knabberte an Cuquitas Lippen, bis sie anschwollen, und sie tat dasselbe, vielleicht noch ein wenig in ihrer Schüchternheit befangen. Der Kuß dauerte drei lange Boleros lang, einer davon vier Minuten, der zweite drei Minuten, zwanzig Sekunden und der dritte vier Minuten und dreiunddreißig Sekunden. Insgesamt machte das elf Minuten und dreiundfünfzig Sekunden des Nuckelns und Züngelns. Die Mechu stoppte die Zeit, grün vor Neid, ihr blieb die Luft weg, so erregt war sie.

Für Cuquita Martínez' Ohren spielten die Posaunen nun eine Musik aus anderen Sphären, sie strömte im gleichen Takt wie ihr Blut zum Gehirn, zum Herzen und – warum denn nicht? – zum gar nicht peinlich berührten Penis des Uan. Ihr schien, alle Lichter des *Montmartre* würden eins nach dem anderen ausgehen und dafür nach und nach jeden einzelnen Teil ihres Körpers, jeden Kubikmeter ihrer Lust erleuchten. Cuquita Martínez schloß die Augen und wollte gerade ihren restlichen Körper öffnen, da fiel ihr ein, daß sie doch als anständiges Mädchen in die Ehe zu gelangen hatte. Mit einem Ruck riß sie sich vom Uan los und brüllte ein hysterisches NEIIIN wie aus einem der Horrorfilme, die kiloweise in den Ramschläden verscheuert werden, außerhalb Kubas, versteht sich. Ihr Kreischen hallte noch in ihrer Ecke nach, während sie wie ein geölter Blitz aus dem Nachtklub und vor dem herrlichsten aller Laster floh.

Ihre bloßen Füße waren nicht mehr zu sehen – bei ihrer stattlichen Länge mochte das was heißen –, so schnell wirbelten sie durch die Luft. Sie flog fast durch die Säulengänge am Malecón. Wie Ana Fidelia Quirot, die Läuferin der Zukunft, lief sie auf dem Paseo de Prado ein. Ohne innezuhalten und mit Seitenstechen, genau auf der Höhe der Milz, ließ sie Block um Block, Karree um Karree, Kilometer um Kilometer hinter sich zurück. Wie ein Schnellzug lief sie beim Hauptbahnhof ein, nur einen Katzensprung von der Calle Conde entfernt. Im Nu stand sie vor der Haustür der Asturierin. Mit hervorquellenden Augen, Schaum vor dem Mund und in Schweiß gebadet, stürzte sie die Treppen hinauf: das wandelnde Bild einer Wahnsinnigen fünf Sekunden nach der Elektroschockbehandlung, aus der *Mazorra*-Irrenanstalt entsprungen. Sie lief in ihr Zimmer, schloß die Tür hinter sich und warf sich auf die Pritsche, um ihr unseliges oder seliges Los zu beweinen. Sie hatte sich hoffungslos verliebt.

Eine halbe Stunde später trafen ihre Zimmergenossinnen ein, entgeistert und befremdet von ihrem seltsamen Verhalten. Erbarmungslos fragten sie Klein-Cuca aus. Die schüttelte nur den Kopf, raufte sich die Locken und brachte keinen zusammenhängenden Satz hervor. Abgesehen von den Floskeln, die sie sich aus dem Radio eingeprägt hatte, wenn die Sprecherinnen vergleichbare Situationen *spielten*. Ihre Freundinnen holten wieder eine Schüssel mit kaltem Eiswasser, benetzten ihr mit einem Tuch die Schläfen und gaben ihr eineinhalb Krüge eisgekühlter Limonade zu trinken. Die Mulattin rieb ihr mit einem Handtuch Gesicht und Hals ab, zog sie aus und führte sie in ihr Gemeinschaftsbad, dort drehte sie den Wasserhahn auf, und der Strahl prasselte unbarmherzig mitten auf die Schädeldecke der Kleinen. Unter dieser Dusche ließ sie ihrem rasenden Tränenstrom freien Lauf:

»Ich liebe ihn, ich liebe ihn, Mechunguita! Ich liebe ihn, ich verzehre mich nach ihm!« schluchzte sie und verschluckte sich fast an der Seifenlauge, die ihr in den Mund lief, sie mußte husten, und eine riesige Blase bildete sich an ihren Lippen.

»Mädchen, du bist ja nicht ganz richtig im Kopf, warum hast du ihn denn dann einfach so stehenlassen?« gab die Puchunga zurück, musterte sie, in die Tür gelehnt, konnte ihr gar nicht genug abgucken, und das Wasser lief ihr im Mund zusammen, so rosa waren ihre unversehrten Brustwarzen.

»Weil... weil...« Auf einmal wurde ihr klar, daß sie keine Antwort darauf wußte, denn nicht einmal sie selbst kannte den Grund dafür, warum sie so wild reagiert hatte, vielleicht hatte sie der Apachentanz dazu animiert, vielleicht waren es auch die

Nerven gewesen. »... Ich bin eben nervös geworden, Mann, ich hab zum ersten Mal geküßt, so richtig auf den Mund, stellt euch das vor... o Gott, o Gott!«

»Fürs erste war das aber nicht übel ...« spöttelte die Mechunga.

»Mach dich nicht lustig über mich!... Ich bin weggelaufen... ich weiß nicht... Weil dieser Mann mich niemals heiraten wird...« Und wieder schlug sie die Hände vors Gesicht.

Die beiden anderen sahen sich ungläubig an, überzeugt, daß irgendein unbekannter Virus in den Gehirnwindungen des Mädchens wütete, ihnen war nicht einmal danach, sich über sie lustig zu machen. Heiraten, wozu denn heiraten? Die Mechunga rieb sie schließlich gänzlich trocken, betatschte sie dabei ein wenig und führte sie dann zärtlich ins Zimmer zurück. Mit frisch gewaschenem, gepudertem Körper zwischen den Laken versuchte sie zu schlafen. Sein Gesicht schwebte vor ihr, sie konnte es fast berühren, es rückte keinen Zoll aus ihrem Gehirn, hatte sich dort im Türkensattel festgekeilt, abgelichtet für alle Ewigkeit. Die Puchunga brachte ein Glas heißer Milch, in der sie vier Meprobamat aufgelöst hatte. Cuquita trank sie bis auf den letzten Tropfen aus und gab bei jedem Schlucken den dumpfen Tick-Tack-Laut einer Klosteruhr von sich. Dann gab sie das Glas zurück, wischte sich den Mund mit dem Handrücken ab, zog sich die Bettdecke über die Nase und schloß die Augen, überzeugt, daß sie von ihrem ganz persönlichen José Ángel Buesa, dem Dichter der Straßenerotik, träumen würde: dem Uan.

Drittes Kapitel

EINE ROSE AUS FRANKREICH

Eine Rose aus Frankreich, deren zarter Duft
in der Maienluft mir einst sein Wunder offenbarte …
von Rodrigo Pratts, gesungen von Barbarito Díez

So träumte sie acht Jahre lang. Nicht etwa wegen der vier Meprobamat, sondern aus eigenem Antrieb. Aber wie sollte sie ihn wiedersehen, wenn sie sich nicht im geringsten darum bemühte? Sie hatte sich nun mal darauf versteift, daß es der Kavalier sein mußte, der zu ihr kam, ihr nachlief, sie eroberte. Keinen Fuß setzte sie aus Alt-Havanna, nahm keine einzige der Einladungen in Nachtklubs an, mit denen sie das unzertrennliche Paar Mechunga und Puchunga überhäufte. Auch ihnen war er nicht über den Weg gelaufen. Uans Verschwinden ließ Klein-Cucas Verlangen nur noch größer werden. Was Liebe auf den ersten Blick gewesen war, verwandelte sich bald in leidenschaftliche Besessenheit, in ein verzehrendes Feuer, in schweigende Hingabe. Und jede Nacht warf sie sich vor dem Bild der Erinnerung an ihn auf die Knie, heulte wie eine Hündin, betete wie eine fanatische Gläubige vor dem Christusbild in der Kirche einen Rosenkranz. Sie schuftete nur noch wie ein Maultier und wartete auf diesen Mann. Auf den Kerl ihres Lebens. Dem sie nicht mal ihre Adresse gegeben hatte oder sonst einen winzigen Anhaltspunkt, wo er sie finden konnte. Sie rackerte sich so ab, daß ihr die Asturierin nach drei Jahren *ein eigenes Zimmer* zugestand, ein Zimmer für sich allein; hätte sie Virginia Woolf gelesen, sie hätte ihr zum

Dank eine Kerze gestiftet. Die ganze Zeit über hatte sie die Sexualakrobatik ihrer Freundinnen erdulden müssen. Oder es tauchte noch ein Dritter auf, Mann oder Frau, und dann verbrachte sie ganze Nächte, ganze Morgendämmerungen unter der Treppe, von panischen Weinkrämpfen geschüttelt, über und über mit Kakerlaken bedeckt (wer hätte gedacht, daß sie im Alter so ein Tierchen bei sich bewirten und beinahe zur Familie zählen würde?) und fast schon von den Ratten angeknabbert. Als die Asturierin sie eines Tages im Gemeinschaftsbad schlafend fand, während ihr ein steter Tropfen den Schädel höhlte, ordnete sie erschüttert ihren Umzug ins Dachstübchen an. Dort wurde sie zwar von der Hitze bei lebendigem Leibe geröstet, aber wenigstens war sie für sich allein. Die Mechunga und die Puchunga verwöhnten sie auch weiterhin, sie hatte gelernt, die beiden wie zwei Lottertanten zu lieben, die eben nicht zu ändern, nicht zu retten waren. Allerdings arbeiteten sie tagsüber sehr wohl im Kaufhaus *El Encanto* und verdienten sich ihr Brot auf anständige Weise. Von ihrer eigenen Familie hatte sie kein Lebenszeichen mehr erhalten, aber sie schickte gewissenhaft ihr ganzes Geld an ihre Patentante María Andrea; diese verteilte es an Vater, Geschwister und Mutter. Denn ihre Erzeugerin kam mit dem Hungerlohn vom Theater nicht aus, im Handumdrehen hatte sie das Geld wieder verjubelt, um ihren jeweiligen Milchbartcasanova zufriedenzustellen.

Eines Nachmittags traf wieder so ein mickriges Mädchen ein, gerade mal fünfzehn Jahre alt, die Wohnung und Arbeit suchte. Concha empfing sie mit dem Holzpantoffel in der Hand, wie sie es mit Cuquita getan hatte, und nun teilte diese sich die Hausarbeit mit der Neuen. Somit hatte Cuquita plötzlich jede Menge Zeit zu verschenken. Also brachte die Asturierin sie in Pepes *Cafetera Nacional* an der nächsten Ecke unter. Dort verkaufte sie nachmittags Kaffee für drei Centavos die

Tasse. Und sie wollte sich weiterbilden. Da sie nun besser verdiente, legte sie etwas auf die hohe Kante, ohne dabei ihre Geldsendungen in gleichbleibender Höhe an ihren Familienclan einzustellen. Die Ersparnisse reichten gerade dazu aus, Bücher zu kaufen, denn jetzt mußte sie der Asturierin Miete zahlen. Aber sie hatte in der chinesischen Wäscherei in der Calle Jesús María eine Lehrerin kennengelernt, die in der Calle Merced wohnte und die sie umsonst unterrichten wollte, wenn sich Cuquita an den Wochenenden um ihre alte Mutter kümmerte, denn sie selbst fuhr dann immer nach Matanzas, um sich mit ihrem Ehemann, einem Hexenmeister, zu treffen. So gelang es Cuquita, ihre Schullaufbahn voranzutreiben, so daß sie sich schließlich zum Abitur einschreiben konnte, zwar in etwas vorgerücktem Alter, aber immerhin. Besser als gar nichts.

Denn hier haben wir es mit einer Geschichte voll Herz und Schmerz zu tun, wie im Lied von María Teresa Vera. Mit einer von diesen Rosen, die stechen, einer schönen Schnulze mit Dornen, denn wie es dort schon heißt: *Süß sind die Wunden, die die Liebe schlägt.* Darauf werde ich später noch ausführlich eingehen, was auch immer meine Sprechende Grille Revulva dazu sagen mag, sie ist mein revolutionäres Gewissen, ach was, meine *Santera*-Patentante, aber sie mag nicht so genannt werden, es schadet ihrem Ruf; auch wenn Folklore momentan zugelassen ist, weiß man doch nie, für wie lange... Wie gesagt, dies ist also einer von den Heftchenromanen über arme Milchmädchen, die ohne einen Pfifferling nach Havanna kommen und zu studierten Frauen werden. Obwohl sie sich in fast allen offiziellen Versionen – und ich begreife gar nicht, warum – anfangs immer prostituieren mußten und erst nach dem Sieg der Revolution Lesen und Schreiben lernten. Mit der Zeit habe ich jedoch feststellen können, daß die Geschichte in Wirklichkeit immer so erzählt wird, wie's gerade kommt und denen, die sie erzählen, in den Kram paßt. Viele, die ich kenne, konnten studieren, und zwar unter gewaltiger Anstrengung, aus eigener Kraft, nicht durch Prostitution, sondern durch nächtliches Bücherwälzen im Schweiße ihres Angesichts. Was der schwierigere Weg ist. Und der anregendere. *Nur das Schwierige regt an*, hat Lezama geschrieben. José Lamama Mima. Um nicht vom Hundertsten ins Tausendste zu kommen, Cuquita war also eine von ihnen, auch wenn sie es nicht ganz bis zum Staatsexamen schaffte, aber fast. Wegen eines Kerls, ihrer einzigen Liebe, und wegen einer Note – einer Dollarnote – konnte sie sich nicht an der Universität einschreiben. Liebe und Triebe, Qual und Kapital, wo man auch hinschaut in der ganzen Menschheitsgeschichte. Man kann gar nicht genug betonen, daß der Holländer Peter Minuet, ein Hugenotte, im Jahr 1626 New York, damals Neu-Amsterdam, für vierundzwanzig Dollar gekauft hat; der Betrag wurde dazu noch in Glasperlen beglichen.

Aber nicht einmal die Mathematik konnte aus der Gleichung in Cuquitas Herzen jene Unbekannte streichen, die für sie der Uan war. Die noch immer unerforschte Höhle ihrer Vagina hatte seit jener Nacht nicht zu zucken aufgehört, seit damals, als er an ihren Lippen und ihrer Zunge gesaugt und geknabbert hatte, mit seinem Mundgeruch oder eher -gestank nach Pfefferminz, Zwiebel, Karies und belegten Mandeln. Sie hielt sich ganz für ihn bereit. Seit jener Nacht hatte sich ihr äußeres Erscheinungsbild sensationell entpuppt; sie war zwar keine umwerfende Schönheit, aber atemberaubend war sie schon. Ihr BH hatte ein Paar Titten vorzuweisen, die jeden Abnehmer zufriedenstellen konnten, nicht zu groß und nicht zu klein, alles in allem ein respektabler Balkon. Sie wog fünfundfünfzigeinhalb Kilo und maß eins siebenundsechzig. Sie hatte eine Wespentaille, die Hüften gingen eher in die Breite, ihr Bürzel zeigte wie bei einer Negerin in die Höhe, und sie hatte feste, lange Schenkel, geschwungene Beine und schlanke Fesseln. Die Füße waren allerdings nicht mehr zu retten, Entenfuß bleibt Entenfuß, ob hier oder in Timbuktu; in Paris mochte es in den Zwanzigern *chic* gewesen sein, auf großem Fuß zu leben, aber in Havanna ist das unverzeihlich, eine Frau mit Schuhgröße vierzig ist bereits eine Beleidigung für jeden Schuster. Aber Cuquita wußte sich damals zu helfen, indem sie ihre Schuhe zwei Nummern zu klein kaufte, was zur Folge hatte, daß sie sich am Ende des Tages am liebsten die Zehen abgehackt hätte, so quälend litt sie darunter, sich bei ihrer Arbeit die Füße zusammenquetschen zu müssen. Kurz und gut, Cuca Martínez brachte die Autos auf der Straße zum Stehen, obwohl sie da nicht mehr ihre fünfzehn war, sondern schon fast Mitte Zwanzig, aber was macht das schon für einen Unterschied? Sie wiegte sich nämlich beim Gehen in den Hüften, ganz wie es ihrer chinesischen Geduld und ihrer gebändigten Dubliner Leidenschaft entsprach, ein Tick-Tack und Tack-Tick, das den Weichsten erhärtete.

Bisweilen schloß sie sich in ihre Zimmersauna ein, in der sie zu Bächen zerfloß, und betrachtete sich verzückt in ihrer hemmungslosen Nacktheit im länglichen Spiegel des spanischen Reu-naissance-Schranks. Lustvoll streichelte sie ihren Pelz zwischen den Beinen und stellte sich ganz fest vor, daß es der Uan war, der dieses dichte, schwarze Gebüsch durchkämmte, denn Cuquita hatte da unten ein recht stattliches Nest, und ihr Schambein krönte ein herrlicher Haarschopf. Diese Ansammlung von Fleisch, Haaren, Knochen und Gehirn war sie. Und alles nur für ihren Mann bestimmt: den Uan. Das ganze Wunderwerk war bereits ein dreiundzwanzigjähriger Körper, jungfräulich in einem flotten, lockeren Havanna, das mit Jungfrauen nichts am Hut hatte. Die Kleine, die so klein nicht mehr war, bewahrte sich ihre Unversehrtheit jedoch mit Stolz ganz für ihren Pipo, ihren Papi oder, besser gesagt, ihren Papirriqui auf. Denn so nennen die Frauen in Havanna unweigerlich ihre Kerle. Da mag ein Typ, sagen wir, Guillaume, Fréderic, Andrés, John, Richard oder Francisco heißen, in Havanna endet er über kurz oder lang doch immer nur als *Pipo, Papi* oder *Papirriqui.*

Wie eine echte rassige Heldin harrte sie in ihrem selbsterwählten Gefängnis Alt-Havanna aus, ertrug die selbstauferlegte Strafe, ging ihn niemals von sich aus suchen, denn er mußte zu ihr kommen, und wenn alle Stricke rissen, sollte eben der Zufall eingreifen und sie durch ein Wunder wieder zusammenführen. Das war ihr Standpunkt, bis sie an einem Samstagmittag in einer freien Stunde im Badeanzug aufs Dach stieg, einen Eimer Salzwasser über ihren Körper schüttete, sich eincremte und ein Sonnenbad nahm. Es waren für sie *am Ende die intensivsten Stunden* unter intensivster Sonnenbestrahlung. Nach einer Weile schaltete jemand in der Nachbarschaft das Radio an, und man hörte eine Männerstimme von unvergleichlicher Eleganz. Cuquitas Atem wurde schwer, in ihrer Brust entzündete sich ein Feuer, und weiter unten kitzelte es sie stürmisch. Das Lied hieß, wie der Sprecher mitteilte, *Eine Rose aus Frankreich*, dargeboten von Barbarito Díez als Hommage und Willkommensgruß für eine große Dame des *chanson française*, wie der Ansager meinte, nämlich die göttliche Edith Piaf, die ins *Montmartre* zurückkehrte, um:

»Sergio Ortas Shows mit der Anmut ihrer Gossenlieder zu schmücken. Edith Piaf läßt uns teilhaben an ihrer wunderbaren Kunst. Vor drei Nächten traf die Sängerin am Flughafen von Havanna ein. Sie wurde empfangen von Ramón Sabat, dem Präsidenten der Gesellschaft Panart, die ihre Platten vertreibt, und von Mario García, dem Manager des Montmartre. *Die Künstlerin kam in Begleitung von Juan Pérez, dem Public -Relations-Mann, der ebenfalls lange Zeit auf Reisen gewesen ist – daß sie jetzt bei uns ist, haben wir letztlich ihm zu verdanken –, sowie des Fotografen Edouard, dessen Nachnamen wir endlich*

herausbekommen haben: Matussière. Als erstes hat Edith Piaf die Karten und auch die Muscheln befragt, ob ihr das Publikum von Havanna gewogen sein wird, als zweites hat sie sich mit Hilfe eines französisch-spanischen Wörterbuchs ein paar Sätze zurechtgelegt, um dem Publikum ihre neuen Lieder ankündigen zu können. Sie macht gewaltige Fortschritte im Spanischen. Vor allem berühren uns jedoch ihre Lieder, ihr herrlicher Pariser Akzent, zwei Konzerte im Nachtklub sind schon ausverkauft, und die Leute verlangen nach mehr. Sie singt wie eine Göttin in ihrem schmucklosen schwarzen Kleid und ihren flachen Schuhen. Auf der Bühne ist ihr einziger Schmuck ihre Stimme. Dieselbe Stimme, der die Pariser vor zwanzig Jahren gerührt in der Rue Troyon und an anderen Ecken des romantischen Paris gelauscht haben. Wer sie zum ersten Mal auf die Bühne treten sieht, ist unweigerlich überrascht. Kann diese kleine Person mit dem großen Kopf, dem platten, ungeschminkten Gesicht, den überlangen Armen und den verkrümmten Händchen diese berühmte Sängerin sein? Für das gewöhnliche Publikum gehört zur wesentlichen Aufmachung einer Sängerin unbedingt der Schmuck. Wo sind die Juwelen dieses Stars, der die höchsten Gagen der Welt bekommt? Während das Orchester bereits die ersten Takte spielt, strengt Edith Piaf, die große môme (ich glaube, das heißt »Mumie«) von Paris, ihr Gedächtnis an und erklärt in ihrem pittoresken Spanisch, wovon das folgende Chanson handelt. Wer sie zum ersten Mal sieht, begreift noch immer nicht dieses bescheidene Kostüm. An Luxus gewöhnte Damen bemitleiden sie, weil weder an ihren Fingern noch an ihren Ohren auch nur ein einziger Edelstein glitzert. Aber… inzwischen singt Edith Piaf bereits. Wie ihre Kleidung, wie ihr Äußeres gehen der Menge, die jeglichen Glanzes und aller Farbenpracht beraubt ist, die ersten Sätze unter die Haut. Im Saal herrscht eine fast greifbare Stille. In ihren Verträgen bedingt sie sich aus, daß keinerlei Getränk, kein Glas, kein Teller, nicht einmal ein Schluck Wasser gereicht werden darf, während sie singt.

Das Publikum weiß davon nichts und verharrt dennoch in erwartungsvollem Schweigen vor der Gestalt dieses armen Mädchens. Was für ein Zauber bringt das Publikum zum Schweigen? Die Stimme von

Edith Piaf. Die schmerzliche Stimme, die traurige Gossenlieder singt, wie sie sie in den Straßen von Paris gelernt hat. Die Zuhörer verstehen den Text nicht immer. Einige amerikanische Touristen sind darunter. Der Rest des Publikums besteht aus Kubanern, die, wenn's hochkommt, einmal im Leben bis Miami gelangt sind. Aber wenn Edith Piaf singt, spüren alle, daß sie unermeßliche Gefühle zum Ausdruck bringt. Sie erraten es aus den herzzerreißenden Tönen, die aus ihrer Kehle dringen. Aus der Schwermut ihres in weite Ferne gerichteten Blicks. Aus den schleppenden Bewegungen ihrer Arme, die so wenig mit dem restlichen Körper zu tun haben. Die Tochter eines Akrobaten und einer Wäscherin war dem Pariser Vorort entflohen, um an glücklicheren Ecken von Paris ihr Stimmchen zu erheben. Gekleidet wie heute und barfuß. Und wenn sie ihre Arme ausbreitete und den düsteren Blick zum Himmel hob, glich ihre schlanke, bleiche Gestalt, in Trauerschwarz gehüllt, einem Kreuz an einer Hauswand. Jemand fordert sie auf, etwas Lustiges zu singen. Für einen Nachtklub seien so tragische Lieder nicht geeignet. Falls sie es gehört hat, wird sie ihm mit ihrem ewigen traurigen Mädchenlächeln vergeben haben. Denn das hatte man ihr schon einmal gesagt, und da es damals vor allem ein Publikum aus Millionären und internationalen Schönheiten gewesen war, hatte sie geglaubt, sich nicht wie auf der Straße präsentieren zu dürfen. So entwarf eine Modistin für sie – nach Ratschlägen von Arletty und Marlene Dietrich – ein exklusives Luxuskleid. Ein Schönheitssalon schminkte ihr Gesicht in allen Schattierungen, die gerade Mode waren. Sie modellierten ihren Körper mit Polstern und Korsetten, um sie wie ein Mannequin aussehen zu lassen. So trat sie dann auf die Bühne, in strahlendem Luxus und Eleganz. Aber der Beifall in dieser Nacht war nur spärlich, fast verlegen. Ein reiner Höflichkeitsapplaus. Ein Impresario, der Zeuge davon geworden war, erwartete sie in ihrer Garderobe. Und ohne sie um Erlaubnis zu fragen, riß er ihr das Smaragdkreuz vom Hals, zog ihr das exklusive Luxuskleid aus und das alte, armselige Lumpenkleid an, das an ihre elenden Streifzüge durch die Straßen ihrer Geburtsstadt erinnerte, des romantischen Paris:

›Jetzt gehen Sie hinaus, Edith, und singen Sie.‹

Und sie wurde wieder zur Edith Piaf, die alle liebten. Eine Rose aus Frankreich, *wie in dem Lied, das nun Barbarito Díez ihr zu Ehren singt:*

... Mit ihren weißen Blättern ist sie die schönste aller Rosen,
eine Zauberin voll Eleganz und Ehre,
jene Rose aus Frankreich, deren zarter Duft
in der Maienluft mir einst sein Wunder offenbarte.«

Dann verstummte die Stimme des elegantesten und unerschütterlichsten Negers der Welt (beim Singen bewegte sich kein einziger Muskel in seinem Gesicht oder sonstwo am Körper), des schönsten, diskretesten, unprätentiösesten Negers auf der ganzen Insel und darüber hinaus, denn der Nachbar hatte das Radio ausgeschaltet. Jetzt konnte das Mädchen seine eigenen Schluchzer hören. Die dicken Kullertränen verdampften jedoch, bevor sie die Wangen hinuntergelaufen waren, so sehr brannte die Sonne. Sie weinte wegen allem auf einmal, wegen des Liedes, ein *Danzonete*, wie er heute nicht mehr komponiert wird, genau zugeschnitten auf Barbarito Díez' aristokratische Stimme. Sie wimmerte wegen der tieftraurigen Geschichte dieser französischen Sängerin mit dem ärmlichen Kleid, der Melancholie, der wunderschönen Häßlichkeit und dem glühenden Wunsch zu singen, trotz ihres bitteren Lebens. Aber vor allem hätte sie am liebsten laut losgeplärrt, weil ihr der Name des PR-Mannes vom *Montmartre* nicht entgangen war: Juan Pérez. Nach Aussagen des Sprechers war er für lange Zeit außer Landes gewesen, vielleicht hatte er sie deshalb nicht aufgesucht, vielleicht hatte er berufliche Gründe gehabt. Aber wie hatte er so schnell die Laufbahn wechseln können? Als sie ihn kennengelernt hatte, war er noch damit beschäftigt gewesen, alles zu verkaufen, was ihm in die Finger gekommen war, selbst seine Mutter hätte er verscheuert, wenn sie ihm dumm gekommen wäre. Wie war ein solcher Aufstieg möglich gewesen? Der Ansager hatte auch gesagt, daß eben jener Juan Pérez die Französin dazu veranlaßt hatte, die Einladung nach Kuba anzunehmen. Und wenn er sich nun in die Sängerin verliebt, wenn er sie wegen einer anderen vergessen hatte? Einer, die mehr hermachte als sie. Und dazu noch Französin! Sie schäumte vor Eifersucht. Und wenn sie sich umsonst Illusionen hingab? Sie wollte beileibe nicht von falschen Illusionen leben, wie die Figuren aus den Fortsetzungsromanen im Radio, auch wenn sie dank ihrer Lehrerin und des Wörterbuchs wußte, daß es falsch war, von einer *falschen Illusion* zu reden, denn das war doppelt gemoppelt, eine Illusion war ja an sich schon falsch. Ein bekanntes Sprichwort lautete außerdem: Wer von Illusionen lebt, stirbt an Enttäuschung. Hatte sie nicht bis jetzt von einer einzigen Illusion gelebt? Aber vielleicht war das gar nicht ihr Juan Pérez? Denn wenn es in Havanna und Umgebung etwas im Überfluß gab, dann den Namen Juan Pérez. War er's oder war er's nicht? Wenn ja, dann würde er sie ganz sicher aufsuchen. Aber wie denn nur? Er hatte ja nicht mal ein Foto von ihr! Und wie viele Cuquita Martínez mochte es wohl auf der ganzen Insel geben? So viele, wie Oshún Töchter hat, also praktisch neunundneunzig Prozent der weiblichen Bevölkerung.

Erneut überkam sie nach acht Jahren das übermächtige Bedürfnis, sich die Schnute bunt anzumalen, sich herauszuputzen, wie es sich für eine ordentliche Frau von Welt gehörte, ins Luxuskleid für die Samstagnächte zu schlüpfen, hohe Lackstöckelschuhe und Nylonstrümpfe anzuziehen (hui, wie teuflisch schwitzte man in denen, aber die machten die Beine so schön!), sich Rücken und Ausschnitt zu pudern und ins *Montmartre* abzuzischen. Diese verrückte Eingebung kam ihr, während sie immer herzerweichender und hemmungsloser heulte. Je mehr sie an ihren Geliebten dachte, desto mehr Rotz schoß ihr aus den Nasenlöchern. Doch dann richtete sie sich jäh auf, wischte sich Tränen und Rotzfäden mit dem Handtuch ab und beschloß prompt, das zu tun, was sie sich jahrelang untersagt hatte: ihren Uan zu suchen.

Schnell brach der Abend herein, während sie im Zuber, den sie in ihrem Zimmer aufgestellt hatte, ein Bad nahm. In ihrem Hauskittel, ein Handtuch um den Kopf geschlungen, trat sie aufs Dach in die frische Luft hinaus. Die rote Riesensonne versteckte sich gerade in Zeitlupe, wie in einem Technicolor-Film, hinter den Gebäuden und schien ein für allemal in unerforschten Meerestiefen versinken zu wollen. Wo Cuquita sich auch hinstellte, von jedem Punkt aus konnte sie den Ozean sehen, deshalb wohnte sie so gerne hoch oben, wo sie dem Licht näher und Herrin der Landschaft war. Wieder schaltete jemand das Radio ein, und da hörte sie die Stimme einer Frau, die wie ein Spatz auf den Dächern sang. Das war zweifellos die Französin, und der Abendwind wehte eine klagende Melodie der Leidenschaft von einem anderen Ort des Planeten über die Häuser hinweg. Cuquita verstand keine Silbe, aber sie war überzeugt, daß das Lied von einem geliebten Mann erzählte, der gewaltsam aus ihrem Leben gerissen worden war. Und sie wollte dieser Stimme, die so sehr der Liebe glich, hinterherlaufen, wollte wie diese Frau sein, die die ganze Welt bewunderte! Darüber vergaß sie sogar Juan Pérez. Jetzt wollte sie nur noch die Urheberin jener mitreißenden Melodie kennenlernen oder sie wenigstens aus nächster Nähe sehen.

Sie lief zum schwarzen Treppenschlund, nahm beim Hinuntersausen gleich zwei Stufen auf einmal und platzte ins Zimmer von Mechunga und Puchunga:

»Da kommt ja unser Turteltäubchen aus seinem Taubenschlag. Die denkt wohl, sie ist hier in einem Solarium, gerade vorhin habe ich sie dabei erwischt, wie sie sich wie ne Kochbanane oder ne Schweineschwarte hat rösten lassen... du hast hier Dienst in der Kombüse und bist nicht auf dem Sonnendeck, nicht daß du da was verwechselst... mach hier ja nicht auf Hotel Ritz...«, grummelte die Puchu.

»Was führt dich denn in dem Aufzug hierher, so sexy und aufreizend angezogen, in dem Kittel da und mit tropfenden Haaren?« fragte unverfroren die Mechunga.

Sie zögerte mit der Antwort, sie fürchtete, Spott zu ernten, aber... sie mußte wissen, ob sie diese Nacht ausgehen würden und zufällig nichts dagegen hätten, sie an einen bestimmten Ort zu begleiten... Sie bat sie um eine Camel, so nervös war sie, stellen Sie sich das bloß vor, noch nie geraucht, und dann auf einmal Lust auf eine Zigarette. Sie wolle ihnen nicht etwa zur Last fallen, ihr sei eben nur langweilig, sie brauche mal eine Luftveränderung, einen Tapetenwechsel, sie mußte ihr Blut wieder in Wallung bringen, sich wieder als Frau fühlen, als begehrendes und begehrenswertes Wesen, wollte nicht mehr bloß das sein, was sie bis heute gewesen war: ein Roboter, ein Lasttier, ein Besenstiel, ein verrußter Herd, ein Trog voll miefiger Wäsche. Sie war es leid, zu warten und sich für nichts und wieder nichts abzuschuften. Wenn sie nichts an ihrem Leben änderte, würde sie noch überschnappen. Sie hatte sich schon die Fingernägel mitsamt Häutchen abgeknabbert. Und jedesmal, wenn sie ein Liebeslied, einen Bolero oder überhaupt Musik hörte, ach, dann heulte sie los wie ein idiotisches Marsfrauchen, sie hätte glatt in einer Radioschmonzette auftreten können. Jedes Lied hatte eine Narbe in ihrem faden Leben hinterlassen. Ihr fehlte Zärtlichkeit, Leben, ihr fehlte...

»'n Schwanz, Schätzchen, was dir fehlt, ist 'n ordentlicher Schwanz. So kann man doch nicht leben, so ganz ohne jeden sexuellen Reiz«, unterbrach sie die Mechunga.

»Dem Kindchen fehlt da unten einfach die passende Schraube. Oder ne ordentliche Mutter mit Schmieröl? Ach nein, von denen gibt's hier ja mehr als genug«, bemerkte die Puchunga boshaft.

»Wißt ihr was?« fragte sie, nein, das hatte nichts damit zu tun, daß Wasser naß war, sondern daß sie die beiden um einen ganz besonderen Gefallen bitten wollte, denn sie hatte das Bedürfnis, mit ihnen an diesem Abend in einen... Nachtklub zu gehen. »Einen Nachtklub!?« fragten die beiden Freundinnen zweistimmig und fortissimo. So plötzlich? Gestern noch mit einem Bein im Kloster und heute mit dem anderen im Bordell? Sie erzählte ihnen von der Radiosendung, vom mutmaßlichen Namen ihres mutmaßlichen Geliebten, aber vor allem von dem anrührenden Lied, von der Geschichte der Piaf, die fast so tragisch wie ihre eigene war – so viele außergewöhnliche Umstände im Leben einer einzigen Frau, die nach Aussagen des Sprechers ein so farbloses Äußeres hatte –, all dies hatte in Cuca den Wunsch erweckt, wieder Feuer in die glimmende Asche ihrer sinnlichen Gelüste zu blasen. Die beiden Frauen hatten Verständnis dafür und willigten, ohne zu zögern, ein. Schließlich waren sie die ganzen acht Jahre über jede Nacht ausgegangen. Es gab keine Bar, kein Restaurant, kein Café, keinen Nachtklub, den sie nicht besucht hätten, immer von Ivo kutschiert, dem bewährtesten und begehrtesten Chauffeur der ganzen Insel. Schon oft hatten sie ihn nach Lust und Laune zu ihrem Liebhaber gemacht. Gerade als die Nacht hereinbrach, klar und funkelnd vor Sternen (diese Sterne, die ich in jedem Buch als einzigartig, sensationell, wunderbar, erhaben, unnachahmlich beschreibe, kurz und gut, eben als Quelle all meiner Sehnsucht), also gerade an diesem Punkt im Lauf der Gestirne machten sich die drei Frauen wie drei Karnevalsköniginnen aufgedonnert auf den Weg.

In der Alameda de Paula wartete Ivo in einem funkelnagelneuen Chevrolet, letztes Modell. Er blieb der Marke Chevrolet treu, denn zwischendurch hatte er einmal einen Studebaker getestet und es gleich auf fünf Zusammenstöße gebracht, wen wundert's, daß sich die Spottdrosseln über ihn lustig machten und den Studebaker als Ivos Skooterbaker bezeichneten. Die Fahrt den Malecón entlang war noch bezaubernder als die erste. So ist nun mal Havanna, bei jedem Rundgang liebst du es mehr. Nie langweilt es dich, mit jedem Mal kommt es dir schöner vor, denn immer hält es ein anderes Abenteuer für dich bereit, eine andere Verlockung, die dein Herz zu Pflaumenmus, zu Mamey-Mus rührt. Es mag zwar in sich zusammenfallen, mag an Enttäuschung sterben, aber Havanna wird immer Havanna bleiben. Und wenn du die Stadt in den Büchern durchläufst, die für sie geschrieben wurden und in denen sie wie eine Magierin erscheint, wenn du sie nicht zu Fuß erkundest, sondern sie wie der Historiker Eusebio Leal wie eine vom Leid getriebene Nachtwandlerin streichelst, inmitten der Irrungen und Wirrungen des Exils, wenn du die Qual des Unmöglichen verspürst, die für Lezama Lima oder Lamama Mima (ich wiederhole, wiederhure) das einzige ist, was wirklich anregt, dann wird einem bewußt, daß Havanna noch immer die Stadt des Herzens sein kann, trotz aller Schmerzen.

Der Nachtklub war knallvoll. Man mußte eine ganze Weile seine sieben Sinne sich wie einen Schwamm vollsaugen lassen, um die Gerüche von Rum, Tabak, die unzähligen teuren Parfums, vermischt mit ordinären Billigwässerchen, aufzunehmen, das Funkeln der echten Juwelen zu erkennen und die falschen, vulgären zu tolerieren, es brauchte seine Zeit, bis es einem gelang, zwischen den Frauen zu unterscheiden und festzustellen, daß zwei ähnliche Brustansätze zwar im gleichen Dekolleté prangten, der eine den Ausschnitt jedoch fast zum Platzen brachte. Man vertiefte sich in die Feinheiten von ein Paar Netzstrümpfen und tauchte wie durch Zauber aus dem Reiz von Seidenstrümpfen wieder auf, es gab elegante männliche Haarschnitte und gepflegte Schnurrbärtchen zu bewundern, ein nach *Old Spice* oder nach *Roger et Gallet* duftendes Kinn, man nahm sich eine Krawatte nach der anderen vor, um schließlich festzustellen, daß an die zwanzig davon mit Perlen im Knoten protzten, an die zehn winzige, raffinierte Diamanten drin stecken hatten und die breite Masse nur gewöhnliche Nadeln oder einfach gar nichts. Man mußte ein Weilchen stehenbleiben, immer auf dem Sprung sein oder die anderen Zuschauer anspringen, um sich erfolgreich diesen Raum einverleiben zu können. Um zu versuchen, in dieses genüßliche Leben zu tauchen, das aus Rhythmus und Lust bestand, dem wahren Grund unserer Existenz.

Als die drei eintraten, richteten sich alle Blicke auf sie. Die Mechunga und die Puchunga waren Stammgäste im *Montmartre* und schon altbekannt, und so hefteten sich die Augen aller auf Klein-Cuca, die schon vorher die geniale Idee gehabt hatte, im Laden *Fin de Siglo* eine Lage gelben Ginghamstoff zu erstehen. Der Gingham ist bekanntermaßen ein Stoff für Arme, und wenn er dazu noch gelb ist, trägt man ihn anläßlich eines Gelübdes vor der Heiligen Jungfrau der Barmherzigkeit. Aber dieser Gingham war etwas Besonderes, hatte nichts mit anderen gewöhnlichen Ginghamstoffen gemein. Dieser gelbe Gingham glänzte nämlich, es war ein exquisiter Stoff aus Lamé, Farbe Safran. Cuquita hatte ihn zu einer Damenschneiderin gebracht und sie inständig angefleht, ihr ein ganz besonders eng anliegendes Kleid daraus zu schneidern, mit einem V-Ausschnitt vorne, der sich so tief wie möglich zwischen ihre Brüste grub, und einem weiteren V-Ausschnitt hinten, der noch gewagter sein und fast die Taille erreichen sollte. Ein paar Stege verhinderten, daß die Träger ständig die runden Schultern hinabrutschten. In diesem Kleid also, in dem sie tatsächlich bildschön aussah, wie ein Gedicht, hielt Cuquita Martínez im *Montmartre* Einzug, sie trug Schuhe mit zehn Zoll hohen Absätzen, mit dem gleichen Stoff wie ihr

Kleid bezogen, und hochfeine, hautfarbene Strümpfe mit Naht (ein Kniff, um die Kerle zum Schielen zu bringen). Die Taille hatte sie mit einem breiten, gelben Lackgürtel vertäut. Auf ihren Schultern ruhte ein Tuch aus Jorjé (ja, ja, ich weiß schon, daß man das *Georgette* schreibt, aber wer kann von einem Kubaner verlangen, mit ordentlicher Aussprache zu glänzen), das von Eidottergelb zu einem fast weißen Blaßgelb überging und an dessen Spitze ein Schmetterling aufgestickt war. Am linken Arm schimmerte ein Armband aus achtzehnkarätigem Gold mit einem kleinen Medaillon der Heiligen Jungfrau María des Kupfers als Anhänger. Am Ohr trug sie zwei einfache Ohrstecker, ebenfalls aus achtzehnkarätigem Gold, die ihre *Santera*-Patentante María Andrea gründlich gegen den bösen Blick präpariert hatte, damit sie ihr Glück brächten und in Liebesangelegenheiten beiständen. Die Puchunguita hatte sie geschminkt, aber eine dünne Schweißschicht überzog bereits Stirn, Oberlippe und Nase. Sie zog ein Spitzentaschentuch hervor und wischte sich den jugendfrischen, also noch zum Ablecken leckeren Schweiß fort. Sie zitterte wie ein begossenes Huhn, denn eine Unmenge männlicher Augen belagerten sie, und ebensoviele stechende Frauenblicke taxierten und traktierten sie, manche voll Neid, andere voll unterdrückter Begierde. Als sie sich schließlich an den vollgepfropften Saal gewöhnt hatte, lächelte sie erleichtert, denn inzwischen war sie – welch ein Zufall – an denselben Tisch gesetzt worden wie bei ihrem damaligen denkwürdigen Besuch! Sie fühlte sich wie ein Fisch in seiner Soße, als würde sie hier Gott und die Welt kennen, als wäre sie der große Star des Abends und nicht die Piaf. Ihre Freundinnen bestellten für alle Pfefferminzlikör mit Eis. Pfefferminzlikör, das ist ein offenes Geheimnis, hat die Eigenschaft, die Sinne der Frauen unverzüglich durcheinanderzuwirbeln. Als sie ihre Erinnerung in die Minze tauchte, stieg der köstliche Mundgeruch ihres geliebten Peinigers daraus hervor.

Und sie verzehrte sich rasend nach einem Kuß von jenem Mund. Einige Tische weiter wirkte ein anderes Individuum für das anwesende Spießerpublikum ebenso aufreizend wie sie, mit dem Unterschied, daß Cuquitas Extravaganz auf der Rarität, die jenes berühmten Malers mit Namen Roberto García York aber auf der Kunst seiner Erscheinung beruhte. Wie umwerfend macht sich doch Verschwendung, wenn sie sich mit der Kunst paart, und zwar mit guter, mit echter Handarbeit! Er trug einen schwarzen Frack, einen schwarzen Zylinder und auf dem Rücken zwei riesige Engelsflügel. Eine Hommage an Marlene Dietrich und den *Blauen Engel*. Seine Freundin, eine Französin mit Namen Janine, ging als Josephine Baker *entkleidet*. Die Mehrzahl der Anwesenden war von ihnen in Bann gezogen. Nur ein Kerl mit starr-süßlicher Miene achtete nicht auf die opulente Ausstattung des Malers. Er hatte chinesische Züge und wirkte klein, obwohl er das gar nicht mal war, er saß an der Bar und musterte Cuquita mißbilligend. Diese verdrehte nur die Augen und ließ ihn außen vor; sonst wäre sie heute vielleicht mit einem tollen Schriftsteller im Londoner Exil verheiratet.

Bebo Alonso, der unverschämt elegante Conférencier mit seiner zu einer Fliege gebundenen dunkelvioletten Riesenschleife, die sich an seine Luftröhre schmiegte, begrüßte das Publikum in Hafenarbeiterenglisch, in Flughafenfranzösisch und schließlich im gewohnten dröhnenden Hafenspelunkenhavannisch:

»Na, wiegehtsnso, göttliches Publikum?«

Versuchen Sie das mal ins Französische oder Englische zu übersetzen:

»Comment ça va, mon divin public? Are you all right, divine public?« Und unermüdlich wiederholte er in seinem angeberischen, überaus unterdurchschnittlichen Vorstadtfranzösisch: *»Comment ça va? Comment ça va? Comment... comment...?«*

Bis schließlich ein Witzbold oder ein Fremdsprachenmuffel plötzlich brüllte:

»Mensch, Alter, nun erzähl uns doch nicht dauernd, daß wir *kommen* sollen, wir sind doch schon längst da, also nerv uns nicht, Junge, hier kommt niemand mehr!«

Der gesamte, zum Brechen gefüllte Saal dröhnte vor Lachen und heiterem Trubel. Bebo Alonso merkte, daß jetzt nur noch die Musikgenies der Nacht anzukündigen waren: der großartige Barbarito Díez und der Spatz von Paris, die unvergleichliche Edith Piaf. Barbarito trat auf die Bühne, von Licht umbrandet, und begann unverzüglich mit seiner schlichten Interpretation von *Eine Rose aus Frankreich*. Wie immer sang er wie ein Gott. Hätte sich Othello, der Mohr von Venedig, dem Belcanto des *Danzonete* gewidmet, bestimmt hätte er das gleiche Timbre gehabt, dasselbe schwebende, langgezogene Schwingen der Stimmbänder. Das muß man einfach gehört haben. Am Ende der Darbietung streckte er seine schlanke, glänzende Hand aus, deren Schwarz schon fast ins Blaue spielte, und zog aus der Dunkelheit seine Rose aus Paris hervor. Eine mehr als seltsame kleine Frau, die wie ein greises Kind wirkte, mit Augenbrauen, geschwungen wie die spanischen Rundbögen vom Belén, die Augen gleichzeitig unschuldig und heimtückisch, von kleinem Wuchs und mit grazilen, gespreizten Beinen, wie die einer Tänzerin, und so zerbrechlich sah sie aus. Heilige Mutter Gottes, sie glich einem welken Blatt, einem Pauspapier, aus China importiert. Barbarito Díez hauchte wie ein echter Gott des Olymps mit seinen pechschwarzen Lippen einen Kuß auf das verkümmerte Händchen der Piaf. Sie sagte irgendwas Belangloses in ihrem Rokokospanisch. Doch dann entließ sie Töne aus ihrer Brust, und diese Ameise verwandelte sich in Artemis, in Yemayá, in Aphrodite, in Oshún. Sie war ganz Intelligenz und Sinnlichkeit, und wenn diese beiden Eigenschaften bei einer Frau zusammentreffen, dann gnade einem

Gott. Dann heißt es nur noch, Augen zu und durch. An diese Frau reichte nichts heran, wenn sie sang – nicht mal ein Ton vom stummen Publikum. Mit Edith Piafs Liedern liebte man auf andere Weise:

Tu me fais tourner la tête,
mon manège à moi c'est toi,
je suis toujours à la fête,
quand tu me tiens dans tes bras.
Je ferais le tour du monde,
ça ne tournerai pas plus que ça,
la terre n'est pas assez ronde,
mon manège à moi c'est toi…

Schweigen, Entzücken, gespannte Erwartung auf das nächste Lied schwebten im Saal. Alles schaute und hörte auf die Sängerin, hingerissen vom Geheimnis ihrer Stimme, von ihrer mitreißenden Musikalität, ihrer beneidenswerten Virtuosität, von ihrem gedehnten R, das sie wie ein Dämon aussprach, der sich in einen Engel verwandelte, und das man nicht mal nach zwanzig Jahren in der *Alliance Française* am Boulevard Raspail in Paris oder durch einen chirurgischen Eingriff am Zungenband hätte nachahmen können. Und die Texte waren märchenhaft, niemand verstand sie, aber jeder konnte sie erahnen und erträumen, man brauchte kein Französischdiplom, um sich bei dieser Stimme vor Liebe zu winden. Selbst Cuquita wünschte sich sehnlichst ihren imaginären Mann herbei, egal, wer sich da einstellen mochte, den Nächstbesten eben, der gerade zur Hand war. Doch wenn eine Frau heutzutage ein Lied von Edith Piaf hört, erfindet sie sich umgehend einen außerirdischen Geliebten, ein ewiges Idyll, eine tragische Romanze. Ihr Repertoire ließ die Nacht anschwellen, und die Kleine schmachtete dahin und hätte beinahe vor blinder Sehnsucht losgeheult, hätte also beinahe, mir nichts, dir nichts, im Herzumdrehen die Liebe ihres Lebens vergessen und wäre in die Arme des nächsten Kerls gesunken, der ihr in den Weg kam, als sie unversehens seine Gestalt in der Ferne entdeckte.

Er saß an dem Tisch für Ehrengäste, die Frauen dort hatten sich mit Nerzen und anderen Pelzen ausstaffiert – und das bei dieser Affenhitze! – die Männer trugen Anzüge und Hüte à la Jean Gabin. Frivolität ist etwas Göttliches, vor allem wenn sie so sehr der griechischen Tragödie gleicht wie in einem attischen Videoclip. Seine Augen waren, wie die aller im Saal, starr auf die Sängerin geheftet. So viel machte er gar nicht her, wie er da regungslos mit seinem aufgeklebten Lächeln saß, ein einstudiertes Lächeln, sehr zärtlich, aber aufgesetzt, Typ Roger Moore. Cuquita wurde eifersüchtig auf die Stimme, die ihn so gefangengenommen hatte. Aber sie schimpfte sich aus für ihre Dummheit, gütiger Himmel, sie konnte sich doch jetzt nicht wie eine Ehefrau aufführen. Sie traute sich nicht, ihm psss, psss zuzuzischen, um seinen Blick auf sie zu lenken, ihn darauf aufmerksam zu machen, daß sie ihr ganzes verfluchtes Leben unter seiner Abwesenheit zu leiden hatte, sie konnte auch nicht hüsteln und die Aufmerksamkeit der Sängerin auf sich ziehen, denn das würde ihr niemand hier verzeihen, und der Pariser Piepmatz da würde sie ihr Leben lang hassen. Und führte sich außerdem so ein wohlerzogenes Mädchen auf? Dann verfiel sie auf eine unfehlbare Taktik, sie wollte ihm, ohne zu zwinkern, unverwandt und hartnäckig in den Nacken starren. Das verfehlte nie seine Wirkung, nach einer Minute würde er sich am Kopf kratzen, sich dann suchend im Publikum umschauen und sie erspähen. Umgehend schritt sie zur Tat, sie starrte, starrte, starrte und starrte, bis ihr die Augen tränten, so lange hatte sie wie eine Salzsäule und ohne zu blinzeln das Ohr des Mannes fixiert. Tatsächlich war das erste Resultat ein diskretes Kratzen am Ohrläppchen, das schließlich in wildes Ziehen überging. Als er es sich schon beinahe ausreißen wollte, wandte er sich endlich zu ihr um. Die Hälfte seines Gesichts blieb im Schatten. Sie nahm den Mann wie in einem Hollywood-Schinken ins Visier und ließ den Rest des Universums aus ihrem Blickfeld verschwinden. Ihm war sichtlich nicht wohl in seiner Haut, warum ließ ihn dieses Mädchen da nicht aus den Augen?

Er sah alles nur verschwommen; in den acht Jahren hatte sich seine Kurzsichtigkeit beträchtlich verschlimmert. Er holte seine Brille hervor. Hui, was für eine Augenweide, was für ein interessanter Typ mit Brille! Ich weiß nicht, wie die Männer das hinkriegen, immer ziehen sie im passenden Augenblick das richtige Instrument hervor. Die Speckdeckel standen ihm prächtig, als wäre er mit ihnen zur Welt gekommen. Man hätte ihn bei lebendigem Leib vernaschen können, die reinste Kokoscreme! Das Mädchen da erinnerte ihn an jemanden, er war sich sicher, einmal mit ihr oder ihrer Doppelgängerin getanzt zu haben. Ja, wenn er sie sich genau ansah mit seinen Feldstechern, dann war er überzeugt, sich schon einmal an diese Pfirsichwange geschmiegt zu haben. Er lächelte liebenswürdig, neigte leicht mit höflicher Geste den Kopf und wandte sich dann wieder der Darbietung zu. Ach, Gott im Himmel, sei gelobt, wenn er sie erkannt hatte, aber natürlich, wie sollte er sie denn nicht erkannt haben?! Er war doch der Mann ihrer schlaflosen Nächte!... Und sie, würde sie die Frau seiner Alpträume sein?

Das Blitzlichtgewitter ließ während des ganzen Konzerts nicht nach, vor allem von seiten eines jungen Mannes mit Sturmfrisur, der wie ein Motorradfahrer gekleidet war und dem ein Helm störend von der Schulter baumelte. Die Kleine dachte sich, daß das nur Edouard Matussière sein konnte, von dem am Nachmittag im Radio die Rede gewesen war, der Fotograf, der die Piaf begleitete. Die Stunden dehnten sich wie ein Gummiband, wenn sie ihren Uan beobachtete, und schnellten wieder zusammen, wenn sie dem Vögelchen auf der Bühne zuhörte. Die Zeit hat's wirklich in sich, manchmal zischt sie an einem vorbei, und manchmal eiert sie vor sich hin. Doch gleichzeitig hatte sie Angst, daß die Sängerin aufhören könnte und der Zauber mit ihr. Schließlich verabschiedete sich der Pariser Spatz von Zuschauern und Zuhörern (denn viele hörten am Radio mit). Doch nur für diese Nacht, am nächsten Tag würde sie erneut singen. Sie sagte *à demain*, und mit einer Geste ihrer verwachsenen Hände, fromm vor ihrem großen Herzen gefaltet, bekannte sie, daß sie alle Welt hier liebte. Es war herumerzählt worden, daß ihr Herz nicht nur geräumig genug war, um den gesamten Planeten und Umgebung zu fassen, von der europäischen Hauptstadt waren auch Gerüchte zu ihnen gedrungen, daß ebenso ihre Grotte zwischen den Beinen göttliche Maße hatte und ihre Geliebten um den Verstand brachte, außerdem konnte sie dort angeblich Unmengen auf einmal beherbergen, denn davon verstand sie etwas, darin war sie Expertin. Außerdem wurde erzählt, daß sie einen ganz besonderen Schaumfestiger für ihre Rabatte unten benützte. Wie das gute, teure Parfum, das in winzigen Fläschchen verkauft wird und das man nicht mehr los wird, sooft man sich auch waschen mag. Sie wurde neunmal auf die Bühne zurückgerufen, die Leute heulten Rotz und Wasser, Applaus und Hochrufe donnerten vierzehn Minuten lang.

Bebo Alonso setzte dem ein abruptes Ende und kündigte ein Tanzorchester an, und dieselben Leute, die vor fünfzehn Sekunden noch geseufzt und sich vor Rührung die Lunge aus dem Hals geschrien hatten, stürzten sich jetzt Hals über Kopf in wilde Tänze und kokette Spielchen. So sind wir Kubaner nun mal, selbst beim Fahneneid haben wir die Melodie eines *Guaguancó* im Kopf. Erfahren wir, daß ein Familienangehöriger im Begräbnisinstitut Ecke Calzada und K aufgebahrt liegt und daß es gleichzeitig eine Tanzfete im *Tropical* gibt, kommen wir unweigerlich in einen Gewissenskonflikt und sind unschlüssig, wo wir uns hinwenden sollen. Aber es ist eine todsichere Wette, daß wir uns letzten Endes mit neunundneunzigprozentiger Wahrscheinlichkeit keine grauen Haare wachsen lassen und uns geschwind für letzteres entscheiden. Wenn dann der Morgen graut, schauen wir etwas unlustig und mit einem teuflischen Kater noch auf einen Sprung beim Toten vorbei und heulen ihm etwas vor, damit der Arme nicht böse wird. Licht und Fortdauer, mein Guter, wie die *Santeros* den Toten wünschen. Es ist ein Jammer, aber die Hitze röstet einem die Neuronen. Und das ist noch nicht mal das Schlimmste. Wenn nämlich die Sonne runterknallt, daß die Steine bersten, und anschließend ein Regenguß fällt, dann zischt einem der Schädel wie eine heiße Pfanne. Steht die Sonne in Kuba im Zenit, kann man sich Spiegeleier auf dem Kopf braten; auf einmal rauscht ein Wasserfall vom Himmel, und die Bescherung ist komplett, die Neuronen bekommen einen Schock. Und wer könnte mit schockierten Neuronen noch denken, Entscheidungen treffen? Und dann kommen die Literaturkritiker daher und gestatten sich die Freiheit und den Luxus, die Figuren eines kubanischen Romans als Karikaturen zu bezeichnen. Also, da muß ich leider sagen, daß sie völlig recht haben, denn auf dieser kleinen Karikatur-Insel ist jeder einzelne von uns eine Karikatur seiner selbst. Wozu denn noch weiter an unserer Schraube drehen? Die ist doch seit langem ausgeleiert. Das hat schon Máximo Gómez gesagt, in Frieden soll er ruhen, ob er nun die Seite aus Martís Tagebuch herausgerissen haben mag oder nicht, das ist schließlich sein Problem, nicht meins, das muß er mit seinem Gewissen ausmachen, wo immer er auch seinen Frieden gefunden hat oder nicht. Wie gesagt, schon der Generalissimus hat bemerkt: *Der Kubaner gelangt nie ans Ziel oder schießt darüber hinaus.* So sind wir eben, und deshalb benehmen wir uns auch so. Niemand ist mit der Regierung einverstanden, aber am Ersten Mai quillt der Platz von eifrigen Schäfchen über, die selig Beifall klatschen, weil das die einzige Gelegenheit im Jahr ist, bei der man Limonade in Dosen kaufen kann, und dazu noch mit einheimischer Währung. Aber wenden wir uns wieder den fünfziger Jahren zu...

Er machte sich in Richtung ihres Tischs auf. Sie war allein, desillusioniert, vom Leben enttäuscht und wartete auf ihn wie ein Anziehpüppchen aus Pappe, schlampig ausgeschnitten und ohne bewegliche Glieder. Die Mechu und die Puchu tanzten miteinander, mangels Männerfleischs begnügten sie sich zunächst mit Wasser und Brot. Nicht daß die Typen hier rar gesät gewesen wären, aber eine Frau findet um so schneller einen Partner, wenn sie allein oder mit einer anderen Frau tanzt, statt direkt jemanden zum Tanzen aufzufordern. Was sind das doch für Schlauberger, machen auf stilles Wasser, diese armen, unglücklichen, verlassenen Söhne des Leids und Unglücks! Als hätte mich jemand gehört oder gelesen, umschwirrte sie unverzüglich ein Schwarm von Fleischfliegen, die mit ihnen tanzen wollten. Aber die beiden markierten die starken Frauen, fuhren fort in ihrem Ballyhoo-Spiel (ein Wörtchen, das ich aus Pepe Trianas Werken herausgefischt habe), denn die Kerle muß man hart anfassen, ohne Samthandschuhe, man muß sie beim Schlafittchen packen, gegen die Wand drücken, und zwar tüchtig, die sollen ruhig wimmern, soll denen doch der Speichel vom Kinn tropfen, wenn sie zwei Frauen beim Tanzen zusehen, zwei heißen Schwestern, die nichts anbrennen lassen und gar nicht darauf angewiesen sind, mit Muskelmonstern anzubandeln. Währenddessen hatte er fast die Ecke erreicht, in der sie die Leidende spielte. Dort sah er sich das Ganze aus nächster Nähe an.

Caruquita hatte plötzlich vergessen, daß sie acht verfluchte lange Jahre gewartet hatte.

»Na?« fragte sie zucker-, ja fast schon karamellsüß. Aber er nahm es als Koketterie, ja fast schon als Kokotterie.

Wer war diese Kleine, die ihn da so plump vertraulich anquatschte?

»Na, mir geht's gut, und dir?« antwortete er ebenso kokett.

»Könnte nicht besser sein.« Woher, um Himmels willen, nahm sie nur diese Kaltblütigkeit? Sie hörte sich reden und erkannte sich selbst nicht wieder.

Als er jetzt dieser atemberaubenden Frau gegenübersaß, studierte er Punkt für Punkt ihr ovales Gesicht, die honigfarbenen Augen, leicht geschlitzt, den vollen, ebenmäßig geschwungenen Mund, ihr provozierendes und gleichzeitig unbefangenes Lachen, wie bei einem Stoßmich-Ziehdich, das schwarze, gelockte Haar, das ihr in einer natürlichen Mähne offen auf die Schultern fiel, ganz ohne die Hilfe von Haarspray. Sie roch nach Vetiver oder einem Parfum, das seine Mutter immer benutzte, nach *Hölzer des Orients*, genau konnte er es nicht sagen... Sie war wirklich ein Schmuckstück, soviel stand fest, *sie war die reinste Anmut, kurzum, einfach fabelhaft, aber alles im Leben kommt einmal ans Licht, und zwar immer ganz von alleine...* Er wußte nicht, warum ihm jetzt auf einmal der Text dieses Cha-Cha-Chas auf der Zunge lag.

»Ich kenne dich von irgendwoher...«, stellte er unschlüssig fest. Und Cuquitas Märchenwelt brach in sich zusammen, ihr romantisches Luftschloß des in Liebe entbrannten Prinzen, der endlich die in Liebe entbrannte Prinzessin findet, küßt und mit ihr eine Ehe schließt, die, wenn sie nicht gestorben sind, noch immer hält. Kaum zu glauben, was die Männer für ein tolles Fingerspitzengefühl und Gedächtnis haben, während wir Frauen immer so gemütvoll sind. Denn für uns kann, wie schon gesagt, ein Lied von Edith Piaf Wunder bewirken und Boris Jelzin in den Märchenprinzen verwandeln. Cuquita sagte sich, daß er vielleicht nur Spaß machte, und ging auf das Spiel ein:

»Nein, wir sind uns noch nie begegnet.«

»Also weißt du, ich hätte schwören können, daß wir uns schon mal getroffen haben. Na komm, laß uns tanzen, Mädchen, wir haben eine vielversprechende Nacht vor uns...«

Als beim Aufstehen ihr Körper hinter dem Tisch zum Vorschein kam, *einer Frühlingsblüte gleich*, wie bei *Longina, der Verführerin*, da hielt der gesamte Nachtklub in *stop-motion* den Atem an. Sie war ein echtes Coca-Cola-Fläschchen mit ihrer schmalen Taille, den breiten Hüften, und ihr Hintern schien wie bei einer vollblütigen Negerin nicht dem Gesetz der Schwerkraft zu unterliegen, sie hatte Prachtschenkel, die den glänzenden Gingham spannten, und feste Titten, einen langen Hals und süße Schweinsöhrchen, die man am liebsten zum Frühstück vernascht hätte. Ihm kam es gerade recht, daß alle sein Mädchen mit Blicken verschlangen, so konnte er sich sexuell beneidet fühlen. Der ewige Gewinner. Denn so eine Puppe braucht schon eine Wartung und einen Monatslohn, den nicht mal ein Renault-Arbeiter bieten kann.

»Mann, Kleine, Sie sind ja was ganz Erlesenes«, zischte ihr ein Typ in *Guayabera*-Kluft zu, also in gestärktem, langärmeligem Trachtenhemd, völlig unüblich an diesem so untraditionellen Ort.

Eifersüchtig zog der Uan sie zu sich heran, schob mit einem Satz seinen Körper schützend vor sie und schüttelte dem Frechling die Faust ins Gesicht, worauf dieser seiner Wege zog, die Pupillen vom Graskonsum oder vom Alkoholkoma erweitert.

Das erste Stück, einen Bolero, tanzten sie wie mit Uhu Plus, dem Sekundenkleber, aneinandergeleimt. Zwar war er sich nicht sicher, aber eine immer stärkere Ahnung befiel ihn, denn diese Wange an der seinen war ihm doch allzu vertraut. Es war ihm, als hätte er diese Taille, diese sanften, runden Arme schon seit seiner ersten frühreifen Ejakulation gestreichelt. Die füllige, schweratmende Brust, deren Ansatz ständig an- und abschwoll, auf und ab, ganz wie die Dekolletés der Frauen in den Mantel-und-Degen-Filmen mit Errol Flynn oder Alain Delon, in denen die Brüste beim Atmen ihr Korsett zu sprengen schienen. Sie hielt es nicht mehr aus und suchte den lang ersehnten Mund. Sie küßte ihn so wie in ihrem achtjährigen Traum von dem Tag, an dem er sie wieder an sich reißen würde: Sie schob ihre Zunge bis zum Zungenbändchen, schmeckte jeden Backenzahn ab, saugte an Zahnfleisch und Wulstlippen. Er erwiderte den Kuß wie ein echter Kerl. Und sie verschlissen sich und verbissen sich ineinander wie zwei Raubtiere. Nachdem sie die Lippen wieder entstöpselt hatten, jedoch immer noch ineinander verkrallt, studierten sie gegenseitig ihre spitzen Hauer und Krallen, und sie sagte:

»Ißt du keine Zwiebeln mehr? Hast du dir den faulen Zahn plombieren lassen?«

»Wie? Was?«

»Nun hör auf mit dem Quatsch, Junge, sei nicht albern, du bist der Uan.«

»Und du... du... bist... Caruquita Martínez?«

»Wie sie leibt und lebt. Und vor acht Jahren habe ich mich in dich verliebt, und zwar bis tief ins Rückenmark.« Das so lang gebändigte Feuer ließ sie atemlos mit allem herausplatzen.

»Mann, und ich, ich hab gedacht, mein Pesthauch hätte dich vertrieben, als du weggeschossen bist, als wäre der Leibhaftige hinter dir her... Nein, die Zwiebeln hab ich aufgegeben und war in Mexiko beim Zahnarzt, ich hatte da ein kleines Problem mit dem Zahnfleisch ... und mit nem Backenzahn ...«

»Aber Junge, das Geld fürs Flugticket hättest du dir sparen können, das mit dem löchrigen Backenzahn hat man doch schon meilenweit gegen den Wind gerochen... Ich bin solo. Und du?« Sie fackelte wirklich nicht lange; ein verdammter Maschinengewehrbeschuß war das.

»Ich bin auch mutterseelenallein auf Welt und Flur. Hab ja auch keine Zeit für so was, ne Menge Arbeit, immer schwer unter Druck. Ich bin hier der Public-Relations-Fritze, werd ich demnächst auch im ›Roten Salon‹ vom *Capri* sein, wenn sich die Dinge wunschgemäß entwickeln ...«

»Wenn sich die Dinge bei mir wunschgemäß entwickeln, werd ich dich für den Rest deines Lebens glücklich machen ...« Verdammt! Warum müssen wir ausgerechnet der unglücklichsten Spezies der Welt, nämlich der männlichen, ständig das Glück versprechen? Als würde es von uns abhängen, ob sie Chef von einer Firma, Zeitungsdirektoren, Parteiführer, Generäle oder Präsidenten eines reichen Landes werden. Wann begreifen wir endlich, daß für die meisten von ihnen das Glück unglücklicherweise von der Macht und nur sehr selten von der Liebe abhängt? Auch wenn sie noch so oft behaupten, ein Paar Titten hätten mehr Zugkraft als ein Paar Ochsen.

»Fürs erste kannst du mich ja für den Rest dieser Nacht glücklich machen.« Eine vorhersehbare Antwort, die Cuquita annahm, indem sie erneut die Augen schloß und fast schon den restlichen Körper öffnete.

Damit wartete sie jedoch noch, bis sie in seiner Wohnung war, im zehnten Stock des Gebäudes, das den Namen seines Eigentümers trug: *Somellán*. Zum Teufel mit dem entscheidenden und unterscheidenden Jungfernhäutchen, dem Hymen, das für die Hochzeitsnacht bestimmt war! Es geschah auf einer Terrasse, so riesig wie ein Ballsaal, mit Blick aufs Meer, wütendem Sturmwind und Salzgischt auf den Lippen, fast konnte sie den Himmel berühren, so, wie sie es gern hatte, als Herrin der Landschaft, wie auf einem Ausguckposten. Im Moment der Deflorierung (was für ein erlesenes Wörtchen von anno dazumal habe ich da ausgegraben!) donnerte es, und ein Wirbelsturm brach los, einer von denen, die eine ganze Woche wüten, und es regnete wie aus Kübeln. Das Leben im ganzen

Land kam zum Stillstand, wie immer bei einem Orkan. (Man könnte meinen, wir würden nun schon seit Jahrzehnten von einem heimgesucht.) Es schüttete wie seit Jahren nicht mehr, mit Blitzen, Windhosen, Erdverwehungen und allen Schikanen. Es schüttete geradezu gemein, wie aus verfluchten Himmelsschleusen! Denn wenn hier erst mal Regen angesagt ist, dann ist kein Ende abzusehen, da strömt hemmungslos das Wasser... und auch der Samen. So war es auch bei ihnen, sie trieben es eine ganze Woche lang miteinander. In allen dagewesenen und nie dagewesenen Stellungen: von oben, von unten, von der Seite, im Stehen, im Handstand (was man gemeinhin als Schubkarrenstellung bezeichnet), im Sitzen, auf dem Balkongeländer, auf dem Waschbecken, auf der Kloschüssel, auf dem Spülbecken, auf dem Schaukelstühlchen, auf der Couchgarnitur, auf dem bloßen Granitboden. Denken Sie ja nicht, daß es Cuquita kein bißchen davor ekelte, so viel Milch in ihren Moorsee platschen zu lassen, aber das ist nun mal der Lauf der Natur, da kann man nichts machen. Nach einer Woche kehrte sie in ihre Dachstube zurück, um fünf Kilo leichter (die erfolgreichste Schlankheitskur besteht aus Bumsen, ausgiebigem Bumsen, die Franzosen, stellen Sie sich vor, vögeln wahrhaftig, um abzunehmen). Niemandem war ihre Abwesenheit aufgefallen, denn alle Geschäfte hatten während des Sturms dichtgemacht, mit Ausnahme des Ladens für Handwerkerbedarf, damit man mit Nägeln, Hammer und Brettern usw. Türen und Fenster absichern konnte. Concha, der Asturierin, stand der Schreck ins Gesicht geschrieben, denn die Mechunga und die Puchunga waren ebenfalls nicht wieder aufgetaucht. Bestimmt waren sie zu Gast in irgendeiner Villa, wo sie sich gehörig vergnügten, es war sicher nichts Schlimmes geschehen, denn Tragödien machen schnell die Runde. Und als sie sah, wie dünn Cuquita geworden war, sagte sie vorwurfsvoll:

»Aber Mädchen, wie biste bloß abgemagert, du liebe Güte, hast dich wohl schon unglücklich gemacht, was sag ich jetzt nur deiner Patentante?! Und wer war der verdammte Hurensohn, wenn man das mal erfahren darf?« Und sie zog ihr Männertaschentuch mit den vier Eckknoten hervor, wischte sich den Fettschweiß von Stirn, Riesenzinken, Hals und Achseln und befestigte dann das Pseudomonnaie erneut am aschfarbenen BH-Träger.

»Der Mann meines Lebens«, antwortete Caruca im tausendundeinsten Himmel.

»Der Mann deines Lebens also, was? Das hab ich beim ersten Mal auch gesagt, und inzwischen bin ich schon so zirka beim fünfhundertfünfundfünfzigsten Mann meines Lebens. Die Sorte kenn ich! Na los, ruh dich aus, morgen wird gearbeitet!«

Am nächsten Tag rief sie bei ihm im Büro an. Er war nicht da. Er hatte ganz dringend geschäftlich nach Mexiko reisen müssen. Sie sagte sich, daß er vielleicht wieder einen schlimmen Backenzahn hatte und das Zahnfleisch ihm ganz gemein weh tat. Dieses Mal hatte sie keine Angst, ihn wieder zu verlieren, denn sie wußte nun, wo er wohnte: im zehnten Stock des *Edificio Somellán*, und sie wußte auch, wo er arbeitete: im *Montmartre*. Von den Reisen würde er immer zurückkehren, denn er hatte ihr neunundsechzig Mal ewige Liebe geschworen. Haargenau neunundsechzig Mal, Irrtum ausgeschlossen, denn ebenso viele Orgasmen hatten sie gehabt. Und bei jedem einzelnen hatte er ihr geschworen, daß er vor Liebe zu ihr verging. Zu ihr und zu seiner Stadt. Als wären Frau und Stadt Synonyme, als hätte die Stadt eine Gebärmutter.

Tage, Wochen, eineinhalb Jahre vergingen, und sie waren immer noch zusammen. Allerdings ohne es wirklich zu sein, das heißt nur sehr selten. Sie sahen sich drei Tage am Stück, vögelten wie die Wilden, und dann verschwand er in der Versenkung. Dann konzentrierte sie sich wieder auf ihren Unterricht, ihre Arbeit in der Cafeteria und im Haus. Nach mehreren Wochen kam er wieder an, hupte, und sie machte ihm vom Dach aus ein Zeichen, er solle zehn Minuten warten. In fünf Minuten hatte sie gebadet, sich in vier herausgeputzt, und in einer war sie die Stufen hinuntergesprungen. Sie gingen zum Tanzen ins *Montmartre*, danach in seine Wohnung. Und so ging es in einem fort. Von Wonne zu Wonne. Von Abschied zu Abschied.

Zweimal wurde sie schwanger, und er zahlte ein Vermögen für die heimlichen Abtreibungen in der Praxis des Doktor Banderas in der Calle San Lázaro. Nach so viel klinisch-psychologisch-ovarialer Gefahr lernte sie schließlich, ein Diaphragma zu benützen. War er wieder abgetaucht, dann flüchtete sie sich in die Liebesdramen der Corín Tellado, die sie im Kramladen Ecke Calle Cuba/Calle Merced immer gegen andere tauschte, oder in Radioschnulzen oder billige Illustrierte. Auf diesem Weg erfuhr sie, daß eine andere berühmte Französin zu Besuch auf der Insel war. Eine Schriftstellerin, fast noch ein Mädchen, mit Namen Françoise Sagan, Autorin eines Romans, dessen Titel sie sofort bezaubert hatte, weil er hervorragend zu ihrer Gemütsverfassung paßte: *Bonjour tristesse.* Bestimmt würde sie ihn lesen, hundertpro, eine Frau, ein Wort, Schand auf Herz, Hand auf Schmerz. Am Flughafen empfing die letzte (buchstäblich die letzte) Miss Cuba, die Señorita Flora Lauten, die Schriftstellerin mit einem Strauß Gardenien.

Nachdem Cuquita eineinhalb Jahre dieses physisch und gefühlsmäßig verwirrende Leben geführt hatte, überfiel sie rasende Eifersucht. Sie ertrug es nicht, daß die Freunde sie als Betrogene hinstellten. Bestimmt hatte er in Mexiko oder in New York eine andere, wozu reiste er sonst so oft dorthin? Er erklärte und donnerwetterklärte (er bekam schon Schwielen am Mund und brauchte einen Rachenputzer), daß das nicht stimmte, daß sie nicht eine Sekunde an seiner Treue zu zweifeln brauchte. Die Arbeit war der einzige Grund für seine Abwesenheit. Eine im übrigen höchst komplizierte und gefährliche Arbeit. Sie weinte, zum ersten und nicht zum letzten Mal kamen ihr Zweifel. Um ehrlich zu sein, sie wußte nicht mal, was genau das für eine Arbeit war, dieser Public-Relations-Job. Na, da wurde man ganz gewaltig in Anspruch genommen, ins Joch gespannt, die Stimme zitterte ihm dabei, denn man mußte Künstler im Ausland repräsentieren und Künstler herholen... ausländische Künstler, man mußte kulturellen Austausch betreiben.

»Und warum heiraten wir nicht?«

Totenblaß sah er sie an. Tief stocherte er in ihren großen, braunen Schlitzaugen. Also, was sollte das denn nun, so Hals über Kopf zu heiraten? Hals über Kopf, waren zehn Jahre vielleicht Hals über Kopf? Sie hatte zehn Jahre gewartet! Er, sichtlich nervös, wollte nicht mal den Koffer loslassen und sich nicht im Lehnstuhl zurücklehnen, dessen Damastüberzug schon beträchtliche Flicken aufwies:

»Da haben wir's, nicht mal hinsetzen willst du dich. Du haßt dieses Zimmer. Hier haben wir noch nie miteinander geschlafen... immer nur in deinem Reich, in deiner Gigantenbude. Du kannst diese Wohnung hier nicht ertragen und mich auch nicht...« Er versiegelte ihre Lippen mit einem Lutschkuß, entkleidete sie einhändig und versuchte dann mit derselben Hand sich selbst zu entkleiden – nicht einmal zum Vögeln ließ er den Koffer los. Er öffnete den Hosenschlitz, holte den Schwengel heraus und ließ, nicht ohne Schwierigkeiten, die Hoden folgen. Später dann – während sie noch lutschte – bat er sie um Zeit, er steckte gerade in Schwierigkeiten, er arbeitete für jemanden mit viel Macht, viel Moos. Sie mußte diesen Koffer gut verstecken. Es war – hui, mamma mia, ja, weiter, weiter so! –, es war niemand von der Regierung, stand ihr aber sehr nahe. »Mafioso?« fragte sie ihn, mit seiner Lanze wie einen Zahnstocher zwischen den Zähnen. Himmel, wie konnte sie es wagen, so einen verdammten Blödsinn zu reden?! Vorsicht mit diesem schlimmen Wort, so was sollte sie nie wieder sagen! Versprach sie ihm das, ja? Sie sollte es bei ihrer beider Liebe schwören, daß sie niemals mehr diese Kintoppvokabel in den Mund nehmen würde. Der Schwur wurde geleistet. Niemals wieder. Ein Milchstrahl ließ Caruquita auf einem Auge erblinden.

Dann verschwand er wieder für zwei Wochen. Mit einem neuen Wagen kam er zurück. Ein Dodge, Baujahr achtundfünfzig. Sehr gesetzt, noch eleganter, nach Luxuspuder duftend, eine Pracht. Er zog einen Haufen Heu aus der Brieftasche, so viel Geld hatte sie noch nie auf einmal gesehen, sie mußte wegschauen, nicht mal mit dem Blick wollte sie eine so riesige Summe berühren.

Er bestand darauf, daß sie ihren gesamten Krimskrams zusammenpackte, die Habseligkeiten ihres ganzen Lebens, den bitteren Erinnerungsramsch der Zukunft.

»Wir hauen hier ab, du wirst in einer kleinen, schnuckeligen Wohnung in Vedado wohnen, mit Blick auf den Malecón, ganz in meiner Nähe«, versicherte er ihr und tat so, als wäre alles schon abgemacht, obwohl Unsicherheit in seiner Forschheit mitschwang.

»Aber nicht mit dir zusammen, oder? Wir werden niemals zusammenleben, stimmt's?« Sie stellte die Frage so trocken wie möglich.

»Nein, für den Augenblick nicht.«

Großzügig verteilte er Geld an Concha und ebenso an die Puchunga, die Mechunga und die Kleine, die Cucas Aufgaben inzwischen ganz und gar übernommen hatte. In der ersten Nacht nach dem Umzug bat er sie, unter dem Bett ein paar Kisten mit Medikamenten aufzubewahren. Am nächsten Tag kam ein Freund von ihm die Kiste abholen und tauschte sie gegen eine andere aus. Die enthielt Bündel rot-schwarzer Armbinden von der Bewegung des 26. Juli. Als Uan das nächste Mal auftauchte, sagte sie ihm auf den Kopf zu:

»Ich möchte keine politischen Scherereien, Politik hat mich noch nie interessiert.«

»Ist ja gut, nur ruhig, ist ganz harmlos, ich helfe nur ein wenig aus, nichts weiter. Nun mach keinen Aufstand, niemand wird dich in einen Schlamassel bringen.«

Das Folgende spielte sich im Zeitraffer ab. Wie in einem Alptraum, in dem man fällt und fällt und nicht aufhört zu fallen. Nach sechs Monaten bekam er noch einen Riesenbatzen Geld. Am nächsten Tag verlor er ihn. Dann siegte auch noch die Revolution, und zu allem Überfluß wurde sie erneut schwanger. Er war wieder spurlos verschwunden, diesmal für längere Zeit. Und all das geschah in nur sechs Monaten. Die Belastung war ungeheuer für sie, unerträglich. Als eine Wohnung neben der ihren frei wurde, holte sie ihre Freundinnen her, denn sie hielt es so weit weg von ihnen nicht aus. Die Mechu und die Puchu waren ihr sehr dankbar für diese unverhältnismäßige Geste, von den Mitteln bestritten, die sie sich im Schweiße ihres... sie wollten eigentlich sagen ›Angesichts‹ zusammengespart hatte, aber dann sparten sie sich ihrerseits doch lieber den passenderen Zusatz. Ganz plötzlich, wie vom Blitz getroffen, war inzwischen ihr Vater gestorben. Obwohl nicht der Blitz, sondern die Tuberkulose dafür verantwortlich war. Auch María Andrea hatte das Zeitliche gesegnet, sie war einer seltsamen Chlorvergiftung zum Opfer gefallen. Für ihre Mutter und ihre Geschwister hatte sie ein kleines Häuschen erstanden, ebenfalls mit den Mitteln besagten Schweißes, nämlich dem ihrer Arbeit und dem ihrer Sonderschichten beim Uan. Weitere drei Monate zogen ins Land. Nach dem Sieg der Revolution kamen Leute bei ihr vorbei, die sich nach ihm erkundigten. Es waren zwei Bärtige in Rebellenkluft. Später besuchten sie zwei Kerle in Anzug, jeder mit einem sensationellen Koffer in der Hand. Sie wiesen sich als Polizisten aus und rieten ihr, sich mit ihnen unter dieser Telefonnummer in Verbindung zu setzen, sobald sie etwas von ihm hörte, und reichten ihr ein Kärtchen. Sie sollte vorsichtig sein und ihm nicht erzählen, daß sie nach ihm gefragt hatten. Ihr Liebhaber (so nannten sie ihn: Liebhaber) sei in höchstem Grade gefährlich, ein Bombenleger, ein Terrorist, und viele Menschen wären in ständiger Gefahr, solange dieser mordsmäßige Schweinehund frei herumliefe. Sie glaubte ihnen keine Silbe.

Auf einmal tauchte er wieder auf, er hatte sich verkleidet, und es war komisch und auch beunruhigend, ihn mit Riesenschnauzbart, dunklen Brillengläsern und in Milizuniform zu sehen! Er küßte sie zärtlich wie immer, allerdings noch leidenschaftlicher und länger, irgendwie unheilverkündend, als wolle er sie gar nicht wieder loslassen. Nie, nie wieder. Er streichelte ihren Bauch, und so leise, daß nicht einmal sie es hörte, erzählte er seinem geliebten Fötus Geheimnisse. Nach einer Weile wandte er sich hastig wieder an sie:

»Ich muß fort. Noch in dieser Nacht werde ich in eine Botschaft geschleust, ich habe alles vorbereitet. Mach dir bitte keine Sorgen, das wird nicht lange dauern, diese Regierung macht es nicht lange. In drei Monaten, zu deiner Entbindung, bin ich wieder da, und dann wird geheiratet. Ich werde zur Geburt bei dir sein. Momentan bin ich völlig blank, ich kann dir nichts dalassen, aber ich komme wieder, wie bisher, ach was, es wird noch besser werden als bisher. Ach ja, etwas habe ich doch für dich, eine Sache...« Er schob seine Hand in die Milizhosentasche, holte das zusammengerollte Etwas heraus und legte es in ihre eiskalte Hand. »Hüte das wie den allergrößten Schatz, den du je besessen hast, als wäre ich es selbst. Das ist von größter Wichtigkeit; wenn man das bei mir findet, könnte ich alles verlieren, sogar das Leben... Bitte wein nicht, ist ja nur für kurze Zeit. Wirst schon sehen, ich versprech's dir, paß auf dich auf, und daß du mir ja ordentlich ißt. Und wirf das hier niemals weg, davon... davon hängt alles ab... das ist unser Schicksal.«

Und weg war er. Immer müssen uns die Männer so verlassen, mit heftigem Türenschlagen in unseren Herzen. Sie öffnete die Hand. Auf dem glatten, jungen Handteller lag eine ordentlich gefaltete Dollarnote aus dem Jahre 1935. Das war ihre Jungfernbegegnung mit einem amerikanischen Geldschein, und sie beeindruckte sie nicht sonderlich. Schließlich sah er auch nicht wesentlich anders aus als der nationale Peso, es war nichts als ein Fetzen Papier, in einer anderen Sprache bedruckt. Aber für alle Fälle suchte sie ein sicheres Versteck und säte ihn in den Aronstabtopf. Wie immer würde er zurückkehren, überbordend vor Geld, Stolz und Liebe. Und so setzte sie sich in den Sessel. Und wartete.

Viertes Kapitel
Vorbei der Spass

Vorbei der Spaß und basta,
der Comandante ist nun da,
und alle müssen strammstehen...

von Valera-Miranda; Carlos Puebla
hat »Cabo Valera« nur durch »Comandante« ersetzt

Über drei Jahrzehnte im Lehnstuhl, und jede Nacht stellte ich mir dieselbe Frage. Was werde ich morgen auf den Tisch bringen? Die Sechzig-Millionen-Pesos-Frage. Unser tägliches Brot: es zu entbehren. Unser Extra Extra Large wird auch *Zwiebel* genannt, denn seinetwegen müssen die Kubanerinnen in der Küche weinen. Sie werden noch merken, daß er manchmal Extra Large und manchmal Extra Extra Large für sich beansprucht; das hängt ganz von Umfang, Gewicht und dem Ausmaß ab, in dem er die Verantwortung für aktuelle Ereignisse übernimmt. Aber wieder zurück zu meinem täglichen Ringen, ich will meine Zeit nicht mit Extrabeliebigem verschwenden, denn ich lebe nicht nur vom Wort in den Mund, sondern von der Hand in den Mund, und da muß sofort etwas unternommen werden, das kann ich nicht wie das ganze politische Gesülze erst ewig ausdiskutieren. Was koche ich bloß, heilige Mutter Gottes? Vielleicht eine schöne Bulette ... aus Grieß. Man nehme ein Paket Maisgrieß, lasse die Masse in Wasser quellen und lege sie dann in Essig – denn das mit den Limonen, das war einmal –, Salz, Knoblauch und Zwiebeln ein, das heißt, wenn du dir in Güines welche vom Bauern besorgen kannst, sonst bist du angeschissen. Dann wird alles in der Pfanne gebraten, und fertig sind die progressiven und unverdaulichen Grießbuletten à la Havanna. Man muß mehrere Krüge kalten Wassers parat haben, denn, wie allseits bekannt, Maisgrieß brennt einem so in der Kehle, daß man eine ganze Löschmannschaft braucht.

Es überfällt mich unsägliche Wut, mich dumme Gans – ach was, mich Rindvieh –, wenn ich daran denke, wie ich aufs Meer hinausspähte, wie ein Schiffsjunge auf erster Fahrt, und nach einem Boot Ausschau hielt, das ihn mir zurückbrächte, oder, den Blick Nacht für Nacht mit einer Heftklammer an den Himmel genietet, halb umkam vor Sehnsucht, ein anderes Blinklicht als das der Sterne zu sehen, die Spur eines Flugzeugs, das ihn mir wiedergäbe. Aber nichts, nicht das kleinste Zeichen. Er kam nicht wieder, schrieb nicht mal ein Briefchen. Als hätte ihn der Erdboden verschluckt. Die Monate vergingen, und ich saß immer noch im Lehnstuhl, schaukelte vor mich hin und sagte wieder und wieder seinen Namen: Juan Pérez, Juan Pérez, Juan Pérez, denn vielleicht gelang es mir wenigstens, ihn im Delirium durch Magie oder Hexerei herbeizurufen. Ich tat, was ich nur konnte, schrieb seinen Namen auf ein Stück Pappe und steckte sie in ein Honigglas, zusammen mit einigen meiner zerkleinerten Schamhaare und ein paar Tropfen vom Blut meines zweiten Menstruationstags; dann sagte ich das Gebet vom Magischen Phallus auf: *Mit eins nenn ich dich beim Namen, mit zwei verlock ich dich, mit drei pack ich dich...* Und ich zündete eine rosa Kerze an, eine getreue Nachbildung des männlichen Geschlechts, eine Wachslanze also. Ich ging zu jedem Hexenmeister und Baumbeschwörer und was es sonst noch an obskuren Gestalten gab, versuchte alles, was in der Menschen und Götter Macht lag... Sie waren mir nicht gewogen. Keine Spur von ihm: Mein geliebter Peiniger, der Kerl, der mir im Schädel rumspukte, der Vater meiner

Tochter, war auf Nimmerwiedersehen verschwunden, denn in solchen Fällen pathetisch-politischer Flucht gab es kein Zurück. Niemals. So schien es damals jedenfalls.

Nacht für Nacht träumte ich von einem Kuß seines Mundes. Ich wachte stets mit geschwollenen Lippen auf, so sehr hatte ich im Schlaf darauf herumgebissen. Das furchterregende Knirschen meiner Zähne verfolgte mich in meine Alpträume, denn die Anspannung übertrug sich auf meine Kiefer, und ich verbrachte die Nächte damit, meine Sehnsucht wiederzukäuen. Oder mein Mund war beim Aufwachen blutig aufgerissen, von meinen Bissen gezeichnet. Als Zeichen der Ohnmacht und aus Protest, weil ich nicht erreichen konnte, daß mich die Liebe meines Lebens erneut küßte, und aus Angst vor meinen schmatzenden, saugenden Selbstattacken ging ich zum Zahnarzt und verlangte von ihm, mir die Zähne zu ziehen. Und zwar alle, bis auf den letzten. Auf einen Rutsch. Um ein Haar hätten nicht nur meine Zähne dabei ins Gras gebissen, das Blut spritzte nur so hervor. Aber vor dem Stichtag der großen Ziehung ereigneten sich noch andere Dinge, die dem Faß den Boden ausschlugen, den Kelch zum Überlaufen brachten. Zu den selbstzerstörerischen nächtlichen Obsessionen gesellte sich außerdem ein seltsames Zahnfleischjucken, was ich sogleich als göttliches Zeichen nahm. Und wenn mein Uan, mein hübsches Bengelchen, nun gestorben war? Oje, wie habe ich da geweint, Jesus María, ich löste mich buchstäblich in Tränen auf, bis ich wie ein Gespenst aussah! Als Witwe bebte ich vor Zorn, vor Angst, vor Entsetzen. Denn der imaginäre Tod, bei dem man keinen Leichnam präsentiert bekommt, ist am schwersten zu ertragen, denn in diesem Fall kann man das physische Verschwinden nicht akzeptieren. Aber eines Nachmittags kam unser Privatchauffeur Ivo in seinem Kabriolett so vieler unvergeßlicher Abenteuer bei uns vorbei und berichtete, daß ein Bekannter von ihm die

Botschaft erhalten hatte, der Uan sei über Argentinien nach Miami gelangt. Und nichts weiter als diese Nachricht zu schicken, einfach so, aus heiterem Himmel, war ein weiterer Grund für meine radikale Reaktion. Kein einziges Wort für mich. Rasend vor Wut, wollte ich jetzt erst recht zum Zahnarzt gehen und mir mein Colgate-Lächeln aus dem Gesicht reißen lassen. Diese Zahnpastamarke war inzwischen sowieso offiziell geächtet worden. Ich wollte nicht schön sein, wollte nicht, daß irgend jemand mich hübsch fand. Als mein Zahnfleisch zu vernarben begann, tröstete ich mich mit dem Gedanken, daß er wenigstens lebte. Später bereute ich meine Tat und ließ mir ein Gebiß anfertigen, in dem drei Goldzähne blinkten. Ich benützte es nicht länger als eine Woche, denn ich konnte mich nicht daran gewöhnen, es scheuerte am Zahnfleisch, und ich bekam so fürchterliche Blasen, daß mir Essen und Reden verging. Außerdem erfreuten sich Goldzähne in einem bestimmten Milieu nicht sonderlicher Beliebtheit, und die Leute verwechselten mich mit einer protzigen Tussi aus Cayo Hueso oder einer Moskowiterin. Und *Moskau glaubt den Tränen nicht*, wie wir ja wissen. Dieser Film, in dem Mädchen mit den gleichen Traumata wie ich gezeigt wurden, hatte allerdings erst sehr viel später Uraufführung. Also mußte ich mich mit meiner Zahnlosigkeit abfinden. Schließlich hatte ich es ja so gewollt.

Meine Tochter wurde an einem siebten September geboren, am Tag Yemayás, der heiligen Jungfrau María von Regla. Es wütete ein Sturm, das Meer tobte wild, die Wellen begruben die Malecón-Mauer unter sich, und der Wind rüttelte wie verrückt an Fensterläden und -scheiben. Manche Fenster wurden sogar samt Rahmen herausgerissen, so heftig war dieser gewalttätige karibische Orkan, den sich die Europäer als achtes Weltwunder vorstellen, so daß sie um keinen Preis einen tropischen Wirbelsturm versäumen wollen, als würde es sich um einen Sonntagsausflug auf die Fidschi-Inseln handeln. Glasklingen sausten wie fliegende Guillotinen durch die Luft und waren drauf und dran, jeden kriegsuntüchtigen Passanten zu enthaupten, der ihnen in die Quere kam. Ein paar Wochen vor der Entbindung fuhr ich wieder in meine Geburtsstadt Santa Clara. Ich wollte meine Familie um mich haben, aber eine sprödere Familie als die meine muß erst noch erfunden werden, und bald bereute ich es, aufs Land gefahren zu sein. Im Gedenken an die Entbindung, die sehr einfach gewesen war, gab ich meiner Tochter einen einfachen Namen: María Regla. Erst später erfuhr ich aus den Nachrichten, daß man den Orkan ebenfalls Regla getauft hatte, und mir wurde bange bei diesem Vorzeichen.

Um ein Uhr mittags traf ich im Krankenhaus ein, und um ein Uhr fünf war sie schon draußen, blökend und blutverschmiert. Häßlich und schön zugleich. Schon bei ihrer Geburt überkam mich das Gefühl, daß sie genauso wie ihr Vater werden würde, ein Quälgeist, ein ungezogenes und unabhängiges kleines Mädchen. Allzu unabhängig. Nie werde ich vergessen, daß ich an jenem Tag, als man sie mir gebadet und angezogen brachte, nicht wußte, wie ich sie anpacken, wie ich sie anlegen mußte ... Da zog sie sich einfach selbst meine Zitze heran, schob sich mit Hilfe ihres Händchens ungeschickt die Brustwarze in den Mund, saugte, bis sie genug hatte, drehte dann den Kopf zur anderen Seite und schlief ein. Kurz darauf bekamen wir beide einen blau gefärbten Lilienstrauß geschenkt. Die rosa Lilien für Mädchen waren ausgegangen. An diesem Tag kamen vor allem Mädchen auf die Welt. Die Frauen der Zukunft.

Mit Leib und Seele verschrieb ich mich dem Radio. Mit dem Leib, weil ich den Apparat zu einer natürlichen Erweiterung meines Körpers machte, denn wo ich auch hinging, immer nahm ich ihn mit und stöpselte ihn in die erstbeste Steckdose, die ich finden konnte. Ich freundete mich eng mit dem Radio an. Das Radio war mein treuer Begleiter. Ich war seine Vertraute. Was umgekehrt natürlich nicht funktionierte, versteht sich. Ich hörte Reden, heroische Deklamationen, politische Interviews, Hymnen, Nachrichten. *Radio Reloj Nacional*, ding, *Radio Reloj*, beim Gongschlag ist es, dong. Der Einzug von Extra Extra Large in Havanna jährte sich zum ersten Mal. Alles war Trubel, Jubel, Ausgelassenheit mit ihrem Quentchen Müdigkeit, Genuß mit seinem Quentchen Überdruß. Wie hat sich diese Wirklichkeit später gewandelt, jetzt besteht sie aus Opfern, Gemetzeln, Entbehrungen und Resignation! Da brauchen Sie nur die neusten Witze zu hören: Wie nennt man unsere Sonderperiode auf türkisch? Izmir Übel. Und auf französisch? Sanscarottes. Und auf japanisch? Wô Hammafutta. Und auf schottisch? Loch Fress. Und auf holländisch? Verhaerend. Und auf lateinisch? Tabula rasa. Und XXL, unser Chefkommandant, wurde zu unserem Chefkomödianten. Wenn ich nur daran denke, was wir alles durchgemacht haben, stehen mir die Haare zu Berge vor Schreck und Scham, ich bekomme eine Gänsehaut und werde aschfahl. In der Stadt ging damals das Feuerwerkerfieber um, und ein paar Saboteure hatten das Kaufhaus *El Encanto* in Flammen aufgehen lassen, so daß die Puchunga und die Mechunga plötzlich auf der Straße saßen und sich anboten, auf die Kleine aufzupassen. Die Kleine. Jetzt war nicht mehr ich die Kleine, sie hatte meinen Kosenamen geerbt. Sie war Klein-Reglita und ich ganz einfach nur Cuca. Oder Caruquita. Oder Cuquita Martínez.

Ich arbeitete als Kellnerin in einem Restaurant. Langsam, aber gründlich wurden alle verstaatlicht. Nicht umsonst verkündete ein Spruch: *Wir sind wie die Elefanten, zwar sind wir langsam zu Fuß, doch machen wir alles zu Mus.* Ich schloß mich also den Gastronomiearbeitern an, der INIT, obwohl ich, wenn ich recht überlege, immer noch nicht weiß, was zum Teufel diese Abkürzung zu bedeuten hat: Institut für Nahrung in Tuben oder was ähnlich Blödsinniges. Komisch war, daß ein Minister, einer von den ganz Radikalen, damals beschloß, seine Tochter Inrainit zu nennen. Gebildet aus INIT, für die Vereinigung der Gastronomiearbeiter, und aus INRA, für das nationale Institut für Agrarreform. Also wirklich, was die Abkürzungen in diesem Land angeht, da ist das Ende von weg, wenn Sie mir die Redundanz gestatten. Wer kommt bloß auf die Idee, ein Mädchen ›Granma‹ oder ›Usnavy‹ zu nennen oder sogar ›Patria‹ wie bei meiner kleinen Nachbarin? Wenigstens hat die einen anderen Namen angenommen, obwohl sie dabei vom Regen in die Traufe gekommen ist, denn jetzt nennt sie sich Yocandra, da weiß auch niemand, was das nun wieder bedeuten soll. Sie hat ansatzweise versucht, es mir auseinanderzusetzen, hat irgendwas von Iocaste und Ödipus, von Kassandra, den Trojanern und den Achäern gefaselt, aber solche ollen Kamellen gehen mir zum einen Ohr rein und zum andern raus.

Wir nahmen die Veränderungen erst gar nicht wahr, und dann nahmen wir sie hin, ohne aufzumucken. Wenn jemand auch nur den Mund aufmachte, und sei es zu einem konstruktiven Protest, war er gleich ein Konterrevolutionär, ein Vaterlandsverräter, ein Volksfeind. Mein Mann war damals gleich alles auf einmal: ein Verräter, ein Wurm, ein konterrevolutionärer *Gusano*. Mein Mann war der Feind. So wurde meine Tochter, was den Vater anging, zu einer Tochter des Vaterlands. Extra Large war ihr Stiefvater, ach was, ihr Papa. Denn ihr Vater existierte gar nicht, er hatte seine Existenz verspielt, als er das Land verlassen hatte, als wäre er vom Globus gehopst, nicht etwa aus unser beider Leben – wir waren in dieser Angelegenheit völlig unwichtig –, sondern aus der neuen Gesellschaft. Ich erinnere mich noch, wie María Regla mir, als sie aufs Gymnasium ging, auf den Kopf zusagte, daß sie sich ihrer Familie schämte: ihr Vater war ein Feind der Revolution, ein Onkel war schwul und eine Großmutter Hure. Damals hätte ich mich beinahe mit den Zeugen Jehovas eingelassen, nicht etwa, weil ich an den Schmus geglaubt hätte, sondern weil sie es sich einfach nicht abgewöhnen konnten, bei mir vorbeizuschauen und mir Auszüge aus dem Neuen Testament vorzulesen. Die hatten mehr Ausdauer als Turbokletten mit Spikes und waren so hartnäckig und aufdringlich, daß ich aus lauter Verzweiflung beinahe beigetreten wäre, aber ich habe es dann doch gelassen, weil mir meine Tochter gehörig eins aufs Dach gegeben hat, als sie davon erfuhr, und weil mir außerdem das mit dem Verbot der Bluttransfusion ganz und gar nicht geheuer war; das Ganze war sowieso strengstens untersagt und wurde polizeilich verfolgt. Hätten sie mich bei solchen biblischen Umtrieben erwischt, hätten sie mir ohne weiteres Reglitas Spielzeug streichen und mich Hals über Kopf in ein Arbeitslager stecken können. Im Laufe der Jahre wurde XXL vom Freier zum Vater des Vaterlands. Sie stülpten uns Extra Large als Papa aller Kubaner über den Kopf. Mich übertölpelten sie damit, daß wir dabei waren, die Zukunft unserer Kinder zu schaffen, und da die Zukunft meiner Tochter das einzige war, was mich interessierte, machte ich eben mit.

Ich nahm an jeder Kampagne teil, die sie sich nur ausdachten, ich kämpfte gegen das Analphabetentum, half bei der Lehrerausbildung an den Makarenka-Buschschulen – eine Tätigkeit, die darin bestand, dieselben Bauern, die noch vor sechs Monaten Analphabeten gewesen waren, zu Lehrern zu machen –, kurz und gut, ich ließ nichts aus. Wie ein Ochse setzte ich mich fürs Beste ein. Ich bekam permanent Auszeichnungen, meldete mich ausnahmslos zu jeder freiwilligen produktiven Arbeit. Als echte Kämpfernatur kämpfte und kämpfte ich, zog hinaus aufs Feld. Ich wurde ein richtiger Heißsporn, obwohl ich auch das Gegenteil, nämlich eine Kaltmamsell, war. Ein Heißsporn ist ein Spezialist für den Kampf, und ihm brennen die Sicherungen oder besser Nervenstränge durch. Auch meine Nerven bekamen schon Zustände. (Bald lernte ich, mich mit Pillen und einem Gläschen Rum zu beruhigen, und beschloß, daß sich doch andere heißblütig in den Kampf stürzen sollten.) In Bermudashorts und mit einem Schemelchen am Gürtel eingehakt, machte ich mich zum *Cordón* von Havanna auf (es wird gemunkelt, dieses Agrarprojekt soll jetzt wieder aus der Versenkung geholt werden), um mich neben eine Ackerfurche zu pflanzen und zu säen, was es eben zu säen gab, Unkraut zu jäten oder alles mögliche zu ernten, Tomaten, Kartoffeln, Rüben, Kaffee. Denn man darf nicht vergessen, daß es XXL damals in den Sinn gekommen war, auf jedem fruchtbaren Fleckchen Erde um Havanna herum Arabica anzupflanzen. Darum ordnete er an, jeden Wald- und Obstbaum, der nur zu finden war, mit Stumpf und Stiel auszureißen und statt dessen Arabica auszusäen, also ... Bergkaffee. Resultat: Sense mit Bäumen und Kaffee. Sogar auf Erdbeerfeldern habe ich gearbeitet! Denn auch das Erdbeerfieber packte ihn. Wir mußten Erdbeeren in mikroklimatischen Zonen anpflanzen. Wir würden die ersten Erdbeerproduzenten der Tropen sein. Ich habe nie auch nur eine einzige gegessen. Ich weiß nicht mal, wie Walderdbeeren schmecken. Dann ging's weiter mit der künstlichen Befruchtung der Kühe; wenn wir schon nicht das schwarze Gold, das Erdöl, haben konnten, dann eben das rote, nämlich das Fleisch. Und es wurden riesige Ställe errichtet, wo die Kühe ohne Unterlaß das Sperma unzähliger Stiere, sogar das von Extra Large, in die Gebärmutter injiziert bekamen. Es heißt, daß *Ubre Blanca*, unser Weißeuter, unsere Vorzeigekuh, eine Tochter von XXL ist. Und unsere Rinder – die bestimmt kein Wahn heimsuchte – wurden zu mehr als geheiligten Kühen, sie bekamen Klimaanlage, Couchgarnitur und rosa Spitzenvorhänge, und der damalige Hit lautete: *Matilda trottet hin, Matilda trottet her, und hält dann an und seufzt gar schwer, muuuh, muuuh.* Ein Videoclip mit Weißeuter in der Rolle der Kuh Matilda wurde gedreht, später mit der Sonnenblume der Monatszeitschrift *Opina* ausgezeichnet. Weißeuter wurde daraufhin zum Publikumsrenner vom Sonntag, in die Sendung *Auf zum Tanz*, ins Fernsehen eingeladen und legte einen flotten Foxtrott aufs Parkett. Mit all diesen Probeversuchen der gänzlich Unerprobten schafften sie es, den gesamten Rinderbestand auszurotten, und unser geliebter Chefkomödiant verfiel auf eine neue Idee: Reis in Salzwasser zu kultivieren. In diesem Stadium verloren die Vietnamesen das Vertrauen in uns, sie bekamen es mit der Angst zu tun, weil sie uns für hoffnungslos schizophren hielten. Ein andermal wurde lauthals verkündet, wir hätten das Heilmittel gegen den Krebs entdeckt: das Tannin. Man mußte nur Bananenschalen verquirlen, und alles war wieder heil! Ich verstehe nur nicht, warum sie sich nicht um die internationalen Patentrechte dafür bemüht haben. Dann sollten wir uns alle auf ein Superagrarprojekt konzentrieren, die Mikrojet-Banane, das Bewässerungssystem *Voisin* wurde in die Wüste geschickt. Die Bananen sollten uns über den Kopf wachsen, und zwar in weniger als zwei Wochen. Das war die Stunde der agitatorischen Propaganda: Wir hatten uns mit Bananen vollzustopfen, wurden als Affen abgerichtet, trainierten für den Hunger der Sonderperiode. Also stopften wir uns fleißig mit Bananen voll, bis keine mehr reinging, und beim Scheißen mußten wir uns mit einer Zitronenschale abwischen, denn Bananen machen ja so fürchterliche Flecke, da hilft nur Zitrone. Dann kam die Kartoffel an die Reihe, und wir wurden sogar zu Zauberern, richtige kleine David Copperfields, denn die Knollen wuchsen uns zu den Ohren heraus. Wie gesagt, so ist es also gewesen, so sieht mein Leben aus. *Ein ganzes Leben* ... Ein ganzes, verschenktes Leben. Denn es galt, den Traum von der Revolution zu verteidigen, das erwarteten die Linken der ganzen westlichen Welt und alle Lateinamerikaner von uns: Haltet stand, haltet stand. Und wir gestandene Mannsbilder oder gestandene Weibsbilder, wir hielten stand, und eins und zwei und drei und vier, wir fraßen Dreck wie die Blöden und liefen uns Löcher in die Schuhe, marschierten in den Reihen der Schwärmer, wir, die Generation der Glücklichen. Wir ritten uns immer tiefer in die Scheiße, um fremde Illusionen, fremde Träume zu verteidigen. Ich frage mich, warum haben einige von diesen Ideologietouristen, die so hohe Ansprüche hatten und so zufrieden mit dieser Entwicklung waren, heute aber das kubanische Volk im Stich lassen, warum haben sie hier nicht um Asyl gebeten, haben hier gelebt, unter denselben Bedingungen wie wir? Viele von ihnen haben sich zwar in dieser Stadt niedergelassen, allerdings in teuren Wohnvierteln, in die keiner von uns auch nur einen Fuß setzen konnte, und sie haben sich aus Dollarläden versorgt, ohne Zuteilungsheft. So sieht die beschissene Geschichte dieses beschränkten Landes aus: immer alles den Fremden geben, so viele Opfer für die anderen, und für einen selbst opfert sich nie jemand. Russen oder Angolaner hatten mehr Rechte als ein Einheimischer aus der Callejón del Chorro in Alt-Havanna. Ich erinnere mich noch, wie mich ein Afrikaner mit einem Gesicht voller Narben, voller Schmisse, die man dort bei der Geburt von seinem Stamm bekommt, gewaltsam aus einem Taxi zog, nur weil er Angolaner war. Ein andermal war es so ein Russkidödel, Verzeihung, ein Sowjetbürger, der mich mit einem Stoß zur Erde beförderte, über mich hinwegkletterte und sich in der Schlange des *Mercadito* in der Línea vor mich stellte, um den Preßschinken zu kaufen, und das mit dem Argument, er sei sowjetischer Genosse und dazu noch ausländische Fachkraft. Na und, was geht's mich an? Ich hätte Usbekistan nicht mal auf der Landkarte gefunden. Ebensowenig habe ich mich für Afrikas geographische

Lage interessiert, zumindest nicht für das Afrika, das uns in den Hollywoodschnulzen geboten wird, in denen man dir alle fünf Sekunden einen Löwen vor die Nase setzt oder eine Elefantenherde, eine Schlange, so dick und lang wie eine Zentralwasserleitung, sowie Hunderte von nackten Negern in halbwildem Tun, jeder mit einem Zöpfchen auf dem Kopf, wenn man Glück hat, von einem Hühnerknochen zusammengehalten, schlimmstenfalls von einem Menschenknochen; ich war zwar keine Afrikaexpertin, aber ich wußte, daß ein Großteil meiner Kultur und meiner Religion von dort herkam. Denn wer hier nichts von einem Kongo-Neger hat, der hat eben was von einem Guinea-Neger. Was den Stipendiatsangolaner aber noch lange nicht dazu berechtigte, sich an mir für die Sklaverei der Kolonialzeit zu rächen und mir gewaltsam meinen Taxiplatz zu entreißen. Die Besuche aus Afrika stellten außerdem ein recht dummes linguistisches Fiasko dar, bedenken Sie nur, all diese seltsamen Namen, all diese Stammeshäuptlinge, die sich in Staatschefs verwandelt hatten, das war eine Entscheidungsschlacht mit dem Gedächtnis; einmal ließ uns die Arbeitergewerkschaft wieder so einen Kerl diesseits von Afrika empfangen, doch die Veranstaltung artete in eine Riesenkeilerei aus, weil wir uns inzwischen spontan einen Rumba ausgedacht hatten: *Nyerere, Nyerere, wer du auch bist, es ist uns eine Ehre.* Aber Träume sind Schäume. Wie das Leben. Das hat schon der Calderón von der Kloake gesagt. Das Leben ist eine Barke. Moment mal, habe ich jetzt was durcheinandergebracht?

Als ich eines Nachts nach Hause kam, fand ich Reglita mit einer Büchse russischer Kondensmilch in der Hand. Ich fragte, was sie da spielte, und sie antwortete mir, daß sie einen Molotow-Cocktail bastelte, um mich in die Luft gehen zu lassen. Sie war sieben Jahre alt und sagte nicht *Mama* zu mir; ich war *du* oder *Cuca.* Mechunga nannte sie Mamita und Puchunga Mimi. Bei vollem Bewußtsein hätte mich beinahe der Blitz

Changós getroffen oder ein Herzinfarkt. Ich merkte, wie blind ich die ganze Zeit über gewesen war, wie sehr ich mich von meiner Tochter entfernt hatte. Sie schmetterte grauenerregende Hymnen, die von Bombardements oder letzten Gefechten handelten. Es war die Zeit des Vietnamkriegs, und sie trällerte unentwegt:

Durch den Wald, da lief einst unser kleiner Li,
und das Maschinengewehr, pa bumm, hinterher.
Aber der kleine Li, aber der kleine Li
ging fleißig zur Schule, ging fleißig zur Schule …

Wenn man sich unser asiatisches Bruderland heute so anschaut, frage ich mich, was der kleine Li heute wohl tut. Vielleicht ist er fleißiger Geschäftsführer eines amerikanischen Joint-venture-Unternehmens. Aber kommen wir wieder auf María Regla zurück, ihre Entwicklung machte mir entsetzliche Sorgen. Ich erkundigte mich in der Schule nach ihrem Betragen, und sie teilten mir folgendes mit: *Unsere kleine Genossin María Regla Martínez beträgt sich vollkommen normal: sie zeigt Kampfgeist, Gehorsam und Intelligenz.* Die letzten beiden Bemerkungen erstaunten mich nicht so sehr wie die erste, obwohl sie mir ja bereits eine glaubwürdige Demonstration davon gegeben hatte. Kampfgeist konnte schließlich auch bedeuten, den Wunsch zu haben, seine Mama umzubringen. Also fragte ich sie einfach zärtlich und direkt, warum sie mich denn umbringen wollte, und sie sagte seelenruhig:

»Weil ich keinen Papa habe. Er ist ein Feind. Und die Feinde der neuen Gesellschaft können keine revolutionären Kinder wie mich, den neuen Menschen, haben. Und du bist schuld, du hast mir einen Feind als Vater verpaßt.«

Die Mechu und die Puchu sahen mich mit weit aufgerissenen, feuchten und roten Augen an. Ich setzte mich zu meiner Tochter, nahm sanft ihre Hände und sagte ihr mit einem Schmollmund:

»Entschuldige bitte, ich habe dich lange Zeit vernachlässigt. Aber ich möchte dir etwas erklären: Dein Papa ist kein Feind. Dein Papa mußte fortgehen, weit weg, aber eines Tages wird er wiederkommen, um dich kennenzulernen ... Wer hat dir das erzählt, Schätzchen, wer hat dir gesagt, daß dein Vater ein Feind ist und du deswegen keinen Papa haben kannst?«

Kein Muskel ihres kleinen, schmalen Gesichtchens regte sich, sie suchte nicht mal meine Augen. Trocken, mechanisch und voller Groll stieß sie nur hervor:

»Das sagt die Chefgenossin von den Pionieren.«

Ich ließ das Restaurant sausen. Ich bat um Versetzung zur Aufsicht der Umkleidekabinen am *Náutico*-Strand. Ich meldete mich zu keiner einzigen freiwilligen Arbeit mehr und kam deshalb auch nie in den Genuß des Privilegs, mir eine *Aurika*-Waschmaschine kaufen zu dürfen, auch keinen *Slava*-Wecker oder *Orbita*-Ventilator, der eigentlich zum Abtauen der sowjetischen Kühlschränke gedacht war, aber extra verkauft wurde, um den Leuten im stickigen Sommer Kühlung zu verschaffen, und ebensowenig konnte ich stolze Besitzerin eines *Electrón*- oder *Rubín*-Fernsehers werden. Jegliche Prämie ging mir durch die Lappen, nicht mal einen einzigen Orden bekam ich. Ärger oder Ehrungen waren mir gleichgültig. Wichtig war nur noch meine Tochter. Wir standen in der Morgendämmerung auf, ich brachte sie zur Schule, hängte mich dann an die Linie zweiundzwanzig und fuhr zur Arbeit, um sie schließlich um fünf wieder abzuholen. Die Wochenenden verbrachten wir gemeinsam. Wenn sie frei hatte, ging sie mit mir an den Strand. Sie war stolz darauf, daß die Arbeit ihrer Mama – inzwischen nannte sie mich wieder *Mami* – mit *der See* zu tun hatte, wie sie es ausdrückte, und sei es auch nur bei den Umkleidekabinen. Aber von ihrem Vater wollte sie nichts wissen, kein Wort wollte sie von ihm hören, nicht mal sein Name durfte erwähnt werden.

Nachts setzten wir uns auf die Malecón-Mauer, zählten die Sterne und wünschten uns etwas. Als wir einmal eine Sternschnuppe sahen, wünschten wir uns, niemals voneinander getrennt zu werden.

Währenddessen bevölkerten sich die Straßen Havannas immer mehr mit Rebellenuniformen, mit Milizen, Stipendiaten und Bauern. Es war von Jahrhundertzuckerrohrernten die Rede, wir sollten unseren letzten Tropfen Blut geben, und wenn wir mitsamt der ganzen Insel dabei im Meer untergingen. Schließlich waren es die Zuckerrohrernten, die in der Prahlerei untergingen, viele gaben ihren letzten Tropfen Blut in unnützen Kriegen, andere gaben ihn den Haien und gingen wahrhaftig im Meer unter, als sie einer besseren Welt entgegenschwimmen wollten. Dieser Welt, die wir nicht hatten schaffen können, weil man uns die Hände gebunden, den Geist an die Kette gelegt hatte, die Welt, die uns die Klauen des Irrsinns und der Wahn von Macht und Größe entrissen hatten. Bei der ersten Niederlage des Yankee-Imperialismus in der Schweinebucht wurden Menschen gegen Obstbrei getauscht. Der Sieg schmeckte nach Zukunft, wir hielten das Siegen für eine kostenlose Gabe, die uns nicht von den Göttern, sondern von den Sowjets gewährt worden war. Durch sie fühlten wir uns unsterblich.

Die Erniedrigungen nahmen überhand. Einmal setzte sich Reglita, sie war schon etwas älter, aufs Bett und stützte die Ellbogen auf die Knie und das Gesicht in die Hände. Sie weigerte sich, Mechunga und Puchunga zu besuchen. In der Schule hatte man ihr erzählt, die beiden seien professionelle Prostituierte gewesen. Zwei Spitznamen für sie machten damals die Runde: Phalla und Syphilla, der Schwanz und seine Krankheit. Wie konnte ein Mädchen, liebste Jungfrau María, so ungeniert solch derbe Ausdrücke in den Mund nehmen? Alle Volksschüler grölten auf dem Nachhauseweg meinen beiden Freundinnen Schimpfworte und Beleidigungen hinterher, die von Kinderlippen einfach unglaublich klangen. Reglita rannte dann schnell davon und vermied es, ihre Pseudotanten zu grüßen. Das Ganze schaukelte sich so hoch, daß die Leute hemmungslos zu klatschen begannen, sie seien Lesben gewesen, hätten nie Kinder gehabt, hätten sich gerne Millionäre, Geldprotze geangelt und seien bürgerliche Huren gewesen ... Es sah übel aus; die Intrigen spitzten sich immer mehr zu, doch zum Glück, oder zum Unglück, wurden dann die Komitees zur Verteidigung der Revolution und später der kubanische Frauenbund gegründet ... Es begann die Zeit der Versammlungen, aber auch die der Volksgerichte, und ich hatte Angst, die Angelegenheit könnte schlimm ausgehen, und ... hob die Hand:

»Ich bitte ums Wort, Genossin, ich glaube, wir müssen diesen beiden Genossinnen hier, Mechunga und Puchunga, eine Chance geben und sie in unsere neue Gesellschaft eingliedern. Ich schlage vor, ihnen die Posten von Sicherheit und Gesundheitswesen des Komitees und des Bundes zu geben.«

Ein Schweigen, noch tiefer als der tiefste Abgrund. Dann stand ein Kerl auf und schrie wild herumfuchtelnd:

»Verdammt, sagt bloß, die Revolution soll jetzt durch Huren und Lesben auf den Hund kommen, warum holt ihr nicht auch noch die Schwulen?! Das wär ja das Letzte, also mit mir braucht ihr nicht zu rechnen!«

Da fuhr die Puchunga wie eine Raubkatze im Käfig herum und ereiferte sich noch lautstarker:

»Auf der Stelle soll er seinen Schwanz rausholen, da hat er nämlich eine Tätowierung, los, Schwanz herzeigen! Der soll hier nicht den Heiligen spielen, die Mechu und ich haben ihn doch gesehen, splitterfasernackt auf einer Orgie, auf so einem Massenjux, bei dem er ordentlich die Hände im Teig gehabt und dazu noch für die kleinen Jungs den netten Onkel gespielt hat! Hört gut zu, was ich sage, damit es alle wissen, als Schwuch-tel! Verflucht, der soll seinen Pimmel rausholen, oder ich mach ihn alle, wie nen Hund!«

Sie hatte die Wahrheit gesagt. Dem Genossen Generalsekretär der Partei hatte man in seiner schönen Jugendzeit über die ganze Länge seines Apparats – seines sexuellen, nicht desjenigen seiner Partei – auf die zarte Haut doch glatt folgenden Text tätowiert: *Ernopel.* Eine exzellente Präzisionsarbeit, denn den Text konnte man nur lesen, wenn der Penis Feuer fing: *Erinnerungen aus Konstantinopel.* Von da an verhöhnte man ihn zunächst in seiner Straße, dann im Viertel und schließlich auf der gesamten Insel – denn hier verbreiten sich Gerüchte wie im Flug – mit folgendem Lied:

In den Stamm eines Baums ein Mädchen ritzte einst
ihren Namen mit tiefem Gefühlsaufwallen,
und tief rührte es den Baum in seinem Schoß (dem der Partei),
er ließ einen Tautropfen für das Mädchen fallen …

Die Versammlung zog sich hin, erstreckte sich über Tage, schwoll an und bekam eine pene-trante Länge. Es wurde eine Kommission von Experten für Tätowierung, Paläographie, Erektionen und Wichsen gebildet, um das Gemächt des Generalsekretärs zu untersuchen. Sogar ein sowjetischer Wissenschaftler des KGB wurde hinzugezogen, Spezialist für Abhörschwänze. Puchungas Behauptung wurde schließlich bestätigt und dem Unglücklichen das Parteibuch weggenommen, während meine Freundinnen die Posten für Sicherheit und Gesundheitswesen des CDR und des kubanischen Papayokratenbundes bekamen. Fußnote für ausländische Leser, die Papaya ist die Frucht des karibischen Melonenbaums, auch Fruchtbombe oder Kressenfeige genannt, gleichzeitig jedoch Bezeichnung für das weibliche Geschlecht. Allerdings ist mit »Fruchtbombe« nur die Frucht gemeint, und wenn man bei einer Frau von einer Riesenpapaya spricht, dann bedeutet das nicht, daß sie eine ganz besonders süße Fruchtbombe ist, sondern daß ihr spezifisches Geschlechtsteil, ihre Kressenfeige also, ganz beachtliche Maße besitzt und daß sie ein echtes Rasseweib ist, ne ganz tolle Nummer eben. Die Geschichte dieses zum Adjektiv gewordenen Substantivs ist eine bittere, denn höchstwahrscheinlich ging es zunächst auf ökonomische Bedingungen zurück, obwohl auch die Liebe mitgespielt haben mag; ich habe gelesen, daß die schwarzen Frauen in der Kolonialzeit zur Verhinderung einer Schwangerschaft, die sich aus ihrer Stellung ergab, aus dem Mark und den Blättern des Papayabaums Arzneitränke zubereiteten, die ein unfehlbares Abtreibungsmittel darstellten; dieses Verfahren war auf den Plantagen so gang und gäbe, daß die Vulva schließlich in Papaya umgetauft wurde. Der kubanische Papayokratenbund hat sich bis zum heutigen Tag noch etwas von dieser abtreibenden Kraft erhalten, denn er versucht wieder und wieder die Zukunft der Kubanerin auszuschaben, indem er gegen sie arbeitet. Aber das steht auf einem anderen Blatt. Kurzum, meine Freundinnen nahmen einen Prozeß gesellschaftlicher Anpassung in Angriff, der den politischen Anforderungen des Bundes gerade entgegenkam. Man nannte sie zwar weiterhin – jetzt allerdings mit allem Respekt – Genossin Phalla und Genossin Syphilla, doch schämte sich Reglita niemals wieder ihrer Tanten. Und statt sich über sie lustig zu machen und sie den Schwanz und seine Krankheit zu nennen, war man allerseits der Ansicht, daß die Spitznamen dem Klang nach gut und gern der griechischen Mythologie entstammen konnten. Und das Leben nahm wieder seinen Lauf, kehrte zu dieser Normalität zurück, die nicht für uns gemacht ist, die wir letzten Endes von Grund auf transzendental, also anormal sind.

Und die ganze Zeit über mußte ich an ihn denken. Nicht eine Sekunde meines Lebens ging er mir aus dem Kopf. Es gab andere, viele sogar, denen es gleichgültig war, daß ich keine Zähne hatte, aber ich wagte es nie, einem von ihnen ernsthafte Hoffnungen zu machen. Ich wußte, daß er lebte, und die Hoffnung, jemanden noch einmal im Leben zu sehen, verliert man immer als letztes, und wenn es nur aus Trägheit ist. Sogar Ivo hielt um mich an. Wieder und wieder versicherte er mir hoch und heilig, was für einen guten Ehemann, was für einen hervorragenden Vater er für Reglita abgeben würde. Bei ihm habe ich allerdings zweimal nachdenken müssen, nicht etwa weil er mir besonders gefiel oder so, sondern weil die Transportfrage inzwischen zu einem heiklen Problem geworden war, und er hütete seinen Chevrolet wie ein Schmuckstück, hielt ihn ständig in Schuß, so daß er wie neu aussah, blitzend wie ein Smaragdohrring von Liz Taylor. Bei einer Heirat würde ich wenigstens nicht mehr zu spät zur Arbeit kommen, war meine Überlegung. Er erklärte sich mir im Autokino *Novia del Mediodía* bei der letzten Vorstellung; danach schlossen sie das Kino. Es verfiel, und das Gras wuchs so hoch, daß man inzwischen nicht mal mehr die große Leinwand sehen kann, über die so mancher denkwürdige Film geflimmert ist. Ja wirklich, verehrte Herrschaften, er gestand mir, daß er fürchterlich in mich verschossen, daß er entschlossen war, mit mir in Richtung Hochzeitspalast zu steuern – als wäre ich ein Auto mit einem dreieckigen Lenkrad zwischen den Beinen – oder zum profanen Standesamt, das würde ganz bei mir liegen. Zum Traualtar allerdings nicht, eine Kirche zu betreten war ganz und gar verpönt, tiefe Frömmigkeit wurde gesetzlich strengstens verfolgt. Er wagte es sogar, mir einen Kuß abzuluchsen, ließ mich aber gleich wieder los, denn Reglita saß auf dem Rücksitz und gab ihm mit den Fingerknöcheln gehörig eins auf den Deckel, verpaßte ihm eine Kopfnuß – wie sie es ausdrückte –, die ihn vor Schmerz lähmte. Ich schüttete mich aus vor Lachen, fast hätte ich mir in die Hosen gemacht, ja mir entschlüpften sogar ein paar Tröpfchen. Die Vorstellung, ihn zu heiraten und so ein Auto zu haben, war allerdings ziemlich verlockend. Aber dann setzte sich meine Gedankenmühle in Gang, und ich fragte mich: und was, wenn der andere nun zurückkommt? Ich mußte ihm doch einfach beweisen, daß ich wie eine Löwin, wie ein Ochse ausgeharrt, daß ich Wort gehalten hatte, treu gewesen war. Ich konnte nicht einfach so auf meiner Würde herumtrampeln. Und ich lehnte Ivos Antrag ab. Aber glauben Sie bloß nicht, ich sei so dumm gewesen und wäre mit ihm nicht das eine oder andere Mal ins Bett gegangen, denn Fleisch ist nun mal Fleisch, und meins war in einem recht knackigen Zustand. Denn wozu hatte man sonst so ein Klassefahrgestell, wozu gab es Zuneigung und Zärtlichkeit. Und dazu noch ein Gesicht wie'n Leinwandstar, zahnlos allerdings. Für mich hatte das einzig und allein mit physischen Bedürfnissen zu tun. Aber ich genoß es aus vollen Zügen, warum soll ich da jemandem was vormachen. Wenigstens fegte ich dabei ordentlich das Loch aus, in dem sich schon Schimmelkäse breitgemacht hatte, auf den Charles de Gaulle stolz gewesen wäre. Er zählte ja so gerne die Käsesorten auf, die Frankreich zu bieten hatte: dreihundertfünfundsechzig, eine für jeden Tag im Jahr. Also bei jenem ersten Mal spürte ich eine Wonne, als hätte ich nach einer Woche Verstopfung wieder geschissen. Eine sagenhafte Erleichterung!

Uans Geist verfolgte mich jedoch überallhin. Wenn ich an einem Bus hing, sprang ich manchmal in voller Fahrt ab, weil ich glaubte, ihn um eine Ecke biegen gesehen zu haben. Ganz Havanna durchlief ich wieder und wieder, um ihn in der Menge zu suchen. Die Stadt löste einen merkwürdigen Kitzel bei mir aus, als würde ich sie auch für ihn, für seine Erinnerung in mich aufnehmen. Die Zeit schritt mit Siebenmeilenstiefeln voran, viele Gebäude fielen ein, und andere erlitten beträchtliche architektonische Veränderungen, denn bei Familienzuwachs mußten die Bewohner Dachstuben anbauen. Die Bäume wurde immer häufiger gestutzt, bis sie schließlich ganz gefällt wurden. Und dennoch blieben die Leute fröhlich. Aus Tradition. Es gab zwar zur Abwechslung mal wieder nichts zu essen, aber dafür hatten wir *Würde* und vor allem *Zukunft*. Obwohl viele (mit heranwachsenden Kindern) nur allzugut wußten, daß man Würde nicht essen kann und auch die Zukunft weder als Speisewürze noch als Perspektive besonders viel hergibt. Ich fuhr fort, auf Teufel komm raus mein Havanna abzulaufen, bei stechender Sonne oder stürmischem Wind, und immer blieb ich schließlich am Malecón stehen und schaute auf mein blaues Meer, mein *Mare meum*. Auf diese endlose, riesige Masse, salzig oder süßlich schmerzend, tosend oder friedlich, diese indigoblaue Wasserfläche, manchmal so liebevoll, manchmal so unbarmherzig. Genau wie eine Mutter.

Ich versuchte María Regla wenigstens einmal pro Woche in ein anderes Restaurant auszuführen, damit sie noch alle kennenlernte, bevor sie von der Bildfläche verschwanden. Am besten gefiel ihr das *Monseigneur*, dort konnte sie sogar noch ein- oder zweimal Bola de Nieve sehen, und immer sang er für uns auf englisch dieses Lied, in dem es heißt *Be careful, it's my heart*... Und beide weinten wir wie zwei kleine Mädchen. Nun gut, sie war ja eins.

Das *Montmartre* war nicht länger das *Montmarte*, was den Namen anging, sondern das *Moscú*. Statt Champagner gab es Wodka und statt *foie gras* Soljanka-Suppe. Im Radio war nicht mehr Edith Piaf zu hören, sondern Edita Pieja, eine Imitatorin aus den östlichen *Bruderländern*, außerdem Karel Gott, Klary Katona und eine verrückte Italienerin, Lucia Altieri, eine

Berühmtheit – bei sich in ihrem Wohnzimmer –, aufgedonnert und mit Schminke vollgeklatscht, und von der niemand wußte, wie es sie überhaupt nach Kuba verschlagen hatte. Um dort zu Mittag oder zu Abend zu essen, mußte man schon Arbeiter mit Auszeichnung sein und eine Woche im voraus reservieren. Obwohl ich inzwischen wieder genügend Prämien ergattert hatte, um mir eine Reservierung leisten zu können, war ich doch entschlossen, diesen Ort nicht mehr aufzusuchen. Den Schauplatz meines ersten Liebeskusses.

Aber als ich einmal in einer schlaflosen Nacht meine Runde drehte, nicht die aus dem Lied, sondern als Wache des Komitees, überkam mich eine so große Sehnsucht, ein so verzweifeltes Verlangen nach diesem Ort, daß ich am nächsten Morgen die nötigen Schritte in die Wege leitete und gleich die ganze Sippschaft mit einlud: die Mechu und die Puchu, und auch María Regla mußte natürlich mitkommen. Ganz aufgeregt kamen wir an und durften eintreten, nachdem ich den Ausweis der Arbeitergewerkschaft, meine hundert Auszeichnungen als Arbeiterin, meine Beitragsmarken und meinen aktualisierten Gesundheitspaß vorgezeigt hatte. Drinnen sah man kaum die Hand vor Augen, nicht etwa, weil das Ambiente extra ins Halbdunkel getaucht war, sondern weil nur noch zwei Glühbirnen brannten. Nach einer Stunde näherte sich uns in Zeitlupe die zuständige Genossin, zog den Bleistiftstummel hinterm Ohr hervor, und uns stieg Schweinestallgestank in die Nase. Bevor sie das Menü herunterleierte, ließ sie uns mit einem Grabesseufzer, zuerst im Singular und dann im Plural, plump vertraulich wissen:

»Weißt du, Mädchen, mir tun heut vielleicht die Hühneraugen weh, verflucht noch mal! Das heißt, es wird regnen, könnt ihr Gift drauf nehmen, es schüttet bestimmt... Na gut, mal sehen, macht euch keine Illusionen, wer von Illusionen lebt, stirbt an Enttäuschung, heute hab ich Soljankasuppe mit

Zwiebeln, Soljanka mit Vita-Nuova-Suppenwürfel, Soljanka mit Kartoffelbrei, außerdem Wasser und Süßkartoffeldessert. Brot und Kaffee bleib ich euch schuldig. Ihr müßt bedenken, daß wir einen Teil des Betrags an unsere chilenischen Brüder schicken. Dafür haben wir aber Tee... allerdings Kräutertee aus der Apotheke. Der ist nicht schlecht, aber eben Tee aus der Apotheke.« Es stank immer noch nach Nashornstall. Unversehens zog sie einen verschimmelten, versifften, schlammfarbenen Lappen hervor und tat so, als würde sie die Plastiktischdecke damit abwischen, verteilte in Wirklichkeit aber nur den Dreck über den Tisch.

Wir aßen mit einem Hunger, als hätten wir seit Urzeiten nichts mehr gegessen, aber mit nicht geringerem Ekel; die Teller zierte eine Fettkruste mehrerer Monate, das *Fab*, unser Spülmittel, war inzwischen rar geworden. Einen Teller Reis mit Bohnen hätten wir mit mehr Appetit gegessen. Dann mußte ich etwas tun, wonach ich mich schon seit Jahren gesehnt hatte, ich schlüpfte aus den Schuhen und fuhr mit den bloßen Füßen über den Boden. Doch wo ich den flauschigen, wohligen Teppich erwartet hatte, stieß ich auf den rauhen, rissigen Zement, scharf wie der Hundezahnkalk von der Küste von Cojímar.

»Was ist mit dem roten Teppich passiert?« fragte ich bestürzt.

»Aber Schätzchen, auf welche Umlaufbahn haben sie dich denn geschossen? Du lebst ja völlig hinterm Mond! Der Teppich ist in die *Russki*-Botschaft gewandert, in die der Vereinigten Sowjets halt, die haben behauptet, sie wollten den Stipendiaten, die nach Sibirien gehen, Mäntel daraus schneidern. Das war mir nur recht, der Teppich war vielleicht ein widerliches Dreckding, wie der staubte und nach Pisse stank! Unsere Putzkraft ist richtig krank davon geworden, die ist mit ärztlichem Attest vom Dienst befreit worden, und die hier vor euch steht, die ist weiß Gott nicht dazu geboren, auf allen vieren herumzurutschen, wär ja noch schöner, nie und nimmer. Sklaverei und Kapitalismus sind hierzulande abgeschafft. Wir sind das erste freie Territorium Amerikas, und wir sind Sozialisten, damit du's weißt. Wir sind Sozialisten, wir marschieren in die Zukunft hinein, wem's nicht paßt, der schieb sich ein Zäpfchen hinten rein!«

Und damit entschwand sie im afrikanischen Conga-Tanzschritt. Die Tränen meiner beiden Freundinnen fielen in dicken Kullern in die Fettpfuhle, die noch in den Suppentellern schwammen. Ich mußte schlucken, hatte einen Knoten in der Kehle. María Regla dagegen schleckte anstandslos noch Rand und Boden des Tellers ab:

»He, wollt ihr nicht aufessen? Wer nicht will, der soll mir seins geben, ich hab vielleicht Kohldampf.«

Wir drei Frauen blickten uns an und sahen dann, wie die Angestellte eine Bratölflasche unter ihrem Rock verschwinden ließ und sie dort mit einem Strumpfband festzurrte. Dann schauten wir wieder auf das Mädchen, das seinerseits unsere Soljankas mit den Augen verschlang. Ich gab ihr meine. Beim Leerschlürfen des Löffels machte sie jedesmal ein unanständiges Geräusch:

»Reglita, lern mal, ordentlich Suppe zu essen.«

Wir drei Frauen blickten uns erneut an. Wir mußten einfach an den Tag denken, an dem wir uns kennengelernt hatten und an dem ich auf ebenso ordinäre Weise Suppe gelöffelt hatte, und wir fielen vor Lachen fast vom Stuhl. Reglita blickte nicht mal auf. Wir bezahlten mit Marken und machten, daß wir davonkamen. Ich hatte bereits jegliches Gefühl für Geld verloren, wir sahen kaum mehr große Scheine, ich wußte nicht mehr, was Wert, was Angebot und Nachfrage bedeuteten.

Draußen benetzte die nächtliche Brise, die über die Calle O vom Ozean herüberkam, unsere Gesichter. Havanna roch wie immer, nach fauligem Gras, nach jungem Mais, nach

Gas, nach einem Feuerlöscherfurz von verdorbenen Eiern. Die Busse hinterließen schwarze Dunstwolken mit ihrem heißen Qualm. Von Achseln und Kniekehlen strömte uns nur so das Wasser herunter. Durch die spärliche Beleuchtung konnten wir zwar die Gesichter und Körper der Passanten nicht sehen, aber dafür durften wir uns am riesigen, runden Mond ergötzen und an allen Gestirnen, die sich eigens versammelt hatten, um der Morgendämmerung zu schmeicheln. Vom Malecón her gingen ein paar Jugendliche über die Rampa in Richtung Coppelia, sie hatten Blechbüchsen dabei, die sie in heilige Kulttrommeln verwandelt hatten, und sangen in mittlerer Stimmlage ungeniert und fröhlich:

Jetzt, da wir Kommunisten sind,
da gibt's keine Unfreiheit mehr,
Nikita nimmt uns Zucker ab
und schickt sein Erdöl hierher.

Sie meinten Nikita Chruschtschow. Einige Zeit später wurde auf das *Moscú* ein Anschlag verübt. Das heißt, die Konterrevoluzzer führten zu Ende, was die Revolution selbst schon vor Jahren begonnen hatte: die langsame, unerbittliche Zerstörung. Schließlich wurde es in Brand gesteckt, um den Prozeß noch zu beschleunigen, und wegen Renovierung wurde es dann für endlose Jahre, wie gewöhnlich bis zum Sankt Nimmerleinstag, geschlossen. Jetzt geht das Gerücht um, daß es wiedereröffnet werden soll, Franzosen haben es zur Hälfte gekauft, man soll dann nur noch für *Juanikiki*, also für dollste Dollars reinkommen, *of course*. Vielleicht gibt man ihm dann wieder seinen ursprünglichen Namen, das hängt ganz von den französischen Käufern ab, denn es ist ebenso möglich, daß bei der Wiedereröffnung auf einmal ein Quick daraus geworden ist.

Wie eine Blödsinnige lief ich also durch die Stadt, als hätte ich einen Sonnenstich, und verlatschte dabei fast meine einzigen Plastik-*Quicos*, die damals alle trugen. Meine waren die billigste Ausführung, drinnen wurde man höllisch unter Dampf gesetzt, sie wurden Schnellkochtöpfe genannt, weil sie sogar die Hühneraugen weichkochten. Sie waren weiß, bekamen aber schnell durch übermäßigen Gebrauch eine gelbliche Färbung, als hätte man sie in Fett ausgebacken oder in Limonenwasser eingelegt; sie hatten zwar überall Löcher, doch die Füße wurden dadurch nicht belüftet, so daß der Schweiß die Ferse in tiefem Morast versinken ließ. Sie stanken nach altem Ziegenkäse, daß es nur so eine Freude war, und ließen die erlesensten Pilze wachsen. Ich hatte bereits Champignons aus französischen Wäldern dort kultiviert. Die Zehennägel waren mir eingewachsen, und dem Fußmief war nicht mal mehr mit Mykozem beizubekommen, ein Mittel aus der Apotheke, für das man fünf Nächte lang anstehen mußte. Das war mein unverwechselbares Schuhwerk, meine Treter und Ausgehschuhe. Wenn ich sie ausführte, mußte ich nur pfeifen, und hechelnd kamen sie artig an, wie Zirkushündchen dressiert, und stülpten sich über meine Füße. Als sie allmählich alt und gebrechlich wurden, säbelte ich mit einem *Astra*-Rasiermesser (sowjetisches Fabrikat) die Hacken ab und färbte sie mit schwarzer Tusche. Damals war Schuhcreme gerade Mangelware. Dann gab es sie auf einmal wieder, und dafür gingen Tusche und Schreibmaschinenbänder aus, so daß wir die alten, verbrauchten Bänder mit Schuhwichse für Schaftstiefel färben mußten. Die Schuhwichse diente damals auch als Universallösung fürs Make-up, denn da es keine Wimperntusche gab, wichsten wir sie uns mit Dosenschuhcreme. Vielleicht hat mir das die Augen versaut, und ich bin deshalb heute ein blinder Maulwurf. Nur durch ein Wunder sind wir überhaupt noch am Leben. Wie unser liebes Fax sagt, wurde damals fast alles als Konterrevo angesehen (muß ich noch extra *-lution* oder *-lotion* hinzufügen, um mich verständlich zu machen?), und sie verboten sogar die Aronstäbe, die *Malanga*-Pflanze; denn als ich eines Morgens im Radio gerade die *Cinco Latinos* hörte – im Anschluß kam die Sendung von Vicentico Valdés –, platzte ein Kammerjäger herein, schaltete das Radio aus und sang, während er den Finger wie ein umgekehrtes Uhrpendel hin- und herbewegte: *Malangaknollen im Wasser züchten, nein, nein, nein.* Damit begann die Kampagne gegen die Mücken, und beinahe hätten sie meinen allseits beneideten Aronstab konfisziert, zum Glück hatte ich die Urkunde aufbewahrt, die belegte, daß der kubanische Papayokratenbund meinem Aronstab den ersten Preis für enthusiastischen Kampfgeist verliehen hatte, ein Beweis für das ungemein hohe Niveau der Initiativen unserer Bundesgenossinnen. Meine Pflanze kam davon, aber davon kamen andere Probleme, denn ich brachte mich fast um bei dem Versuch, den schweren Topf oben auf die Dachbalken zu wuchten. Aber in der Höhe gedieh die Pflanze am besten, und außerdem konnte ich mit den langen Trieben so die Latten verstecken, die das Dach stützten, denn wegen fehlender Instandhaltung und Überbevölkerung hatte man immer mehr Mansarden anbauen müssen, und unsere Dächer schwankten immer heftiger: Während wir in unseren Dachstübchen erstickten, waren wir jeden Augenblick auf einen Einsturz gefaßt. Die Aronstäbe zu verbieten hatte wenigstens noch gesundheitliche Gründe, uns aber die Beatles vorzuenthalten, das war nun wirklich kriminell! Das war ein Dolchstoß für unsere Jugend, obwohl wir sie trotzdem hörten, indem wir uns auf dem Klo einschlossen oder im Zimmer die Fenster hermetisch abriegelten. Stundenlang versuchten wir, *Dabbelkjueiäm* reinzukriegen, einen amerikanischen Sender, auf dem man alles hören konnte, was das Herz begehrte. Oder wir setzten uns mit unserem russischen Radio auf die Malecón-Mauer, die schwarze Nacht vis-à-vis, und zogen uns das gesamte Nachtprogramm *Nocturno* rein, mit jeder Menge *Fórmulas Quinta, Mustang oder Juan y Junior* und allen heißen Rhythmen, die sonst noch der Zensur entkamen. Wenn ich heute Lieder wie *Anduriña, Globos rojos, Una carta* oder *La profesora de inglés* höre, bekomme ich unweigerlich eine Gänsehaut. Sie wollten uns auch die jammernden Quena- und Panflöten der lateinamerikanischen Musik aufbrummen, jeder Straßenmusikant mit Poncho wurde zum Fernsehstar. Es tat mir fürchterlich leid, aber bei so was pennte ich sofort weg, was hatte diese Anden-Agonie mit unserem bizarren Übermut zu tun? Was hatte unsere Musik mit den bolivianischen oder chilenischen Klageliedern zu schaffen? Warum wollte man unbedingt Traurigkeit statt Freude verbreiten? Der krankhafte Versuch, uns einzutrichtern, Quilapayún stünde uns näher als die Beatles, scheiterte, auch wenn erstere einer noch so achtbaren Kultur angehören mochten. Himmel noch mal, da ist wirklich was dran, daß man nur einmal jung ist und das gehörig ausnutzen muß! Mir glitt die Jugend damals schon aus den Fingern, schnell, allzu schnell, und ich jagte immer noch hinter dem Unmöglichen her wie eine läufige Hündin. Klammerte mich an meine falschen Illusionen, war ganz vernarrt in die Verzweiflung.

Eines Tages kam plötzlich meine Mutter an und forderte Zuneigung. Ich stellte ihr ihre Enkeltochter vor, und die beiden bewunderten und liebten sich auf den ersten Blick. Aber sie wollte meine Ordnung umordnen, wollte mich in ihr Chaos treiben und meins beschneiden, wollte in jeden Winkel meines Lebens eindringen. Sie war ganz und gar nicht damit einverstanden, daß ich ein Fläschchen Rum im Schrank versteckt hatte und jede Minute hineinleuchtete. Schon seit geraumer Zeit genehmigte ich mir regelmäßig ein Schlückchen, mit dem Rum fing ich an. Als mich das Laster richtig gepackt hatte, trank ich mangels Rum sogar *Guafarina*, mit Zucker und

Zitrone aufbereiteten Spiritus. Als man mich schon *Guafa* zu nennen begann, riß ich mich ein wenig am Riemen, ohne es allerdings zu übertreiben. Die Psychopharmaka und der Fusel entspannten mich, aber dennoch ließen sie mich nicht vergessen. Bei der Arbeit wurden uns Gymnastikübungen beigebracht, wir stellten für zehn oder fünfzehn Minuten unsere Tätigkeit ein und ertüchtigten uns. Wenn wir damit fertig waren, empfahl man uns, Valium oder Diazepan zu nehmen. Pillen und Alkohol brachten mich mordsmäßig in Stimmung, ich wurde gelassen, munter, bekam ein sonniges Gemüt, war einfach im siebten Himmel. Das Rauchen habe ich mir allerdings nie angewöhnt, und was für ein Glück, wenn man bedenkt, wie teuer die Zigaretten geworden sind. Bei Engpässen hat unsere Fotokopiermaschine nach und nach die gesamte Bibel aufgeraucht, das Papier ist geradezu ideal für hausgemachte Zigaretten. Als ich eines Nachts bei ihr klopfte, war das Haus voller Rauch, aber sie beruhigte mich und sagte, daß alles in Ordnung sei, sie würde nur gerade das *Hohelied Salomos* rauchen. Meine Mutter war der Ansicht, daß es hoffnungslos schlecht um mein Leben bestellt war. Das könne ich ihr glauben, sie hätte eine Menge Erfahrung. Niemand bezweifelte das, aber zuerst sollte sie ihr Leben in Ordnung bringen, bevor sie dergleichen von mir verlangte. Früher hatte ich unter ihrer Abwesenheit, unter ihrer Desertion zu all den schnuckeligen Milchbartliebhabern leiden müssen. Sie dagegen konnte meine Freundinnen, die Mechunga und die Puchunga, nicht leiden. Sie behandelte sie wie Kommunistennutten, sogar mir warf sie das Wort Gewerkschaftsflittchen an den Kopf, da ich doch eine Tochter von einem unbekannten Vater hatte. Zum Glück verstand Reglita nicht die Bedeutung des Ausdrucks, denn damals gab es schon das Glitzerhandtäschchen, das ›Flitterchen‹ oder ›Tuntchen‹ genannt wurde. Lautstark kriegten wir uns in die Wolle, meine Mutter und ich, nun gut, in Wirklichkeit war sie es, die sich aufregte, ich habe meiner Mutter gegenüber niemals die Stimme erhoben, niemals. Nachdem sie mich ausreichend heruntergeputzt hatte, zog sie wieder dorthin, wo sie hergekommen war, zu meiner kranken Schwester. Noch auf der Treppe sagte sie sich von mir los: ich solle vergessen, daß es sie überhaupt gab.

Ich kam weiterhin für ihren Unterhalt auf und beschloß, Mißverständnis Mißverständnis sein zu lassen und einen Schlußstrich zu ziehen, olympisch-überlegen schiß ich auf unseren Streit bei mir zu Hause und besuchte sie täglich jeweils zu einer festgesetzten Zeit. Schließlich war sie meine Mutter, und man hat doch nur eine. Mein Bruder mit der Kinderlähmung hatte inzwischen geheiratet und von seiner Frau wunderschöne Töchter geschenkt bekommen, mit dunkler Haut, aber roten Haaren und blauen Augen, wie die meiner Mutter. Mein anderer Bruder, der Asthmatiker und chronische Katholik, war schließlich Meßdiener geworden und jetzt die rechte Hand des Dorfpfarrers. Auf einem Paßfoto sah er wie der reinste Chinese aus, haargenau wie mein Vater, verhärmt, spindeldürr und auch genauso unglücklich, er hatte diesen Glauben ans asiatische Karma geerbt, der auf dieser kleinen Insel, der Königin des Mestizentums, wunderbar gelegen kommt, wenn es in den Kram paßt. Das Mestizentum, die Vermischung der Kulturen ist unsere Rettung. Das heißt, wenn es nicht als nationales Markenzeichen für die Verlautbarungen eines Folklore-Ministers mißbraucht wird.

Meine Tochter entwand sich meinen Fingern. Sie wuchs in einer Uniform auf, gestärkt und gebügelt, die sie sich erst vier Stunden vor dem Schlafengehen auszog, und ihr Pionierhalstuch war immer makellos und straff gebunden. Unsere Devise war die Solidarität, egal mit wem, bloß nicht mit uns selbst. Das ganze Volk schickte Zucker und Kaffee nach Chile, Kleider und Spielzeug an die Erdbebenopfer in Peru, Schuhe nach

Vietnam, Lehrer und Ärzte nach Nicaragua, Verlobte, Ehemänner, Brüder, also Krieger, nach Afrika. Kaffee, Zucker, Kleider, Schuhe und Spielzeug waren bei uns strengstens rationiert. Deshalb brauchten unsere Männer wohl eine Luftveränderung und beschlossen, sich für ferne Kriege anmustern zu lassen. Meine Tochter sammelte Punkte, indem sie sich wirklich mit jeder auch noch so sinnlosen Aufgabe einverstanden erklärte. Unser Friedensschauplatz war die Nacht. Wir schliefen gemeinsam in einem mittelgroßen Bett, nicht etwa aus eigenem Antrieb, sondern weil die Betten wie arabische Teppiche auf und davon geflogen waren. (Wieder so ein überholtes Bild.) Keine Spur mehr von ihnen in den Geschäften. Matratzen schienen noch so eine Erfindung des Imperialismus zu sein, die es zu bekämpfen und auszurotten galt. Wenn meine Tochter erschöpft niedersank, nutzte ich die Gelegenheit und küßte sie sanft auf die Stirn, drückte sie an mich und wollte sie retten.

María Regla war ständig in schulische Aktivitäten eingespannt, hier ein Kurs in Arbeitserziehung, da die Turnwettkämpfe im *Pontón*-Stadion, hier die Solidaritätsveranstaltungen, da die Hymnen und Fahnen, die kontrollierten Studien, die Interessenverbände gegen Brände... Jetzt war ich es, die sie kaum mehr zu Hause sah. Als sie elf war, kam sie mit dem Schlüpfer in der Hand aus dem Bad und zeigte mir die runden, vertrauten Flecken, diesen klumpigen, kaffeefarbenen Schleim der ersten Periode.

»Endlich bin ich eine junge Frau!« war ihr Kommentar.

Ich erklärte ihr das mit den Binden, aber sie wußte schon alles. Einen Busen hatte sie allerdings noch nicht, und dieses Manko machte sie ganz verrückt. Aber die angeschwollenen Brustwarzen zeichneten sich schon unter dem Turnhemd ab. Ich kaufte ihr auf dem Schwarzmarkt ein Unterhemdchen, doch ihr Kommentar war nur, daß sie so was Lächerliches nur über ihre Leiche anziehen würde.

»Was ich möchte, Mamita, ist eine Bluejeans, eine Caribu oder eine Li.« Sie meinte damit nicht den kleinen Vietnamesen aus dem patriotischen Lied, sondern die texanischen Jeans, die mit dem Lee-Label.

Ich sparte wie ein Weltmeister, eine Jeans hatte ihren stattlichen Preis, auf dem Schwarzmarkt natürlich, nämlich hundertfünfzig Pesos, und mein Gehalt betrug damals hundertachtundreißig. Inzwischen kostet eine Jeans tausend Pesos. Jedenfalls opferte ich mich auf, schnallte den Gürtel so eng, bis meine Eingeweide platzten, und besorgte ihr ihre Caribu, und sie überhäufte mich mit Zärtlichkeiten und Küssen wie noch nie.

Dann mußten wir uns zum ersten Mal trennen, der erste ernsthafte Abschied stand uns bevor. Die Schule zog für fünfundvierzig Tage aufs Land. Ich ließ einen Holzkoffer anfertigen, denn die aus Plastik taugten nichts, die wurden immer mit dem Messer aufgeschlitzt und geplündert. Wie durch ein Wunder gelang es mir, ein Vorhängeschloß aufzutreiben. Ich flickte Kleider, bis ich Blasen an den Fingern hatte, damit es ihr nicht an guter Arbeitskleidung mangelte, denn die Sachen, die man dort zum Wechseln bekam, reichten hinten und vorne nicht. Ich begleitete sie zum Sammelpunkt, von dem sie abfuhren, im Park der Verliebten. Ich hatte einen Kloß in der Kehle und eine geradezu panische Angst – wenn meinem Schatz nun etwas zustoßen sollte? Ich hatte von Unfällen gehört, von umgestürzten Wagen, von in ihrer Jugendblüte tragisch dahingerafften Leben. Sie dagegen war mißmutig, denn sie schämte sich, daß ich mitgekommen war, fand es kitschig, Mann, sie machte sich doch total lächerlich vor den anderen. Am Sammelpunkt waren alle Kinder in Begleitung ihrer Eltern da, aber sie flehte mich an, so schnell wie möglich zu verschwinden, sie wollte mich dort nicht mehr sehen. Ihr Gesicht erstrahlte aber vor Freude, als sie eine ihrer Freundinnen erblickte. Unversehens gab sie mir einen Kuß auf die Wange, und weg war sie, bei einer Schlange von lärmenden kleinen Mädchen, die gerade in einen Bus kletterten. Die Schulbusse fuhren ab, und wie vor den Kopf geschlagen blieb ich, einem Zombie gleich, zurück und sah zu, wie meine Kleine am Horizont entschwand und dabei mit den anderen wieder und wieder schmetterte:

Ich fahr aufs Land auf Nimmerwiedersehen,
ich fahr aufs Land auf Nimmerwiedersehen…

Sonntag für Sonntag besuchte ich sie. Das erste Lager war nur für Mädchen, das zweite bereits gemischt, also für Jungs und Mädchen. Ich überschlug mich fast und stand schon um fünf Uhr morgens mit zwei Proviantsäcken in jeder Hand vor der Tür. Die Verpflegung, die sie dort bekamen, war wirklich ein Schweinefraß. Unter der Woche hamsterte ich für meine Tochter und ihre Freundinnen alles, was diese Generation, die Kroketten-Generation, liebte. Das Beste und Feinste, was ich an Leckereien nur finden konnte: natürlich Kroketten, Vanillekringel, Pizza, Brot, Sandkuchen, Limonade, Kondensmilch (aus der sie Fudge machte), Schokoladenpralinen und was ich sonst noch so auf dem Schwarzmarkt auftreiben konnte. Manchmal brachte ich sogar panierte Meeresschildkrötenfilets an. Es tat mir in der Seele weh, meine Kleine von der Sonne verbrannt und mit Schwielen an den Händen und ebenso schlimm zugerichteten Füßen zu sehen, denn es gab keine Arbeitsschuhe in ihrer Größe, ihre Haare waren sonnengebleicht, und vor allem war sie spindeldürr. Bei all der Mühe, die ich gehabt hatte, einer Apothekerin fünf Päckchen Cyproheptadin zum Dickwerden und drei Fläschchen Bikomplex zum Appetitanregen abzuschwatzen! Obwohl ihr Appetit reger nicht hätte sein können, wogegen die erbärmliche Lebensmittelversorgung der Lager dringend etwas zum Anregen gebraucht hätte. Aber sie wollte unbedingt dort bleiben, außerdem wurde jeder, der nicht mit der Schule aufs Land fuhr, als Revolutionsmuffel abgestempelt und durfte später nicht an der Uni studieren, selbst wenn seine Noten noch so hervorragend und seine Akte ansonsten blütenrein waren. Die Kinder, die es nicht mehr aushielten und wieder nach Hause zurückfuhren, wurden obszön beschimpft, ihre Familien wurden schikaniert, sogar mit Steinen beworfen; und das nicht nur mit Zustimmung der Lehrer und Exkursionsleiter, sondern sogar auf deren ausdrücklichen Befehl. Man nannte sie verächtlich *Drückeberger*. Die Drückeberger mochten die allerklügsten Schlauberger sein, aber nichts konnte diesen Fleck in ihren Akten ausbügeln. María Regla drückte sich jedoch niemals. Das heißt, wenn sie sich drückte, dann vor ihrem Zuhause. Sie wollte sich so früh wie möglich davonmachen, wie ihr Vater, und genau das tat sie auch. Mit vierzehn verschaffte sie sich ein Stipendium in Turibacoa Zwei, keiner Schule auf dem Land, sondern einer Landschule. Das sind so die sprachlichen Feinheiten des heutigen Kuba, ein zusammengezogenes Wort kann einem Schicksal eine andere Wendung geben.

Die zweite Trennung war zuviel für mich. Reglita hatte zwar am Wochenende Ausgang, wenn sie sich gut betrug und keine schlechten Beurteilungen bekam, aber die restlichen Tage verbrachte ich in einem Zustand absoluten Stumpfsinns und absoluter Langeweile, wie ein Hamster im Laufrad. Schließlich fand ich eine ideale Beschäftigung, abgesehen von meiner Arbeit, versteht sich. Ich machte mich daran, Stoffe, Fäden oder alte Schuhe zu sammeln, und sparte mir Geld zusammen, indem ich verkaufte, was mir unter die Finger kam, um mir meinen Traum verwirklichen zu können. Meinen großen Traum. Der für mich selbst nicht in Erfüllung gegangen war: den fünfzehnten Geburtstag meiner Tochter ganz groß zu feiern.

Als erstes weihte ich die Mechunga und die Puchunga in meine Pläne ein. Sie waren Feuer und Flamme, als ginge es um ihre eigene Tochter, begeistert durchforsteten sie ihre alten Kleider, Schuhe und Stoffe, die sie – lang war's her – in *El Encanto* erstanden hatten. Sie entmotteten ihre Adreßbüchlein und stießen auf Namen von Freunden, von ehemaligen Kumpeln, die inzwischen doch tatsächlich Geschäftsführer von Luxusrestaurants waren und über die man das Bier, die Häppchen, die Torten, die *Son*-Limonade und viele Kleinigkeiten mehr besorgen konnte. Ihnen fiel ein, daß sie außerdem einmal eine Woche in einem Haus in Guanabo mit dem Inspizienten eines Freizeitgeländes an den Stränden von Santa Fe verbracht hatten. Ich kannte ihn ebenfalls von meiner Zeit bei den Umkleiden am *Náutico* her. Alle drei riefen wir im Chor:

»Das *Casino Español*, Mensch, das ist's! Wir feiern unser rauschendes Fest im *Casino Español*!«

Ich schloß die Augen und stellte mir Reglita in einem langen, blauen Tüllkleid vor, wie sie in dem rosa Saal mit dem Marmorboden einen Walzer tanzte, und um ein Haar wäre ich an Blutleere gestorben. Aber wer sollte überhaupt mit Reglita tanzen? Sonst tanzten die Mädchen an ihrem fünfzehnten Geburtstag immer mit ihren Papas. Ein Ersatzpapa mußte her, auf Teufel komm raus!

»Ich kenne jemanden, der die Choreographie für fünfzehnte Geburtstage übernimmt! Er ist eine echte Berühmtheit, was für ein Zufall, sie nennen ihn Cuquito, den Choreographen! Er ist billig, keine Sorge, aber der arrangiert dir Choreographien à la *Sissi*, à la *Jungfräuliches Wachs*, Schätzchen, da kann man nur den Hut ziehen, besser als in dem Film mit Carmen Sevilla. Den hab ich fünfundvierzig Mal gesehen, meine Liebe, im *Jigüe*-Kino, und zwar in Stereo, und ich hab ihn immer noch nicht über. Wenn wir reisen dürften und ich es mir leisten könnte, Mann, also dann würde ich für mein Leben gern nach Spanien fahren, weißt du, die sprechen da so komisch, wie die das Zet lispeln, aber da gibt's einfach alles, ich sag's dir: Apfelwein, Oliven, Würste, Nußkuchen, Bohneneintopf, Zwei-Meter-Tortillas... Also, Cuquito, der Choreograph, übertreibt's manchmal ein bißchen, er verlangt viele Kostümwechsel, ist eben ein ganz Professioneller, weißt du... Ach, Mädchen, nun guck doch nicht wie eine Katze, die's donnern hört, den Vater kann doch Ivo spielen, der hat ein Faible für so'n sentimentalen Schmus!« Die Mechunga war dem Delirium nahe. »Das müßte man mit der Kamera aufnehmen, und du wirst bestimmt Unmengen von Fotos verschießen, Cuca, denn das erlebt man doch nur einmal im Leben... Ach was, ich werd ihr die Fotos schenken, genau, das ist mein Geschenk!«

Ich wußte gar nicht, wie ich meinen Freundinnen danken sollte für all die wertvolle Unterstützung bei meinem Plan und für ihren Eifer, ihn unverzüglich in die Tat umzusetzen. Sie hatten recht: Ivo war genau der richtige. Ich fragte mich, was der Uan dazu sagen würde, daß er eine wunderschöne Tochter hatte, die ihre fünfzehn Jahre in ganz großem Stil feierte. Ich machte mir Gedanken darüber, was all die anderen denken würden. Bloß über das Wichtigste nicht: was sie selbst, die Fünfzehnjährige, dazu meinte.

»Nur über meine Leiche, das ist doch was für Spießer. Keinen Aufwand, kein Fest noch sonst eine dieser Schnapsideen, für die du so eine Vorliebe hast, um noch mehr von der Scheiße aufzuwirbeln, in die du dich gesetzt hast. Ach was, ich bleib sogar im Internat. Mach dich deswegen bloß nicht verrückt, Mami. Und was soll das überhaupt mit dieser Choreographie à la *Sissi* oder *Jungfräuliches Wachs*? Tante Mechu muß wohl unter den Wechseljahren leiden. Fragt euch doch lieber mal: Ist sie überhaupt noch so eine Unschuld vom Lande, ist sie überhaupt noch Jungfrau?«

Ich ließ die neuen Handtücher fallen, die ich schon seit Jahren für die Hochzeit der Kleinen sammelte und die ich gerade faltete. Wir blickten uns in die Augen. In meine schoß Wasser. Ich wünschte mir von ganzer Seele, daß sie als anständiges Mädchen in die Ehe gelangte, denn mir war das verwehrt geblieben, ich hatte diese Gelegenheit in den Wind schießen lassen. Ich schloß mich im Bad ein, um wie im Joan-Crawford-Film *Meine liebe Rabenmutter* zu weinen. Sie ging mehrmals auf und ab; dann blieb sie vor der Tür stehen:

»Nun sei nicht albern, ich nehm Metysolon, es passiert schon nichts.«

Schweigend aßen wir zu Abend, ich wollte sie fragen, wie es gewesen war, wer der junge Mann war, ob sie ihn liebte... Aber ich wagte es nicht, auch ich hatte mich damals niemandem anvertrauen können, hatte es niemandem erzählen können. Aber ich hatte eben keinen gehabt, und sie hatte doch mich. Ich suchte in ihrem Gesicht nach Anzeichen der Verliebtheit, des Glücks oder Leids. Nichts. Sie schlang das Essen wie immer hinunter, hastig, ganz wie ein Internatsschüler, der Angst hat, keinen Nachschlag mehr zu kriegen, mit dem peinlichen, beklemmenden Gefühl, vielleicht zu spät ins Klassenzimmer oder aufs Feld zu kommen. Ich erfuhr niemals, wie es gewesen war. *Kann dir nicht sagen, wie es war, kann nicht erklären, was geschah...* Verliebt war sie jedenfalls nicht. Es war geschehen, weil es eben hatte geschehen müssen, ich stellte mir vor, daß es vielleicht in einer Sternennacht passiert war, in der feuchten Furche eines Tabakfelds, vom Gesang der Grillen eingelullt, von Glühwürmchen beschienen, vom *Nocturno*-Programm im Radio berieselt. Ich stellte mir vor, daß er ein anständiger Junge war und sie liebte und eines Tages zu mir kommen und um ihre Hand anhalten würde. Du meine Güte, aber sie war doch gerade erst vierzehn!

Das Fest fand statt, so wie wir es uns alle gewünscht hatten, wenn man mal vom rauschenden Ball im *Casino Español* mit der *Sissi*-Choreographie absieht. Sie war bildschön in ihrem blauen Tüllkleid, den weißen *Primor*-Schuhen (die Schuhe, auf die die Mädchen zu ihrem fünfzehnten Geburtstag ein Anrecht hatten, es gab sie auf Zuteilungskarte in einem Spezialgeschäft, und sie waren sündhaft teuer, darum kaufte ich Eltern, die sie sich nicht leisten konnten, die Marken für ihre Töchter ab). Meine Tochter hatte sage und schreibe vier Paar *Primor*-Schuhe, den passenden seitlich geschlitzten Maxirock, feine Damenstrumpfhosen und zehn weitere Ausstattungen, darunter drei *Babydolls*. Sie wurde im Schönheitssalon *Kou Yam* geschminkt – sogar fürs Schminken mußte man extra reservieren und Zuteilungskarte und Personalausweis vorzeigen. Sie war eine Augenweide, hatte selbst aber kaum etwas von der ganzen Veranstaltung. Um neun Uhr abends schlief sie an einem Tisch ein, gleich nachdem sie mit Ivo den *Millionenwalzer* getanzt hatte. Ihre Freunde vergnügten sich allerdings wie wild. Das Fest an sich war ein rauschender Erfolg, eine wahre Pracht. Wir hatten dreihundertzweiundfünfzig Gäste. Die Feier hatte mich ein Vermögen gekostet, aber das war sie auch wert. Ich war so rundum glücklich, als wäre ich selbst gerade noch mal fünfzehn geworden. Denn so was muß man richtig machen oder es besser gleich lassen. Nehmen Sie nur mal das Geburtstagsfest von einer Klassenkameradin Reglitas in der Calle Lamparilla: Zur Musik des *Blauen Donau*-Walzers stürzte das alte Mietshaus ein, und die fünfzehn Paare mitsamt Torte und allem drum und dran landeten im ersten Stock. Das Gebäude war für unbewohnbar erklärt worden, aber die Mutter der Kleinen hatte es sich in den Kopf gesetzt, ihrer Tochter das Fest auszurichten, ohne jedoch genügend Geld auftreiben zu können, um einen Ballsaal zu mieten. Zu allem Überfluß schleusten sich in der Geburtstagsnacht noch mehr Leute ein, als eingeladen waren, und ihr Gewicht und ihr Gehopse brachten das alte, baufällige

Haus zum Einsturz. Ein Riesenschreck, denn einige trugen schwere Verletzungen davon, und eine Schwangere baumelte an einem Querbalken. Nur durch ein Wunder gebar sie nicht. Die Feuerwehrleute mußten eingreifen, kurz und gut, ein ungeheures Spektakel, ein unvergeßliches Ereignis, nicht nur für die Fünfzehnjährige.

Drei Tage nach ihrer Geburtstagsfeier verließ María Regla in aller Frühe das Haus und kam erst bei Einbruch der Nacht in Begleitung einer Freundin wieder. Sie hatte Ringe unter den Augen, war bleich, und an einer Vene am Arm begann sich ein blauer Fleck auszubreiten. Da wurde mir der Grund für ihre Müdigkeit klar. Sie war schwanger gewesen. Gerade hatte sie ihre erste Ausschabung hinter sich. Am Ende ihrer Kräfte, hängte sie sich an meinen Hals:

»Oje, Mama, Mamita!« Sie weinte, bis sie erschöpft in meinem Schoß niedersank. Ich kam mir wie der letzte Abschaum vor. Worin hatte meine Erziehung versagt? Warum hatte sie sich mir nicht anvertraut, warum schob sie mich ab, warum hielt sie mich von ihrem Leben fern? Immer ist es so gewesen. Immer ging sie fort, geht fort und wird wieder fortgehen. Es ist meine Schuld, ich habe es nicht verstanden, sie zurückzuhalten.

Sie studierte Journalismus. Von ihren Noten, von ihren Rückschlägen erfuhr ich nie etwas, ich wußte nur, daß sie so einige einstecken mußte. Das Studium in Kuba ist wie ein Pakt mit dem Teufel, und bei achtunddreißig Grad im Schatten kann man die haarsträubendsten Klauseln in den Vertrag einbauen. Und immer mußte sie ihren Mund aufreißen, Himmel noch mal, mußte widersprechen, und man brachte sie auf tausenderlei Arten zum Schweigen, so zum Beispiel durch das Versprechen, eine Kultursendung im Fernsehen gestalten zu dürfen oder als Star in NTV (dem *Nationalen Trug-Verbreiter*, dem staatlichen Nachrichtensender) groß herauszukommen.

Genau wie ihr Vater. Die beiden großen Lieben meines Lebens haben mich wie einen räudigen Hund verstoßen. Wenigstens kann ich immer auf die Puchunga und die Mechunga zählen, das sind treue Seelen. Und Katrinka, meine liebe, kleine Küchenschabe, leistet mir zu Hause Gesellschaft, und Mäuschen Pérez stellt sich für mich auf dem Markt und vorm Laden an. Ein Glück, daß sich das Fax und Yocandrita um mich kümmern und mir Aspirin und Diazepan schenken, und sogar die Fotokopiermaschine ist um meine Gesundheit besorgt, das mag zwar eine olle Klatschtante sein, aber im Grunde ist sie schwer in Ordnung. Wenigstens kann ich auf die alle zählen, denn Reglita ruft mich nicht mal an, um sich zu erkundigen, wie es mir geht, ob mein Blutzuckerspiegel gesunken ist, ob mich immer noch die Migräne plagt, ob ich meinen Blutdruck habe messen oder eine Zytodiagnose habe machen lassen. Nein, vom Knötchen in der Brust werde ich ihr bestimmt nichts erzählen. Soll sie doch sehen, was sie davon hat!

Katrinka-Terra-Cognita bügelt gerade ein Safarihemd von Mäuschen Pérez, ihrem Gatten, da klingelt das Telefon. Ich will rangehen, aber sie ist näher am Apparat und schneller und geschickter beim Abnehmen. Sie säuselt einen liebevollen Gruß ins Telefon, und ich weiß, daß sie mit meiner Tochter spricht. Sie reicht mir den schweren, schwarzen *Kellog*-Hörer; ich habe noch kaum: was ist, *Herzchen*, gesagt, da sprudelt sie schon wie aus der Pistole geschossen los:

»Mama, ich hab nen Haufen Arbeit, geht's dir gut? Vielleicht hab ich in den nächsten Tagen eine Überraschung für dich ... Wenn alles gutgeht, kannst du mich im Fernsehen sehen, auf Kanal sechs. Nein, Mama, auf dem zweier bringen sie doch nur Sport und Reden. Ja, ich erzähl's dir schon noch, wie das gekommen ist, aber nein, Herzchen, ich mußte mit niemandem dafür ins Bett steigen! Red doch nicht so'n Quatsch, einen dicken Kuß, tschüß.«

Ich zermartere mir die Neuronen mit der Frage, wozu die ganze Plackerei? Wozu immer kämpfen? Man schaue sich nur an, wie meine Mutter gestorben ist, mit einem Dildo zwischen den Beinen, den ihr eine Exschwägerin, eine Prostituierte, mit DHL aus Manila geschickt hatte. Ich kann so nicht weitermachen, mit dieser ewigen Litanei von Leid, bitterem wie süßem. Dabei wäre ich doch schon mit *Brot, Liebe und Cha-Cha-Cha* rundum zufrieden. Aber… ich kann nicht glücklich sein. So leicht es auch zu sein scheint.

Fünftes Kapitel

Ein Kubaner in New York

Halt die Ohren steif, Kubaner,
denn du bist nun in New York.
In dieses Land, da kam ich,
als ich mein Kuba verließ,
und sogleich verliebte ich mich
in ein Mädchen, auf das ich stieß.
Sie sagte zu mir: I don't know
speak to you, Kubaner.

von J. Aparicio und M. Sánchez,
gesungen von dem *Trío Oriental*

Nie habe ich sie wiedergesehen, nicht mal geschrieben habe ich ihr. Ich weiß, ich habe eine wunderschöne Tochter, allerdings mit linken Allüren. Ich bin der Vater einer roten unehelichen Tochter, die sich meiner schämt, weil sie ihr mit dem Märchen gekommen sind, ich sei ein Vaterlandsverräter. Da muß die Erziehung ihrer Mutter dran schuld sein, denn wer ist wohl sonst dafür verantwortlich? Natürlich, das ist ihre Rache. Aber wofür rächt sie sich, die Arme? Sie hat mich ja kaum richtig gekannt. Ich habe sie nicht mal ihrer Schwiegermutter, meiner Mutter, vorgestellt, möge sie in Frieden ruhen. Mein armes altes Mütterchen hat mich damals doch glatt per Brief angefleht, ich soll ihr sagen, ob es stimmt, was da in ihrem Viertel herumerzählt wird, nämlich daß ich ein schwangeres Mädchen zurückgelassen hätte. Meine Antwort war immer die gleiche: Nee, Mama, ist doch nur Klatsch aus der Nachbarschaft, die wollen mich nur noch tiefer reinreiten und dir einen Schreck einjagen. Dabei hat sie mehr Nachforschungen angestellt als Holmes und Watson, Lestrade, Poirot, Jessica, Derrick, Colombo, der Alte und Navarro zusammen, aber zum Glück hat sie die Adresse in Havanna nie herausgefunden, denn meine alte Dame mußte nach Matanzas umziehen. Nach meinem Abtauchen mußte sie natürlich Wohnung, Viertel und Provinz wechseln. Die haben sie tüchtig durch den Fleischwolf gedreht mit der Leier, daß ihr Sohn ein Vaterlandsverräter ist, und all dem Blabla.

Meine alte Mutter, Gott hab sie selig, hat am selben Tag das Zeitliche gesegnet, an dem meine Tochter fünf Jahre alt geworden ist. Hat's also nicht mehr lange gemacht, das ging ruck, zuck, so schnell, wie die Süßigkeiten am Stand vor der Schule weggehen. Sie hat es ohne mich nicht ausgehalten. Nach Aussagen von Bekannten, die tröpfchenweise von dort kommen – die sind alle politische Gefangene und werden nicht mir nichts, dir nichts auf freien Fuß gesetzt –, soll sie schrecklich gelitten haben, denn es war ein Martyrium für sie, von mir getrennt zu leben. Ich war doch ihr einziger Sohn, zwar auf Privatschulen erzogen, aber letzten Endes doch ein Leichtfuß, ein Windhund. Als Papa ins Krankenhaus eingeliefert wurde, hatte ich schon so eine Vorahnung, so eine Beklemmung hier in der Brust, und ich dachte, daß er von da direkt zum Friedhof wandern würde, und so ist es dann auch gewesen. Nach dem Begräbnis sagte ich mir, so, jetzt bin ich an der Reihe, soll doch die Großmutter Rechtsanwalt werden, mit mir braucht ihr nicht zu rechnen. Und ich pfiff auf alles, was mein Vater im Schweiße seines Angesichts verdient hatte, um meine Zukunft zu sichern – was in Wirklichkeit nicht viel war –, und schlug die entgegengesetzte Laufbahn ein, die mir bei weitem mehr lag: Zuerst wandte ich mich den Räuberbanden und ihren schmutzigen Geschäften zu und schließlich der Mafia. Und so habe ich mich durchgeschlagen, ich kann mich nicht beklagen. Ich bin zufrieden mit dem, was ich erreicht habe. Ich kann mich zu den Kubanern zählen, die's geschafft, die triumphiert haben. Und zwar hier, im Mekka des Triumphs. War beileibe kein Zuckerschlecken, ich mußte mich wie ein Wilder abstrampeln, aber der Kubaner arbeitet gerne, vorausgesetzt natürlich, der Zaster stimmt. Das mit den faulen Kubanern, das betrifft nur die drüben und auch nur jetzt, denn hier gab's schon immer Kubaner, die sich abgeschuftet haben. Man darf nicht vergessen, daß wir, Verzeihung, ich meine, die aufopfernden, fleißigen Kubaner, Miami aufgebaut haben, denn da war früher nichts als Gestrüpp, und wir haben in die Hände gespuckt und einen Ausbund an Pracht errichtet, eben Miami, die Hauptstadt des Tratsches, die über Anwesende und Abwesende gleichermaßen herzieht.

Kaum hatte ich einen Fuß in dieses Land gesetzt, da hatte ich schon prima Anschluß gefunden. Logisch, ich hatte ja auch hervorragende Empfehlungen von den alten Kumpeln aus dem *Capri*. Außerdem hatte mein Chef von drüben vor mir ausreisen können. Ein merkwürdiger alter Kauz, lebt immer noch, obwohl er schon über tausend Jahre alt ist, aber er hat eine eiserne Gesundheit. So einen zähen Alten wie ihn gibt's nur zweimal. Aber der andere, der befindet sich zum Glück jenseits der neunzig Seemeilen. Der bei mir hat versichert, daß er nicht abkratzen wird, bevor ich ihm nicht den verdammten Schein zurückgebe. Wie konnte ich nur auf diese unglückselige Idee verfallen, ihn bei ihr zu verstecken, warum habe ich ihn bloß nicht mitgenommen? Ich habe mir eben vor Angst in die Hosen geschissen, ich glaubte, sie würden noch mißtrauischer werden, wenn sie mich nicht mit einem ganzen Koffer voll Dollarscheinen, sondern mit nur einem Schein schnappen würden. Und außerdem war ich wie alle davon überzeugt, daß der ganze Spuk dort nicht lange dauern und ich zu ihr zurückkehren würde und zu dem Schein, versteht sich. Und dieser schwachsinnige Alte macht mir nun seit sechsunddreißig Jahren tagaus, tagein die Hölle heiß, liegt mir mit diesem verdammten Lappen in den Ohren und setzt mich unter Druck, daß es schlimmer nicht mehr geht. Wegen dieser blöden Scherei habe ich nicht weiter aufsteigen, festeren Fuß im Geschäft fassen und noch mehr Erfolg als jetzt haben können; daran ist nur dieser alte Hurensohn schuld, der immer meine Loyalität in Frage stellt und mich vor allen anderen Kumpeln aus unserem Verein blamiert, indem er sie warnt, man könne mir nicht trauen, weil mir vor sechsunddreißig Jahren mal so ein Dollar abhanden gekommen ist. So ein Theater wegen eines einzigen Scheißdollars. Es stimmt schon, als er ihn mir, an einem Zigarettenstummel saugend, in die Hand legte, hat er mir eingeschärft:

»Hüte ihn wie einen Goldschatz. Von ihm hängt unsere Zukunft ab.«

Ungefähr die gleichen Worte habe ich dann ihr gegenüber benutzt, sie solle ihn wie einen Goldschatz hüten, davon würde unser Schicksal abhängen. Ich habe ihn ihr gegeben, weil ich umkam vor Schiß, vor Panik; wenn sie mich mit einer Ein-Dollar-Note schnappen würden, könnten sie das für einen Code halten und glauben, ich würde damit irgendwelche militärischen, wirtschaftlichen Geheimnisse rausschmuggeln. Deshalb ließ ich ihn bei ihr, denn ich dachte, das alles würde nicht lange dauern. Als ich dann ohne einen Pfifferling hier an Land ging, suchten mich zwar viele wegen des Scheinchens, wie ich später erfuhr, aber der erste, der mich an meinem Aufenthaltsort aufstöberte, war der Alte. Er ist schon immer der Beste, Gründlichste und Flotteste gewesen, der immer schon mit dem ersten Schnellzug um halb sieben eintrifft. Und natürlich wollte er nicht etwa wissen, wie es mir so gehe und wie denn die Reise gewesen sei oder ob ich vielleicht Hunger habe, sondern er schleuderte mir gleich die Frage ins Gesicht:

»Und der Schein?«

Hätte ich gewußt, daß ihm meine Antwort so mißfallen würde, hätte ich bestimmt keinen Piep gesagt oder irgendeine Geschichte erfunden, etwa daß sie ihn mir am Flughafen abgenommen hätten, egal was, irgendeine Antwort, bei der man sich zumindest für zehn Sekunden mit heiler Visage aus der Affäre ziehen kann:

»Was für ein Schein?« Tatsächlich hatte ich ihn über meiner aufregenden Schiffsreise beinahe vergessen.

Pitsch, patsch! Sein Privatsekretär verpaßte mir zwei Backpfeifen, nach denen ich mich wie der Kater Sylvester fühlte, der Tweety verspeisen will und den die halbblinde Alte mitten im Satz schnappt, ich verdrehte die Augen und sah nur noch Sternchen. Dann erst kam die übliche Befragung, sie dauerte ganze Wochen, bis sie sich schließlich geschlagen gaben, auch wenn sie es sich nicht aus dem Kopf schlagen konnten, daß der Schein in Wirklichkeit nicht mehr drüben war, im Vedado, in der Wohnung einer verflossenen Verlobten oder Geliebten oder Frau. Ja, Frau, denn ich habe eine Tochter mit ihr; und außerdem glaube ich, daß sie die einzige war, bei der ich mal richtig abschalten konnte, wenn wir uns eine Woche einschlossen und wie schwerverwundete Raubtiere, wie die Affen vögelten. Nein, wir vögelten wie menschliche Wesen, wie Kubaner eben. Ich glaube, ich habe sie geliebt. Nein, ich glaube nicht nur, ich habe sie geliebt. Natürlich war ich ganz erbärmlich in sie vernarrt. Bis an mein Lebensende werde ich nicht wissen, warum ich diese Frau so sehr geliebt habe. Sie war hübsch, rassig, wirklich zum Anbeißen. Bei unserer zweiten Begegnung habe ich sie vernascht. Es ist wahr, daß acht Jahre zwischen den beiden Treffen vergangen waren, und sie zählte nicht mehr jene sechzehn Lenze, aber sie war ein anständiges Mädchen, noch niemand hatte sie vor mir angefaßt. Sie war in jeder Hinsicht neuwertig. Ich war der erste bei ihr. Sie hat mir nie erzählt, warum sie ihre Jungfräulichkeit an niemand anderen vor mir verloren hatte. Sie hat es mir nie erzählt, allerdings habe ich sie auch nie danach gefragt.

Ich hab dem blöden Alten fünfhunderttausendmal auseinandergesetzt, wer den Schein aufbewahrt und wo, aber glauben wollte er mir nie so recht. Er hat den Verdacht, jemand anders ist ihm zuvorgekommen und hat mir mit noch schlagkräftigeren Argumenten den Dollar entrissen und mir einen Batzen Moos gezahlt, damit ich nicht auspacke. Das muß aber schon ein gewaltiger Betrag gewesen sein, damit ich all die Schläge, den ständigen Druck, mein versautes Privatleben auf mich nehme.

Kurz und gut, der Alte hat mich heute zu einer Unterredung herzitiert, und bestimmt möchte er wieder mal im Misthaufen seiner fixen Idee herumstochern. Ich schneid mir glatt die Kehle durch, und zwar mit einer Gillette, wenn wir nicht wieder unser Lieblingsthema durchexerzieren: den Dollar.

Wie gewöhnlich haben wir uns im Central Park verabredet, neben der Statue in der Mitte, der des Vorkämpfers aller amerikanischen Vorkämpfer, José Martí nämlich. Es ist ein ganz profanes Reiterstandbild, ich weiß nicht, warum zum Teufel es mich dazu bewegt, mich auf den eisigen Stein zu seinen Füßen zu setzen, die Beine baumeln und meine Tränen auf das protzige Leder meiner englischen Schuhe hinabregnen zu lassen. Ich atme tief ein, und der Gestank nach Pisse und Exkrementen öffnet zusammen mit der Winterkälte meine Nasenlöcher. Ich erinnere mich noch daran, wie die amerikanischen Marines mal die Martí-Statue im Parque Central, drüben in Havanna, angepinkelt und entweiht haben – das war vielleicht ein Skandal, es gab diplomatische Proteste und eine Riesenempörung, national und international, und alles nur wegen zweier primitiver, zugekiffter Marines, die in ihrem Rausch bestimmt nicht mal wußten, wer verdammt noch mal der *Mister* da oben auf der Statue überhaupt war. Nach den Flecken im Marmor und dem Gestank nach Scheiße und Pisse zu schließen, heben hier nicht nur die Hunde ihr Bein, sondern jeder scheint sich hier nicht etwa des Staubs der Straße entledigen zu wollen, sondern seines entweihenden Wassers und seines Teufelskots. Nicht etwa aus Lust an der Schändung, sondern einfach, weil es hier keine öffentlichen Pissoirs gibt. Man kann ja wohl schlecht einen Türsteher vom *Plaza* bitten, seinen körperlichen Bedürfnissen in einer ihrer Luxustoiletten nachgehen zu dürfen. Meine Blase hat schon die Maße eines Zeppelins erreicht, und ich sitze hier immer noch und warte auf den wahnsinnigen Alten, außerdem wird mir ganz schwermütig ums Herz, wenn ich den ritterlichen Martí sehe, den jede Taube vollscheißt und jeder Heini vollpinkelt, und er schaut dabei immer so ernst, ganz Dichter, ganz Held, mit seiner würdigen, breiten Stirn und seinem Gesicht, in dem geschrieben steht, ich hab mir nichts zuschulden kommen lassen, hab keinen Teller zerdeppert, und dabei hat er das ganze Geschirr auf dem Gewissen, hatte eine Leidenschaft für Gin, war ein Weiberheld sondergleichen und hatte sogar seine Finger und Lungen am Haschisch, denn dieses Gedicht hat er wohl kaum beim Zuckerrohrschneiden geschrieben, Sie brauchen nur den Schluß nachlesen, wo es heißt: *Haschisch meines Schmerzes, komm zu meinem Mund!* Das ging drunter und drüber bei ihm, und schauen Sie sich erst Martís Enkel an, César Romero, der war doch glatt ein Hollywood-Schauspieler. Im ersten *Batman* hat er den Joker gespielt, und ich bin sicher, daß unser Freiheitsapostel ungemein stolz auf ihn gewesen wäre. Und sein Sohn, der Ismaelillo, der da drüben in Havanna das glorreiche Lied auf Martí unter der Dusche immer so sang: *Papa hätte nicht sterben dürfen, o weh, nicht sterben dürfen.* Und da soll mir einer erzählen, unser Nationalheld wäre etwa nicht vor Lachen vom

Stuhl gefallen, wenn er diese Anekdote gehört hätte. Helden sind doch in erster Linie mal Menschen wie du und ich.

Hier herrscht eine wahre Iglukälte, aber der Alte besteht auf diesem Scheißtreffpunkt unter freiem Himmel, aus Sicherheitsgründen, wie er meint. Er denkt immer noch, wir hätten die Mafia der vierziger Jahre. Könnte mich ruhig in *Victor's Café* einladen, aber der sitzt ja auf seinen Moneten, der muß schon Schwielen am Hintern haben, schlimmer als ein Wall-Street-Banker! Mann, der geht mir vielleicht auf die Eier. Scheiße noch mal, der will und will nicht auftauchen, und ich frier mir hier einen ab, nachher werd ich noch so steif wie der arme Martí, bloß ohne Pferd. Alle werden ihr Bein an mir heben. *Piep, piep, piep, piep.* Das Handy. Der Alte fordert mich herrisch auf, ihn zurückzurufen, und zwar in einem Spanisch, das wörtlich aus dem Englischen rückübersetzt ist: *Call me back.* Ich wähle die Nummer, er ist unterwegs, es wird noch zehn oder fünfzehn Minuten dauern, denn er hat gerade ne Kleine aufgegabelt, ein echtes Sahnebonbon. Bestimmt wieder so eine mit Bulimie. Das ist seine Schwäche, sein Verderben, die Mädchen mit Bulimie. Meine Frau und meine Tochter leiden auch an Bulimie. Das ist bei den Frauen gerade Mode, *chic*, so wie früher die Tuberkulose. Stellen Sie sich nur Marguerite Gautier als Bulimikerin vor, wäre komisch, nicht? Wenn man sich heutzutage als Frau nicht ne ordentliche Bulimie anschafft, ist man schon untendurch. Man wird einfach nicht akzeptiert. Das hat angefangen, als Jane Fonda unbedingt gestehen mußte, daß sie an Bulimie leide, eine tolle Sensation für CNN. Jedenfalls lebe ich mit zwei Gespenstern, zwei vergnügungssüchtigen Klappergestellen, die am laufenden Band fressen und kotzen. Ich habe ein Extrabadezimmer einbauen lassen, mit Klokabinen und einer Art Waschbecken mit passendem Loch für das Erbrochene. Damit es keine Verstopfungen gibt; an der Tür habe ich ein Warnschild angebracht: Vomitorium. Wer hier eintritt, lasse alle Nahrung fahren. Wenn man das Erbrochene wiederaufbereiten könnte, könnt ich glatt ein Restaurant aufmachen, das zweihundert Gäste faßt. Die Freundinnen meiner Frau und meiner Tochter sind grün vor Neid geworden, und es gab keine, die sich nicht ihr eigenes Vomitorium neben dem Swimmingpool errichtet hätte. Wir leben eben in der Ära des Erbrechens. Wer sich nicht übergibt, wird als dreckiger, ekliger Fettwanst abgestempelt und kann sich jeglichen Triumph im Leben in den Hintern stecken und von Hollywood nicht mal zu träumen wagen, so lange, bis es wieder Filme und Oscars gibt, die ihr Herz für Füllige entdecken, ohne jeglichen Rassismus gegenüber Butter oder Öl, also ohne Diskriminierung von Produkten. Obwohl es in diesem Land nur so von unförmigen Fettwänsten wimmelt, kümmert sich keiner von ihnen um seine Rechte, geschweige denn um seine Linke. Jedenfalls lohnt es sich nicht, auch nur eine Minute länger darüber nachzudenken. Jedoch beunruhigt mich, wie sehr die Psychosen um sich greifen. Sowohl meine Frau als auch meine Tochter leiden unter schweren Depressionen, sie sind wild entschlossen, schwerwiegende Persönlichkeitsprobleme zu haben, der Psychoanalytiker hat natürlich erst nach mir herausgefunden, was ihnen fehlt: Sie wollen nicht sie selbst sein. Sie wollen alles mögliche sein, bloß nicht sie selbst. Was weiß ich, Pamela Anderson, Sharon Stone, Madonna … Am liebsten würden sie sich in eine Sekte einschreiben, zu den Mormonen gehen oder zu Scientology, unentwegt lesen sie erbauliche Broschüren, die neue Wege zur Selbstfindung oder zum Erfolg weisen. Meine Frau ist auch Kubanerin, aber das weiß niemand hier. Sie gibt sich als Amerikanerin aus, in den Vereinigten Staaten geboren. Sie will nichts mehr von drüben wissen. Nichts, rein gar nichts. Vorher, ich meine, in Kuba, hatte ich keinerlei Kontakt mit ihr. Obwohl das leicht möglich gewesen wäre, denn ich kannte ihren Bruder.

Ihr Bruder war in der letzten Zeit drüben ein enger Kumpel von mir gewesen. Der war schwer in Ordnung, ehrlich, ein wirklich anständiger Kerl, geradeheraus. Jemand hat ihn mir eines Nachts im *Montmartre* vorgestellt; er war verzweifelt, ach was, halb wahnsinnig, denn ein Vetter von ihm war verhaftet worden, weil er angeblich politischen Unfug angestellt hatte. Er kam auf Empfehlung eines anderen Freundes zu mir, dem ich noch einen Gefallen schuldete. Er bat dringend um Hilfe, ich sollte den Vetter aus dem Gefängnis holen, bevor sie ihn in der Versenkung verschwinden ließen und er eines Morgens in der Gosse auftauchen würde, an seinen eigenen Eiern erstickt. Er wußte von meinen politischen Beziehungen wegen meiner Public-Relations-Arbeit, in Anführungszeichen, im Nachtklub. Ich eiste den Jungen los, sie hatten ihm mit Fausthieben die Visage demoliert und ihm die Nägel von Händen und Füßen fein säuberlich in einem Schächtelchen zurückgegeben. Ich habe ihn rausgeholt und es nicht bereut: Ich tat es, weil der Typ mir aufrichtig erschien, mir sympathisch war, ein feiner Kerl. Aber ich habe nie den Gesamtzusammenhang aus den Augen verloren: Dieser kleine Vetter da war einer von den Revolutionären, die sich wie ganz besonders Hundertprozentige aufführten, aber eigentlich recht gerissene Kerle waren, Unruhestifter, die sich wichtig machten, vielleicht sogar mit den besten Absichten.

Luis, der Bruder meiner Frau – wovon ich damals natürlich noch nichts ahnte –, besuchte mich mehrmals, und wir wurden dicke Freunde. Eine Nachtklubbekanntschaft eben. Von der Angelegenheit mit der Polizeistation war nicht mehr die Rede. Eines Nachts kam er mit einer anderen Geschichte an, er müsse Medikamente verstecken, nur für ein paar Tage, bis er die Person gefunden hatte, die sie in die Berge bringen sollte, und ich versteckte sie in Carucas Wohnung. Und später dann kam das mit den Armbinden, und auch da habe ich ihm den Gefallen getan. Und so habe ich weiterhin zu einer Sache beigetragen, die mich nicht im geringsten berührte. Oder doch, sie berührte mich schon, denn sie schadete denen, die wie ich mit Haut und Haaren dem Geld verfallen waren, aber ich habe trotzdem weitergemacht, weiß nicht, warum. Doch, ich weiß es schon, nämlich aus Freundschaft, denn wenn ich einen Vorzug habe, dann meine Treue zu den Freunden. Und einen guten Riecher hatte ich außerdem: Sofort hatte ich den Verdacht, daß auch sie ganz im Bann der Moneten, des *money*, standen.

Einmal gingen Luis und ich in der Morgendämmerung durch die Säulengänge beim Gómez-Block, wir kamen gerade aus dem Stundenhotel in der Tejadillo, von zwei inzwischen völlig entkräfteten Wahnsinnshuren, die wie Tibetanerinnen aussahen und über die wir mit Zunge und Zähnen und einem Bärenhunger hergefallen waren. Sie dufteten nach Patschuli und Vanille, hatten Räucherstäbchen angezündet und trugen chinesische Seidenkimonos und asiatische Frisuren, verabreichten uns himmlische Prostatamassagen und gaben uns erlesene Demonstrationen ihrer unglaublichen plurisexuellen Fähigkeiten. Sie nannten sich Geishas und hatten das Shanghai-Theater verlassen, um ein eigenes Geschäft aufzuziehen, das sie mit unübertrefflicher Professionalität am Laufen hielten. Auf der Höhe der Apotheke mit dem riesigen Aquarium im Schaufenster hörten wir Reifenquietschen von einem Auto, das in Höchstgeschwindigkeit um die Ecke fegte. Alles lief blitzschnell ab; das Auto hielt nicht weit von uns, eine Hand mit einem Maschinengewehr ließ zwei Garben los. Bei der ersten warf ich mich sofort auf den Boden und tat so, als wäre ich tot oder schwer verwundet. Alle Kugeln trafen den Körper von Luis, denn der befand sich am äußeren Rand des Bürgersteigs. Sein Gehirn zerplatzte und spritzte mir in Augen und Mund. Das Aquarium zerbarst bei der zweiten Garbe in tausend Stücke, das Wasser schwemmte Blut über meine Haut, und die Fische sprangen über mich hinweg und versuchten verzweifelt zu schwimmen. Meine Haut brannte, die Glassplitter waren mir in Gesicht, Arme, Rücken und Beine gedrungen...

Schon immer ist meine Arbeit eine besonders heikle Angelegenheit gewesen, und so mußte ich nach dem Vorfall sofort verschwinden und Luis' Leichnam seinem Schicksal überlassen. Aber das hinderte mich nicht daran, meine eigenen Nachforschungen anzustellen. Offensichtlich war er nicht von der Polizei ermordet worden, nichts schien darauf hinzudeuten, daß die Mafia ihre dreckigen Finger im Spiel hatte, mit mir hatte es also nichts zu tun. Das Verbrechen wurde niemals aufgeklärt. Seine Schwester – meine Frau – vermutet, daß ihn seine eigenen Kumpel auf dem Gewissen haben, denn als sie sahen, daß wir so dicke Freunde waren, glaubten sie wohl, ihm sei wegen seiner Verbindung zur Mafia, das heißt zu mir, nicht mehr zu trauen... Ich weiß nicht, ich glaube nicht so recht an diese Version, aber damit kann sie jedenfalls mir die Schuld in die Schuhe schieben. Genau das will sie letzten Endes erreichen, denn ihr toter Bruder interessiert sie schon lange nicht mehr. Als ich damals das Land verlassen mußte, war es allerdings der Vetter, den ich aus der Folterkammer gerettet hatte, welcher mir zu der Milizuniform verhalf. So bizarre Wege geht das Leben. Anscheinend war auch ihm nicht klar, wer Luis getötet hatte, oder er wollte es einfach nicht wissen, um sich nicht noch mehr reinzureiten und sich seinem Gewissen und den anderen gegenüber nicht doppelt zu kompromittieren.

Ich habe schon Hunderte auf die ungeheuerlichste Weise über die Klinge springen sehen, einfach so, und zwar aus nächster Nähe, allerdings war in allen Fällen ein triftiger Grund vorhanden gewesen. Bei allen waren unglaubliche Geldsummen im Spiel, Summen, die ich mir nicht mal vorstellen kann.

In meinem Milieu besaßen diese Verbrechen ihre Logik. Aber Luis' Ermordung hatte für mich weder Hand noch Fuß. Ob ich mich gerade deshalb aufs Bombenlegen verlegt und in einen Terroristen verwandelt habe? Ein Kino zu sprengen oder anzuzünden war letzten Endes ein Kinderspiel. Allerdings ein blödsinniges, gefährliches Spiel. Ich bin nie den Verdacht losgeworden, daß sie selbst es waren, die Luis durchlöchert haben. Die und niemand sonst.

Meine Frau habe ich kurz nach ihrer Ankunft in New York kennengelernt. Nur zwei Monaten später spazierte sie schon die Fifth Avenue entlang, als wäre sie da geboren und aufgewachsen. Aber wie sie mit ihrem Vorder- und Hinterteil jonglierte, wie ein wandelnder Wackelpudding, das war nichts Hiesiges, stammte nicht von hier. Sie war mir gleich unter Hunderten von Menschen aufgefallen, die, einer verrückt gewordenen Schafherde gleich, wie hypnotisiert und außer Rand und Band versuchten, die Straße zu überqueren. Ich verfiel umgehend diesem *nicht für dich, nicht für mich, auch für alle anderen nicht,* diesem Rumba-Rhythmus, mit dem die Pobacken und Bällchen wie ein Perpetuum mobile zu schwingen wissen, um das männliche Ödipus-Trauma immer wieder neu zu entfachen. Das Bild meiner seligen Mamita, wie sie splitterfasernackt vor dem Toilettentischspiegel einen Mambo tanzt, schoß mir in Kopf und Weichteile. Und eine Mutter ist immerhin eine Mutter! Aber ein kubanischer Hintern ist eben auch ein kubanischer Hintern, egal wo, auch wenn er sich im Gedränge vor Hunderten von Ampeln mit den Leuchtanzeigen *walk* und *don't walk* hartnäckig zu verstecken versucht. Da mein Englisch damals noch mehr als holprig war, beschloß ich, einen spanischen Vorstoß zu wagen:

»Hör mal, du bist doch Kubanerin, gib's ruhig zu«, quatschte ich sie beim Eingang des Empire an.

»*I don't know speak to you*, Kubaner.«

Der Haß in ihrem Blick verflog schnell. Denn wir wußten gleich, wo wir herkamen, und brachen in Lachen aus. Wir liefen uns oft am Nachmittag über den Weg, ich lud sie dann immer ins Village zum Eisessen ein. Das war die Zeit, in der wir noch gemeinsam lachten, denn sie erklärte mir mit allen Details, wie die Friseuse in der achtundzwanzigsten Straße, im Vedado, ihr einen künstlichen Dutt von zirka einem Meter Höhe verpaßt hatte, damit sie den gesamten Familienschmuck außer Landes schmuggeln konnte. Sie sprach von ihrem Bruder zunächst so, als wäre er noch am Leben, und auch von ihrem Vetter, der in Havanna geblieben war und einen guten Posten in der Regierung hatte.

Als sie schließlich den tragischen Tod ihres Bruders erwähnte, durchfuhr mich der Gedanke, daß sie Luis meinen könnte. Und genauso war es auch. Vom Fleck weg wollte ich sie heiraten, denn ich hatte das Gefühl, meinem Freund noch etwas schuldig zu sein, und hielt es für eine gute Tat, seine Schwester zu ehelichen. Mir schien, Gott hätte mir aus einem geheimnisvollen Grund dieses Mädchen über den Weg laufen lassen. Außerdem hatte sie gewaltig was los. Ihr Gang à la *das Zuckerrohr, das schlag ich nicht, das kann der Wind schon lang,* oder *unsere Lola mit ihrem Wiegegang* machte mich fix und fertig, ich war ein Fall für die Intensivstation. Nicht daß ich Cuquita vergessen hätte, beileibe nicht. Aber es waren inzwischen drei Monate, nein, drei Jahre vergangen, und es wurde nichts aus dem Niedergang dieser neuen kommunistischen Gesellschaft da. Wegen meiner schmutzigen Geschäfte hatte man mir empfohlen, so wenig Briefe wie möglich heimwärts zu schicken. An meine Mutter schrieb ich immer unter anderem Namen und falscher Adresse, sporadisch und in ungleichmäßigen Abständen. Ich war mir nicht sicher, ob Caruquita das mit meiner mehrfachen Identität durchblickt hätte. Außerdem bin ich noch nie ein Mann vieler Worte gewesen, und schon gar nicht vieler Briefe. Und Illusionen nähre ich auch nicht gerne. Es hat eben nicht sein sollen, und basta! Man soll nicht extra in der Wunde bohren. Aber ein Dorn im Herzen ist Cuca Martínez schon und ebenso meine spröde Revoluzzertochter, die ich gar nicht kenne. So schnell werden diese Wunden bestimmt nicht verheilen. Und das will ich auch gar nicht.

Immer noch kein Lebenszeichen vom Alten. Aber was habe ich überhaupt für ein Interesse daran? Gar keins. Seinen Namen in der Morgenzeitung unter den Todesanzeigen oder auf dem Aushängeschild irgendeines Begräbnisinstituts zu lesen, das würde mir so wohlig runtergehen wie jetzt ein guter Schluck Whisky. Ich hole mir hier noch den Tod weg, kaum habe ich eine Grippe hinter mir, bekomme ich schon die nächste. Immer, wenn ich mich gerade von einer erholt habe, ruft der Alte wieder an und bestellt mich zum üblichen Ort. Ah, da kommt wieder mal Madonna in Begleitung ihrer Gorillas, mit denen soll sie ja vögeln. Na gut, wir hatten auch unsere Madonna, die Martha Sánchez Abreu, die sich mit den Schimpansen ihrer *Quinta de los Monos*, der Affenvilla, vergnügt hat. Ihr Landgut steht immer noch und heißt auch noch genauso. Das hat mir ein Sizilianer erzählt, der in Kuba investieren möchte und sich das Riesenhaus angeschaut hat, um zu sehen, ob es ihm als zukünftige Niederlassung dienen könnte, momentan würden sie es als Film-Set benützen und für Dollar an spanische und französische Fernsehsender vermieten, für Historienschinken, und dazu noch falsche, à la *Terre indigo*, der zur Zeit dort gedreht wird und wo sich mitten in den zwanziger Jahren Indios in Kuba tummeln, die auch noch *yoruba* sprechen und zu allem Überfluß so einen stilisierten Plastikpapagei auf der Schulter tragen. Diese sogenannten Flur- und Kulturfilme werden dann auf Überseeflügen gezeigt, und zwar nur, damit die Leute beim Abheben und beim Landen tüchtig gähnen und ihre Ohren vom Druck befreien. Also, um auf

Martha Abreu zurückzukommen, die hat wirklich echte Affen gesammelt, und böse Zungen behaupten, sie hätte sogar richtig mit ihnen zusammengelebt. Sie war übrigens Rosalías Tante, der Lilita, der Fremden aus dem Gedicht von Saint-John Perse. Ich bin nicht gebildet, nur gut informiert. Madonna kommt jetzt schon zirka zum zehnten Mal vorbei, halbnackt, und absolviert ihr Training, und das bei dieser Affenkälte. Wenn ich meiner Tochter erzähle, daß mir Madonna über den Weg gelaufen ist, dann vergiftet die mich glatt, weil ich sie ihr nicht gekauft habe.

Na, endlich taucht das Limousinenungetüm des Alten auf. Zu der Szene fehlt jetzt nur noch die passende Hintergrundmusik, nur keine Sorge, Coppola hat das schon besser hingekriegt als wir. Aber jedenfalls Musikbegleitung à la *Der Pate* muß her:

Speak softly love, and hold me warm against your heart, lala, lala …

Wenn Sie denken, der Alte würde aus seinem Wagen steigen und zu mir rüberkommen, dann haben Sie sich aber gewaltig geschnitten. Das ist nicht sein Stil. Ich muß mir hier – nach dem Gesetz der Hierarchie – die Hacken ablaufen, meine Eisbeine brechen, die wie zwei Eissäulen des Winterpalasts sind, und zwar schneller als Carl Lewis, nein, nicht Carl Lewis, der soll ja ne Tunte sein, besser Michael Johnson, den voraussichtlichen Sieger von Atlanta; ich bewege mich also auf die halbgeöffnete Tür zu, schlüpfe hinein und berühre nur leicht seine dürre, runzlige Hand mit den Lippen, und schon tupft der Sekretär mit einem alkoholgetränkten Wattebausch die Stelle ab, die ich angeblich mit dem Gifthauch meines widerlichen Munds verunreinigt habe. Immer übertrieben vorsichtig. Ich strecke die Beine aus und trete unabsichtlich das bulimische Flittchen, das dunkelvioletten Schaum geifert und spuckt und wie ein Huhn zuckt, dem man mit einer Zange den Hals umgedreht hat.

»Keine Sorge, ist nichts weiter, wir haben uns nur im Tütchen geirrt«, erklärt der Alte.

Ein Tütchen Koks meint er damit. Und ohne weitere Vorreden erläutert er mir, hastig ratternd wie ein Maschinengewehr:

»Es ist soweit. Wir haben den Fall eingehend studiert. Jetzt ist der richtige Augenblick. *Sie* selbst haben sich gemeldet, sie brauchen uns. Du fliegst mit dem nächsten Flugzeug. Da ist dein Reisepaß. Dein Beglaubigungsschreiben. Deine Geschäfte sind astrein. Sowohl was uns als auch was sie angeht.«

»Wer sind *sie*, wohin werde ich geschickt?«

»Du sollst den Schein holen. *Sie* sind *sie*. Die von *drüben*. Sie erwarten dich, du wirst einen ordentlichen Empfang bekommen. Dafür verlangen sie eine Beteiligung, aber das laß mal meine Sache sein. Mit *denen* setze ich mich auseinander.«

»Himmel, immer noch dieser Scheißdollar.«

»Du Schwachkopf. Die Seriennummer enthält die Nummer unseres größten Bankkontos in der Schweiz. Seit sechsunddreißig Jahren kommen wir da nicht dran, denn die neun Goldfäden, die im Schein mit eingewirkt sind, haben alle eine andere Karatzahl und stellen den Code dar, den man für die Benützung des Kontos braucht. Ich muß wohl nicht erst erklären, warum wir dich nach demokratischer Abstimmung für diese Mission auserkoren haben. Entweder du kommst mit dem Schein zurück, oder ich gebe dir den gesunden Rat, überhaupt nicht mehr hier aufzutauchen. Deiner Familie wird es an nichts fehlen ...«, er lachte sarkastisch, »du weißt ja, an Gräbern herrscht kein Mangel. Ich habe überaus wichtige Kontakte geknüpft ... *Sie* erwarten dich.«

»Wer *sie*?«

Da wendet er sich zu mir um, außer sich vor Wut, ich kann

nicht unterscheiden, ob er wild herumfuchtelt oder ob das nervöse Zucken seiner Hände nur von der Wut zeugt, die er durch seine Parkinsonsche Krankheit schlecht unterdrücken kann:

»Fast fünfzig Jahre bist du nun schon bei der Familie und hast immer noch nicht kapiert, daß man *sie* aus Sicherheitsgründen nie beim Namen nennt! Ich geb dir eins auf den Deckel, du hirnloses Stück Scheiße! Diskretion ist ja wohl das mindeste, verflucht noch mal, wenn wir den Dollar wiederkriegen wollen! Und mehr interessiert mich in Wirklichkeit nicht! Wir müssen uns modernisieren und haben nicht die Mittel. Wir können so nicht weitermachen, in diesem Mafia-Aufzug aus den Vierzigern. Entweder wir gehen ins Internet wie der Subcomandante Marcos – sogar der hat schon seine Homepage und ist auf CD-ROM zu haben, Régis Debray selbst hat mit den besten Absichten die Geräte dafür gespendet –, oder wir können uns gleich einmotten lassen; und die Datenautobahn kostet Geld, zum Teufel! Ach, das gibt mir einen Stich ins Herz, ich werde noch ganz nostalgisch.«

Nicht einmal ein Stechen in der Brust ist für ihn ein Signal, daß er morgen an einem Infarkt sterben könnte, er hat aus seinem Denken jegliche Vorstellung physischen Hinscheidens verbannt. Wenn er sich schlecht fühlt oder ihm was weh tut, muß das gleich was mit seinen edlen Gefühlen, seiner großzügigen Seele zu tun haben, nur damit er dann ein noch verbissenerer und ekelhafterer Hurensohn werden kann. Mann, der hält sich für unsterblicher als Gott. Aber wem zum Teufel will er den Bären aufbinden, daß er, senil, wie er ist, jetzt die Informatik für sich entdeckt hat? Da ist doch was im Busch. Jedenfalls habe ich keine Wahl. Meiner Familie wurde schon gesagt, ich müsse in dringender humanitärer Mission nach Kenia. Mit Hilfe der plastischen Chirurgie haben sie mir eben innerhalb von fünfzehn Minuten ein anderes Gesicht verpaßt – die Technik macht's möglich. In weiteren fünf Minuten sind die Narben verheilt. Der medizinische Fortschritt ist nicht zu fassen. Als Gepäck bekomme ich unter anderem ein versiegeltes Köfferchen mit. Nach Miami begleitet mich einer der Gorillas. Während der vier Stunden, die wir unterwegs sind, bringt er mir die tausend Namen bei, die die Kubaner inzwischen dem Dollar gegeben haben: Dracula, Lappen, Springteufel, Wisch, *Fula, Juanikiki.* Vier Stunden Training, um mich nach über dreißig Jahren erneut in die Unterwelt von Havanna einschleusen zu können. Zum Glück diesmal mit offizieller Genehmigung. Man weiß ja nie.

Der besessene Gorilla setzt mich auch ins Flugzeug nach Havanna. Bisher hatte ich noch keine Zeit zum Nachdenken. Ich öffne das Köfferchen, gehe die Unterlagen durch. Demnach fahre ich zu Besuch nach Kuba zurück, vielleicht um später eine Rumfabrik aufzubauen. Ich muß so tun, als würde ich es bereuen, fortgegangen zu sein. Das stimmt vielleicht sogar. Ich habe keine klare Vorstellung. Nicht mal eine vage. Aber ich vertraue meiner Intuition. Mein ganzes Leben lang habe ich mehr oder weniger wie ein Soldat Befehle ausführen müssen, manchmal bin ich sogar noch schlechter dran, denn ich muß mich stets im Handumdrehen auf eine neue Aufgabe einstellen. Ich atme tief durch und lehne den Kopf an den Rükkenlehnenschutz. Aber was ist mit all den Bomben und der Sabotage? Ob sie das wohl vergessen haben? Ich bezweifle es. Kaum hab ich mich zurückgelehnt, muß ich schon wieder blitzschnell hochfahren. Die Nerven gehen mit mir durch, ich pinkle und scheiße mir in die Hose. Ich hasse es, mich im Flugzeug zu entleeren. Auf dem Klo denke ich an meine Mutter. Als erstes werde ich ihr Grab besuchen. Ich scheiße gar nicht gern im Flugzeug, das ist mir irgendwie suspekt, außerdem habe ich keinen blassen Schimmer, auf welches Land meine Fäkalien fallen werden und welchem Weltbürger oder Weltdorfdeppen auf den Kopf. Anschließend werde ich dann sie besuchen: meine Frau und meine Tochter. Mal sehen, ob ich ein für allemal diese Angelegenheit mit dem Scheißdollar aus der Welt schaffe. Verzeihung, ich meine, Scheißwisch.

Sechstes Kapitel

Kubanische Wehklage

Oh, berückendes, bestrickendes Kuba,
warum hast du heut bloß so ein schweres Los.
Oh, Heimatland, wer hätte damals erkannt,
daß einst Klagen aufsteigen aus deinem Schoß.

von Eliseo Grenet,
gesungen von Guillermo Portabales

Ich bin nicht Autorin dieses Buchs. Darauf habe ich schon am Anfang hingewiesen. Ich bin sein Leichnam. Ich bin die, welche dieser Lebenden da diktiert hat und diktieren wird. Aber niemand soll sich ängstigen. Ich bin ein schalkhafter Geist. Ich war ein vergnügungssüchtiges Klappergestell und bin es jetzt erst recht. Also kein Grund zur Melancholie oder zum Trübsalblasen. Ich wollte nur auf diesen nebensächlichen, aber interessanten Aspekt hinweisen. Ich vertrete die Wahrheit, für die Pyhantasie ist die Person verantwortlich, die meine Gefühle niederschreibt. Ich wollte nichts als Fakten, aber sie steigt nicht von ihrer armseligen, feuchten Dachstube herunter, die sie sich auf dem Mond eingerichtet hat. Wenn also bisher alles unverständlich war, dann nur, weil mir die diktierten Worte im Mund umgedreht wurden, mit meinem Stil hat das nichts zu tun. Ich habe Vertrauen in die Auserwählte gesetzt. Aber nicht mein ganzes, in diesem Stadium meines Todes vertraue ich nicht mehr allzusehr auf die Lebenden. Ich besitze bereits kein Gewissen mehr. Sie hat zu allem Überfluß auch noch zwei: das authentische und das falsche. Wir werden ja sehen.

Ich werde wirklich mit aller Macht dazu verdonnert, Schriftstellerin zu sein. Die Leute erzählen mir Geschichten, und ich kann dabei einfach nicht still sitzenbleiben, es juckt mich in den Fingern, und ich werde ganz zappelig, bis ich mich schließlich hinsetze und schreibe. Und wenn mein Mandant eine Seele im Fegefeuer ist, kann ich erst recht nicht nein sagen, denn wer garantiert mir, daß sie mich nicht im Fall einer Absage nachts an den Füßen ins Reich des Jenseits hinüberzieht. Das, wie wir ja inzwischen wissen, kein Reich noch sonst was ist. Sie flüstert mir ins Ohr, daß sich alles mehr oder weniger auf die folgende, kitschige Weise zugetragen hat:

Alleinstehende Frau, Bewohnerin einer musikalischen, anmaßenden Insel, ganz allein auf weiter Flur und noch tausendmal ärmer als Aschenputtel, braucht nichts weiter als einen ordentlichen Bolero, um ins Träumen zu geraten. Und zwar von einem Märchenprinzen mitsamt dazugehörigem Säckchen voll Goldtaler. Entschuldigung, Jane Austen, für die Neuauflage. Und danke, Guillermo Cabrera Infante, für den Hinweis auf *Stolz und Vorurteil* in einem Ihrer Bücher, den Roman muß ich mir ganz geschwind suchen, um nicht mit einem unbewußten Zitat zu sündigen. Ich werde kein Auge mehr zutun, bis ich ihn nicht gelesen habe.

In Wahrheit habe ich jedoch nicht die leiseste Ahnung, wie ich der Scheißwahrheit treu bleiben soll, vielleicht sollte ich mich am besten nach der Dramaturgie der Kindergeschichten von den Exsowjets richten, die hatten weder Hand noch Fuß, aber am Ende stieß man unweigerlich auf eine Moral. Oder ich erzähle die Geschichte als Pornofilm, da brauchen die Figuren keine Ideen, sondern nur Schwengel und Schlitze, und die einzige Moral besteht im Vögeln. Die Geschichte dieses Landes ist letzten Endes wie eine Schummerstündchen-Kassette, schon tausendmal kopiert, die ein griechischer Handelsmatrose unter abenteuerlichen Umständen von einer seiner langen Schiffsreisen mitgebracht und eingeschmuggelt hat. Schummerstündchen nennt man in Havanna einen Pornofilm, der durch häufiges Abspielen schon ganz flimmerig geworden ist und die häßlichen alten Schachteln von Darstellern in einen barmherzigen Nebel hüllt. Jedenfalls hat diese Geschichte sehr viel mit einem Porno gemein, denn beide beginnen gleich: Es war einmal eine leidenschaftlich verliebte Frau, so leidenschaftlich leidend, so leidenschaftlich unglücklich, wie man sie heutzutage nicht mehr antrifft. Hingerissen vom Meer, von den Palmen, den Straßen, den Schatten in den Säulengängen, dem ewigen Sonnenschein, der nie Ferien macht, und all diesem kubanomanischen Schmus, der so sehr nach Geschlechtskrankheit klingt: Ich habe mit Soundso gebumst und mir eine Kubanitis weggeholt, gegen die kein Penizillin gewachsen ist. Stimmt's oder etwa nicht?

Nun gut, dieses Umfeld verleiht dem Herzen eben allzuviel Gewicht, ihm wird allzusehr Gehör geschenkt. Also gingen ihr Ohren und Herz über, unserer Heldin... halt, Verzeihung, nicht *Heldin*, bloß nicht, denn Heldinnen und Helden gehen uns inzwischen über die Hutschnur und unter die Gürtellinie. Sie ist eine Protagonistin. Das ist sie, eine Protagonistin, obwohl das eigentlich mehr nach der Sparte Vermischtes in der Zeitung als nach strukturalistischen Theorien klingt. Aber, Teufel noch mal, genau so und nicht anders ist die Wahrheit nun mal – ungefähr. Denn ich gebe hier den Senf dazu.

(Na hör mal, jetzt spiel hier nicht die Literatin, zum Senf mußt du erst mal die Wurst haben, deine komischen Romane und Gedichte kannst du dir für den Feierabend aufheben, dieses intellektuelle Gewäsch macht nicht satt und bringt einen nur in Schwierigkeiten...)

Politische Schwierigkeiten.

(Das hast du gesagt, nicht ich, nicht daß du mich da später reinreitest. Sieh mal, ich bin doch dein Gewissen, die Sprechende Grille Revulva, und ich lege nicht den geringsten Wert darauf, ins Kittchen zu wandern, also wirklich, Schätzchen, soll ich etwa in meinem Alter noch im *Nuevo Amanecer* die Ufer wechseln und zur Lesbe werden? »Neuer Morgen«, welch anschaulicher Name für ein Frauengefängnis. Bemüh dich also, ja nicht anzuecken, ich möchte keinen Ärger mit den Leuten von der Sicherheit. Denk immer dran, daß man dir sonst alle Türen vor der Nase zuschlägt, und zwar wirklich alle, sogar die des Landes.)

Die gehen als allererste zu, ich weiß schon, aber die des Herzens niemals.

(Oje, Mädchen, du hörst dich ja schon wie ein Bolero an, komm auf den Teppich zurück, *steig von deiner Wolke runter, hinab in die Wirklichkeit!* Mach dir keine falschen Hoffnungen, die Macht glaubt nicht an so lächerliche Liedchen.)

Aber um Lieder geht es doch gerade, meine liebe *Santera*-Patin...

(Sei still, du dumme Gans, ich bin nicht deine rituelle Patentante, du weißt doch, daß ich dein revolutionäres Gewissen bin, nichts da mit Patin...! Das glaub ich nie, daß von einem Tag auf den anderen plötzlich wieder der *Santero*-Kult zugelassen ist. So viele Berichte ich ihnen auch schreiben muß. Denn sie zwingen mich, über jeden, der sich bei mir Rat holt, so einen blöden, kleinen Bericht zu schreiben ... Also, ich werde mit aller Macht dazu verdonnert, Schriftstellerin zu sein.)

He, das ist mein Satz. Gib mir mein Copyright.

(Na, bin ich vielleicht nicht dein Gewissen? Einen Bericht nach dem anderen verlangen die von mir, aber sie schenken mir nicht mal einen Bleistiftstummel als kleine Aufmerksamkeit oder als Lohn für meine selbstlosen Dienste... immer wieder machen sie mir die Hölle heiß, und ich schreibe am laufenden Band Berichte über die Patienten, ich meine Klienten, ich meine Gläubigen ... Und eines Tages wird meine Hölle so heiß werden, daß mich die Flammen verschlingen. Übrigens, damit du's weißt, sie haben mir sogar die Erlaubnis erteilt, für bare Dollar aus den Muscheln zu lesen, damit ich auch den Touristen eine wortgetreue Kopie ihrer Reiserouten aus der Nase ziehen kann und man immer weiß, wo sie gerade gehen und stehen. Eines Tages werde ich noch einen Orden dafür bekommen... oder einen Tritt in den Hintern... Wer hat ihnen wohl weisgemacht, daß man Orden essen kann? Ich hätte lieber ein Stück Schweinefleisch oder einen Topf schwarzer Bohnen ans Revers geheftet. Orden, nichts als Orden! Den goldenen Orden, den von meinem Paten, Gott hab ihn selig, habe ich der Jungfrau María des Kupfers gestiftet, in der Kapelle da, in der dieser alte amerikanische Fischer, der Hämingweih, seine Nobelpreismedaille gespendet hat. Der wußte schon, was er tat. Ja genau, den Preis für seinen Bericht über alles, was er hier, in Paris und im spanischen Bürgerkrieg, bei den Fischern und in den Bordellen erlebt hat. Aber wenn die von der Akademie erst erfahren, was die Fotokopiermaschine – den Spitznamen hab ich dem Roman *Klimastörung* von Osvaldo Sánchez entnommen – schon alles gesehen und gehört hat, da müßte es glatt tausend Nobels regnen. Und was ich erst alles bezeugen könnte, da würde nicht mal die Herz-Schmerz-Tellado mithalten, wenn ich mich aufs Bücherschreiben verlege! Aber was mich angeht, psssst, meine Lippen sind versiegelt, in einen geschlossenen Mund treten keine Fliegen. Deshalb rate ich dir, immer auf der Hut zu sein.)

Aber ich versuche doch nur, eine ganz und gar unschuldige Geschichte zu erzählen, eine ganz einfache mit Dialogen à la Duras, wo die Figuren eine Schleife nach der anderen drehen, ohne irgendwas zu sagen, wo nichts weiter passiert und der Anfang aufs Haar dem Ende gleicht; gerade das Richtige für einen Film mit Minimalbudget, das auch schon zum Fenster rausgeschmissen ist, weil er nur zwei Zuschauer haben wird, mich und Rufo Caballero, den einzigen Filmkritiker, der uns auf der ganzen Insel geblieben ist. Und keiner von uns beiden wird Eintritt zahlen, denn wir haben ja unsere Presseausweise. Es soll nur ein ganz harmloser, unschuldiger Scherz sein, mehr will ich gar nicht.

(Brrrrr, gleich verlassen mich meine Sinne, und Eleguá fährt in mich, du möchtest wohl auf Teufel komm raus im Knast landen? Keine Geschichte ist unschuldig, glaub doch den Quatsch nicht.)

Doch, wenn ich es dir sage, meine ist bestimmt unschuldig. Es ist die Geschichte von einer Frau...

(Um Gottes willen, wieder so eine unerschrockene Frau, also, was bist du bloß für ein Trotzkopf, du wirst ja nicht mal aus Erfahrung klug!)

Es ist eine ganz friedliche Frau, friedlicher noch als ein Friedhof – ach was, so gut wie eine Heilige –, deren Leben bei jedem Lied eine andere Wendung nahm. Ihr ganzes Leben wurde überhaupt von den Liedern regiert. Ihr Schicksal stand im Äther geschrieben, es hing vom Radio ab, von den Sängern, dem Fernsehen, den Nachtklubs, den...

(Ist ja grauenhaft! Und darf man wissen, was für eine Art von Liedern die Unglückliche, diese arme Tochter des Mißgeschicks, immer gehört hat?)

Sie hat keine Boleros gesungen, sondern Boleros gehört... überwiegend.

(Arme Seele! Wo hat man sie begraben, war noch Platz auf dem Colón? Also, ich verwette meinen Kopf, daß sie sich hat in Flammen aufgehen lassen, ja ich lege sogar meine Hand dafür in eben jene Flammen.)

Nein, damit du's nur weißt und grün vor Neid wirst, sie ist gesund und munter. Es ist, wie schon gesagt, die Geschichte der *Protagonistin*, und ich unterstreiche *Protagonistin*...

(Nun stell dich doch nicht so dumm an, Kindchen, natürlich ist es die Geschichte der Protagonistin, wessen denn sonst?)

Also gut, kommen wir zur Sache, es ist das Melodrama einer Frau, die sich in ihrem Leben allein in einen einzigen Mann verliebte, was nicht das gleiche ist, wie sich einzig und allein in einen Mann zu verlieben, ehem... Ihr ganzes Leben hat sie auf ihn gewartet, und nicht einmal sie selbst hat gemerkt, daß an allem nur die Boleros schuld waren... Natürlich auch die *Guarachas*, die *Sones*, die *Fílines*, kurz und gut, die ganzen Schmachtfetzen eben, die man tanzen kann. Denn sie hörte ständig diese von Sentimentaliät triefende Musik – tanzte sie natürlich auch –, sie hatte es halt mit nem ordentlichen Bolero und einem perversen *Son*, sie hörte nichts anderes. Denn ich muß es noch einmal betonen, daß sie eine *Protagonistin* aus Havanna ist. Nicht etwa Holländerin, Finnin, Schwedin oder Eskimofrau. Obwohl man sich hier, in diesem Land, unserem tollen, ollen Kubalein, in seinem Iglu verkriechen muß, wenn man überleben will, das heißt, man muß den Einfaltspinsel spielen, sich totstellen, um zu sehen, wer alles auf deinem Begräbnis tanzt. Deswegen, *mag sein, mag sein, mag sein*, werde ich immer wieder vom selben Traum heimgesucht. Ich träume, ich hätte eine Pille erfunden, die dich hokuspokusfidibus in eine Schwedin oder Finnin verwandelt, jedenfalls in eine Bewohnerin jener Länder, in denen niemand weint, wenn er einen Bolero hört, und wo man froh ist, so weit weg wie möglich vom Ort auf der Geburtsurkunde zu leben. Aber das ist eine andere Geschichte, die mehr mit den *Apokalyptikern* und den *Integrierten* zu tun hat, wer weiß, ob ich die wohl jemals werde schreiben können, denn was mich angeht, ich muß immer Rotz und Wasser heulen, wenn ich Boleros höre. Genauso wie die *Protagonistin* dieses Buchs. Denn das ist, meine Damen und Herren, das sage ich ohne Komplexe, Literatur für Leser ab achtzehn, für Randfiguren, Autisten, Schwachsinnige und Hausfrauen… Nein, *Hausfrauen* darf man nicht sagen, besser, man macht es wie die Franzosen, bei denen sind die Tauben: *les mal-entendants.* Die Hausfrauen sind die ständig selbsttätigen Arbeitslosen, eben die Selbständigen, die *cuentapropistas* des Heims, hört sich doch fein an, nicht wahr, und so solidarisch! Die schicken mich noch umgehend zu einem Kongreß regierungsfremder Organisationen, das heißt, wenn sich Extra Large erbarmt und mich ausreisen läßt. Das ist also, wie gesagt, eines dieser Melodramen, bei denen man sich am liebsten in die Vorhänge schneuzt oder zu Boden sinkt, wie in Humberto Solás *Lucía* oder, noch besser, wie in Luchino Viscontis *Sehnsucht.* Es ist nicht mehr oder weniger, als ich angekündigt habe, und ich wiederhole es hier noch einmal lautstark für meine lieben Radioleser: Spitzen Sie die Ohren, schalten Sie ein, wählen Sie diesen Sender, lassen Sie sich erhellen, lassen Sie sich unterbelichten…

(Was immer du willst, aber mit dem billigen Gewäsch ziehst du dich nicht aus der Affäre, sondern gerätst nur noch mehr in den Schlamassel, deine Seele versinkt nur noch tiefer im klebrigen Sumpf der Sentimentalität, und Schleimer und Speichellecker haben um so leichteres Spiel.)

Sei still, Grille Revulva, zu der Beerdigung bist du nicht eingeladen, *was weißt du schon von falschen Hoffnungen*? Es ist ein Schmöker, der einem wieder hoch und zum Hals rauskommt. Etwas in dieser Art ist zumindest meine Absicht. Wir wissen ja, wer das letzte Wort hat: der Kritiker.

(Aber Kindchen, mach dir doch keine Illusionen, das letzte, das allerletzte Wort hat der Grenzbeamte, der dich weder ins Land hinein- noch hinauslassen wird, je nachdem, auf welcher Seite der Grenze du gerade deine Quanten hast.)

Jedenfalls ist der Roman ein melodramatischer Schinken geworden, das habe ich nicht verhindern können. Eben drum, was willst du denn? Weil's mir gerade so paßt. Aber vor allem, weil meine Mutter für ihr Leben gern Rührstücke liest.

Cuca Martínez spitzt die Ohren, in letzter Zeit leidet sie ständig unter Anfällen von Taubheit, oder sie hört einfach nur das, was sie hören möchte, das heißt, sie beschwört Lauterscheinungen herauf und löscht die realen Geräusche aus, die wirklichen Gespräche, die wirklichen Reden. Aber jetzt will sie schon genau hinhören, sie fährt sich mit dem kleinen Finger ins Ohr, stochert, kratzt sich das Trommelfell. Ja, sie hat sich nicht getäuscht, das ist wieder einmal ein schöner, trauriger Bolero von María Teresa Vera:

Was kümmert's dich, daß ich dich liebe,
wenn ich dir doch nichts mehr bedeute,
die Liebe, die bereits vergangen,
ist nun nicht mehr einzufangen.
Ich war die Illusion deines Lebens,
an einem Tag, schon in weiter Ferne,
heute bin ich nur die Vergangenheit,
und dazu bin ich nicht bereit.

Cuca Martínez lauscht, wie man eben einem Bolero in ihrem Alter und ebenso wie in jedem anderen Alter lauscht: als wäre es das erste Mal. Währenddessen schickt sie sich zu der täglichen Verrichtung an, der sie mit immer größerer Liebe und ökonomischem Interesse nachgeht: den Mülleimer zu leeren. Die Mülleimerleerung kommt einem Empfang in der spanischen Botschaft gleich. Nein, nicht in der spanischen, da sind sie besonders knickrig und bedanken sich nicht mal fürs Kommen und für die beiläufige Gefährdung der Vertrauenswürdigkeit. Besser zu einem Empfang in der französischen Botschaft. Davor bildet sich am Vierzehnten Juli immer eine Zwanzig-

Kilometer-Schlange, die etwas von den Häppchen ergattern will, von den mit Schinken und Käse gefüllten *croissants*, und ihre nationale Niedergeschlagenheit feiern möchte, ganz nach dem Ideal von *liberté, égalité, fraternité*, ganz nach Art jener schließlich guillotinierten Königin, die auf die Bemerkung, das Volk habe kein Brot, antwortete: *Das Volk hat kein Brot? Soll es doch Brioche essen!* Aber das Beste war das mit ihrem Mann, denn ein weltfremderer als Ludwig XVI. muß erst noch erfunden werden, die Bastille wurde gerade gestürmt, und er schrieb in der Nacht des vierzehnten Juli in sein Tagebuch: *Rien à signaler.*

Die Mülleimerleerung ist für Cuca Martínez wie ein Lotteriegewinn. Sie schmeißt den letzten Mist weg und kommt immer mit etwas Besserem zurück. Denn in dem Viertel wohnen unzählige Leute, die es sich leisten können, auf dem Schwarzmarkt zu kaufen, oder die Beziehungen ins Ausland haben und sich ihrer Luxusüberreste entledigen, wie zum Beispiel bunter Döschen, feinen Bonbonpapiers, leerer Milchbüchsen, prima geeignet zum Aufbewahren von Garnspulen. Sie kann sich nicht solch fürstlicher Möglichkeiten erfreuen. Etwa der Möglichkeit, etwas zu kaufen, was man nicht auf Karten zugeteilt bekommt. Sie lebt von einer monatlichen Pension von achtzig Pesos. Ihre Schnickschnack-Boutique, ihr Lieferant ist nämlich die Mülltonne. Ihre Nachbarin, die Fotokopiermaschine, nennt die Abfalltonne den *Geschenkemarkt*, denn du kommst mit dem letzten Dreck an und ziehst bisweilen mit dem vorletzten Dreck wieder ab. Es gibt Viertel mit qualitativeren Tonnen, zum Beispiel Miramar, wo die ganzen Diploshops sind. Aus diesem Grund bilden sich dort auch seit einem Monat Schlangen vor den Tonnen, Ecke Fünfte und Zweiundvierzigste oder Siebzigste, denn da ist der Dreck niveauvoller; da sollen sogar noch die Markenetiketten drankleben. Die Revolutionsregierung hat, in Einverständnis mit dem Außenministerium, den staatlichen Sicherheitsorganen, puh, lassen Sie mich Luft holen, und der Arbeitergewerkschaft von Cayo Cruz (dem Friedhof des Drecks), inzwischen zur Vermeidung eines öffentlichen Auflaufs beschlossen, an jeden Staatsbürger durch die zuständigen Komitees zur Verteidigung der Revolution Pretickets und Tickets auszugeben, damit es zu keinen Raufereien in den Schlangen kommt und auf der Dreckhalde für jeden was übrigbleibt, denn wir leben ja in, nein, Verzeihung, wir gehören ja einer Gesellschaft ohne Privilegien an. Einer sozialistischen – oder kommunistischen? Etwa nicht? Na, will ich wohl gemeint haben.

Zum Glück ist das Gedränge in Cucas Viertel nicht so groß, denn in ihrer Gegend gibt es keine Diploshops. Aber immer gabelt sie irgendwas auf. Heute hat sie ein Stückchen Gummiband gefunden. Sie greift es sich hastig, bevor es ihr jemand wegschnappt. Genau das richtige für ihren Slip, denkt sie, den sie mit Sicherheitsnadeln, noch aus den Babyzeiten ihrer Tochter, festhält. Sie überlegt und ruft dann zutiefst betrübt aus:

»Und ich hatte ihn in den Himmel gehoben!«

Da fällt ein Schwarm von Spioninnen mit Stöcken und Steinen über sie her und zwingt sie, auszuspucken, wen sie in den Himmel gehoben hat und wie sie dazu kam, ihn so mir nichts, dir nichts, ohne irgend jemandem etwas zu sagen, einfach so wieder runterzuholen.

»Wen hattest du in den Himmel gehoben, und tust es jetzt nicht mehr?«

»Na, *Weißtschonwen* ... niemanden ... das war nur so eine Redensart von mir.«

»Eine Redensart also, eine Redensart? Sieh dich vor, alte Verbrecherin, Abschaum, Gullyratte, halt nur schön dein loses Mundwerk im Zaum, sonst machst du mit dem Knüppel Bekanntschaft.«

Sie stellt sich taub, spielt die Dumme. Die anderen lassen sie in Frieden, als sie anfängt, die *Internationale* zu pfeifen. Schließlich darf sie ihre Exkremente entsorgen. Denn sogar beim Scheißen muß man hier um Erlaubnis bitten und einen positiven Bescheid abwarten. Und sie holt sich ihre *Cubalse*-Plastiktüte wieder, in der sie seit einem Jahr ihre Abfälle transportiert. Jeden Tag nach der Müllleerung wäscht sie die Tüte sorgfältig aus. In diesem Land taugt alles zum Recycling, die Kronkorken, die Plastikfläschchen, die Kartons, sogar die Särge... Wie oft hat sie nicht schon davon geträumt, eine dieser nigelnagelneuen Spülmittelflaschen zu ergattern, um darin das abgekochte Wasser aufzubewahren oder sie zur Zierde auf den Kühlschrank zu stellen oder bei Mahlzeiten als Tischschmuck zu verwenden? Aber immer, wenn sie in einer Tonne von weitem eine erspäht, kommt ihr jemand zuvor und schnappt sie ihr vor der Nase weg. Außerdem predigt ihr ihre Tochter den lieben, beschissenen Tag lang, kein Wasser aus diesen Flaschen zu trinken, denn das kann gesundheitsgefährdend sein, hochgiftig.

Die Alte überquert die Straße, weicht ungeschickt den Pfützen aus, die eine faulige, olivgrüne Haut überzieht. Manchmal tappen ihre Holzpantinen in die zähe Flüssigkeit, und der Schlamm marmoriert ihre dürren Waden. Ungerührt und immer noch schief die Hymne pfeifend, erreicht sie den gegenüberliegenden Bürgersteig. Zwischen den Platten wächst Gras. Vom tosenden Meer kommt plötzlich ein Windstoß herüber, der dicke Staubwolken aufwirbelt. Der gesamte Dreck des Jahrhunderts steigt vom Asphalt auf. Die Megären-Spioninnen stürmen auf die nächstgelegenen Treppen zu, scheißen auf Gott und den Sozialismus, der ebenfalls zwangsweise per Zange auf dieser verwünschten Insel geboren wurde. Sie verfluchen Extra Large und alle Heiligen und Götter des lumpigen Olymps. Cuca Martínez läßt sich nicht erschüttern. Sie wird niemand mehr überrumpeln. Ihr Körper schwankt im Wind wie Bagasse-Papier, der Sand macht sie blind, und ihr Haar ist so fettig, als hätte sie damit eine Schachtel fritierter Kochbananen ausgewischt. Sie hat die *Cubalse*-Tüte verloren, der Wind hat sie ihren rissigen Händen entrissen, aber sie geht weiter, schaut starr geradeaus oder in ihre Erinnerung hinein. Sie versucht sich daran zu erinnern, was sie gestern gegessen hat. Nein, sie hat nicht gegessen. Sie hat eine Scheibe Luft und eine Portion gebratenen Wind zu sich genommen. Heute macht sie sich vielleicht ein Beefsteak aus dem alten Scheuerlappen, den sie vor zwei Wochen eingepökelt hat. Vielleicht nimmt sie aber auch gar nichts zu sich, ihr ist der Appetit vergangen. Manchmal lächelt sie sogar. Natürlich tun ihr die Krampfadern, die Schwielen, die Hühneraugen, die eingewachsenen Nägel, die Furunkel unter den Achseln weh, und seit einiger Zeit piesackt sie wie verrückt ein Knötchen in der Brust. Oder, besser gesagt, ein Knoten im Brüstchen. Mag sein, daß es Krebs ist, aber für sie ist das gehupft wie gesprungen. An diesem Punkt ihres geplagten Lebens wird sie sich doch nicht vom Krebs traumatisieren lassen. Demnächst wird sie mal beim *Hermanos Ameijeiras*-Krankenhaus vorbeischauen, und falls es gerade mal Anästhesie gibt, sollen sie ihr eben den Tumor entfernen, und tschüs, Knötchen. »Ich hab ein Knötchen, das geht mir rauf, das geht mir runter, ach, geht mir rauf, ach, geht mir runter.« Genauso wie im Lied. Cuca Martínez weiß, daß die Revolution zumindest das für sich hat: Krankenhäuser, mit denen man das Volk erpressen kann; es mag zwar kein Aspirin, kein Aerosol für die Asthmatiker, keine Glühbirnen, keine Teller, keine Bettlaken, keine Watte, keinen Alkohol geben, aber Krankenhäuser gibt es wie Sand am Meer. Eins haben sie sogar mal für Vietnam gestiftet. Die vietnamesischen Genossen sollen mit den Sterilisierapparaten Hefe hergestellt haben. Mann, die haben doch glatt eine Bierbrauerei draus gemacht. Aber da ist niemand schuld dran, es sei denn der Yankee-Imperialismus. Dem kann man immer die Schuld in die Schuhe schieben. Wenn man recht überlegt, in den Kliniken für den medizinischen Tourismus fehlt es allerdings an nichts, woran sollte es denn da fehlen? Dort erleichtert der Dollarschein buchstäblich jegliche Pein. Dadurch ist ein ganz neues Syndrom entstanden: der Dollar-Koller.

Inzwischen sind wir an der Ecke M und Calzada vor der gespenstischen Interessenvertretung der Vereinigten Staaten, das abgeschmackteste, häßlichste, unnützeste Gebäude des ganzen Universums, das aber auch am meisten von der Polizei bewacht und von den Kubanern umworben und belagert wird, denn einen Termin beim Konsul zu bekommen ist wie ein Treffer im Lotto, und wirklich wird eine Lotterie veranstaltet, um an ein Visum zu gelangen, und wenn es ein *Ja* gibt, eine Reisegenehmigung für ÚRSULA SÁNCHEZ ABREU (ein Name zur telefonischen Verschleierung), dann heißt es *oh, du mein Glücksstern.* Fast so unmöglich zu erreichen wie die Freiheit von Angela Davis, die wir so oft am Morgen in der Volksschule gefordert hatten. Das Meer tost wild und wutentbrannt. Wieder und wieder prophezeie ich, daß Yemayá dieses Jahr erneut eine Menge Blut fordern wird, sie wird über uns herziehen, sich ihre Schamteile waschen und mit der Erde abtrocknen. Die Wellen zerstäuben in der Landschaft, sie sind wie Schleier, die das ärmliche Licht verhüllen. Die Stadt wird in Salzgischt gebadet, daran ist der Wind schuld, der wütend stößt und pfeift, als verkörperte er wahrhaftig die Macht des Bösen (Blicks). Jalousien werden fortgerissen, ganze Fenster sogar, Fernsehantennen fliegen ins Firmament empor und spießen Wolken mit ihren rostigen Stacheln auf. Die Satellitenschüssel, diese nationale, schon altmodische Blüte, möchte furchtlos trotzen, aber auch sie geht flöten, wie die Revolution der Dreißiger und auch die andere oder was von ihr noch übriggeblieben ist. Wenn denn überhaupt noch etwas übrig ist.

Cuca Martínez ist plötzlich verdattert, sie kommt sich vor, als würde sie auf einem Rollband laufen, wie beim Rückwärtstanzschritt von Michael Jackson. Sie glaubt, vorwärtszugehen, aber die Beine bewegen sich auf der Stelle. Sie legt sich mit dem Wind an, Auge in Auge, ein Armdrücken. Die Alte geht weiter, hält stand, *ich werde standhalten, auch wenn die Welt mir alles Recht verweigert...* Und der verräterische, tückische Wind stellt sich ihr in den Weg und konzentriert seine ganze Wut und Gemeinheit auf den zerbrechlichen, gebeugten Körper. Die Alte sammelt Kräfte aus ihren vierzig Jahre alten Vitaminreserven. Wer sich in seiner Kindheit ordentlich ernährt hat, dem können Judogriffe oder Karateschläge nichts anhaben, nicht mal eine Sonderperiode. Ein ordentliches Steak und ein Gerber-Obstgläschen sind so gut, als hätte man es im ersten Lebensjahr zum schwarzen Gürtel in einer Kampfsportart gebracht. Etwas fliegt ihr entgegen, eine Blume, ein schwarzer Schmetterling oder einfach nur ein vollgeschissenes Klopapier? Der fragliche Gegenstand – ein Zeugnis für die Perfektionierung der Gutenbergerfindung durch die Banken – heftet sich an ihr Gesicht, genau über die Augenlider. Cuca Martínez blinzelt, doch das Ding klebt immer noch in den Falten ihrer Backenknochen. Es gelingt ihr nicht einmal, die dürren Ärmchen zu heben, um es wegzuwischen, denn der Wirbelwind biegt ihr fast die Ellenbogen nach hinten durch. Cuca Martínez reißt die Augen auf wie ein Huhn oder ein Alien. Der Sturm hört mit einem Mal auf, und das Meer ist wie ein Teller heißer Suppe. Die Sonne glänzt wie der Kronkorken einer *Hatuey*-Bierflasche, der sich in den Asphalt gegraben hat. Bedenken Sie nur, unser Indio Hatuey wird immer wieder verbrannt, wenn ein Betrunkener einen Kronkorken in den Asphalt rammt. Sie hat immer noch *das* Ding als Brille. Cuca Martínez kommt der Wisch seltsam vor, und gegen das Licht gelingt es ihr, große, harmonische Buchstaben in der Mitte zu entziffern, die jedoch mit Schnörkeln verziert sind, die verschleiern, zu welcher Sprache das Wort gehört: ONE.

Natürlich, sie mag alt sein, wenn auch nicht steinalt, obwohl sie sich fast wie Methusalem fühlt, aber dumm ist sie beileibe nicht. Hastig blickt sie forschend nach beiden Seiten und nach hinten und läßt dann den grünen Ein-Dollar-Schein zwischen den Knochen verschwinden, die früher ihre Brüste waren. Ein Dollar! Jesus María! Oh, mein lieber alter Wunderlazarus, was wird sie sich kaufen, was wird sie sich kaufen?!

»Ah, ich weiß schon, einen Lollipop, nein, nein, nein, eine Cola, ach was, bloß nicht, was wird XXL von mir denken, wenn ich so verrückt nach dem Erfrischungsgetränk des Feindes bin! Vielleicht, vielleicht gehe ich mir ein Päckchen Butter kaufen. Oder aber, vielleicht auch ... Ja, warum nicht etwas Puder, ein Döschen Make-up? Es ist schon so lange her, daß ich mich geschminkt habe ...«

Die Stufen in dem Haus erscheinen ihr in ihrem Alter endlos. Das Fax springt gerade hinunter. Das Fax ist ein junges Mädchen von zwanzig Jahren, sie kommt nicht aus dem Hotel Nacional. Sie ist keine Dollarnutte. Sie ist nur verrückt geworden wegen zweier Todesfälle, eines physischen und eines geistigen, worauf ich in einem anderen Kapitel noch genauer eingehen werde. Und sie kam noch mehr aus dem Gleichgewicht, als man ihr erzählte, daß es in den Hotels jetzt Maschinchen gab, mit denen man in Sekundenschnelle brieflich mit den entlegensten Orten kommunizieren konnte. Sie behauptet, das sei kein Kunststück, man habe ihre Idee geklaut, sie sei die Weltmeisterin, das As in Sachen Kommunikation. Wie sie einem Geist faxt, so schnell kann man gar nicht spucken. Verzeihung, so schnell kann man gar nicht gucken. Sie ist Überbringerin der Botschaften von Lenin, Marx, Engels, Rosa Luxemburg ... Seltsamerweise sind alle ihre Gespenster Kommunisten. Daran sind die Elektroschocks schuld, die man ihr im Erholungsheim für die Wirren verabreicht hat – nicht etwa zur Erholung von den Wirren der Wirklichkeit, sondern für die von der Wirklichkeit Verwirrten. Sie geht von Hotel zu Hotel, auf der Suche nach einem Millionär, der ihr ihr Projekt patentiert, denn ihrer Meinung nach wird in nicht allzu ferner Zukunft jeder Mensch ein Fax-Medium sein. Wir werden uns mit Christus, Cervantes, Sor Juana Inés de la Cruz, Napoleon, Pascal, Goethe, Nijinsky, Marilyn Monroe, JFK, Saint-John Perse und Lilita, dem Ché, James Dean, John Lennon, Marlene Dietrich ... und all den Mythen schreiben können, die unsere Existenz bereichert oder verpfuscht haben. Nach Meinung des Fax wird die zukünftige Welt ein nigelnagelneues Gesellschaftssystem haben, das sich nicht mehr Kommunismus nennt, versteht sich, sondern ein Mischmasch sein wird, das Beste vom Kommu und das Schärfste vom Kapi, ein erstklassiger Kapi-Kommu also. Das haben ihr Marxy und Rosi Lux diktiert, die wie zwei Seifenmarken klingen. Cuca Martínez geht mit einem kurzen Gruß weiter; das Mädchen packt sie jedoch an der Schulter und schmatzt sie strahlend vor Glück ab:

»Cuca, gerade habe ich ein Fax von Engels bekommen ... Der Kapitalismus ist am Rand des Abgrunds angelangt!«

»Ja, wenn man sieht, wie das Museum des Sozialismus Schiffbruch erleidet!« schreit die Fotokopiermaschine, der Klatsch auf zwei Beinen, vom oberen Stockwerk herunter.

»Die haben sie ja verhext, haben sie verzaubert, die Kleine ist die einzige in dem verdammten Land, die noch vom Kommunismus spricht, abgesehen von XL, und der ist, wie wir alle wissen, ein pathologischer oder prostitulogischer Fall!«

Die Fotokopiermaschine rutscht das Treppengeländer herunter und schmiert es mit einer feuchten Spur fauligen Fischgestanks; ein Streifen weißlichen Schleims aus ihrem schwitzenden, stinkenden Schlitz. Sie ist nicht nur eine Klatschtante, sondern trägt auch nie einen Slip. Sie kann sich das erlauben, denn sie hatte niemals die Regel. Als man ihr als Kind im Krankenhaus die Mandeln herausnehmen sollte, täuschte sich die Krankenschwester in der Krankenakte, und man entfernte ihr die Eierstöcke. Und Slips sind wie die Tampons immer mehr anachronistische oder archäologische Objekte geworden.

»Caruquita, Tantchen, laß dich nicht vom Feind beeinflussen. Es bleibt uns keine andere Option... als die Null. Null Option in Friedenszeiten. Bald werden wir eine lange Periode des Kapitalismus durchlaufen und dann, endlich, zum Kommunismus finden. Dann wird uns der Kommunismus langweilig werden, und schließlich schustern wir uns einen Kapi-Kommu zusammen. Das ist das Gesetz des ewigen Kreislaufs. Von Ewigkeit zu Ewigkeit, bis in alle Kreisigkeit, Amen.«

»Schaut euch die an, die glaubt doch glatt, sie wird eine ganze Ewigkeit leben!« ruft die Fotokopiermaschine kurz vor dem Überschnappen.

»Ich bin nicht die einzige Unsterbliche. Die Revo-*lotion* hat uns ewig werden lassen!« putzt das vor Sicherheit strotzende Fax sie herunter.

Cuca Martínez fühlt sich wie in einer Falle zwischen den beiden Frauen, ihr Blick reist von einer zur anderen, wie bei einer Zuschauerin in Roland-Garros bei einem Match zwischen Steffi Graf und Monica Seles. Immer noch dieselben Reden nach über dreißig Jahren. Die obligatorischen Streitigkeiten und Schäbigkeiten. Die Leute leben nicht ihre Wirklichkeit. Die Leute überleben in der Unsterblichkeit. Sogar die Fotokopiermaschine spricht in transzendentalem Tonfall, in Maximen. Was haben alle doch für eine unbändige Lust am Entscheiden! Was für einen Machtkomplex! Letzten Endes ist es oberstes Ziel eines jeden Kubaners, wie XXL zu sein. Da liegt der Ursprung all unserer Mißgeschicke: die Obsession, so zu sein, wie es Martí erträumte. Wir sind geliefert, weil wir so auf Extra Extra Large fixiert sind, wegen des schädlichen hypnotischen Einflusses, den er immer noch auf die Bevölkerung ausübt; denn mit ihm im Munde stehen wir auf und gehen zu Bett.

»Hörst du, was ich da höre, Cuquita, du weißt doch, was es bedeutet, so lange durchzuhalten, ein ganzes beschissenes Leben lang, um dann erneut in den Kommunismus zu verfallen?! Verdammt noch mal, Tantchen, wollen wir hoffen, daß diese Periode des Kapitalismus, die da kommen soll, eine schön lange sein wird! Da soll mich doch mein Schutzengel von hinten nehmen, wenn ich mir noch mal den Kommunismus reinziehen muß!«

»Gestatten Sie, verehrte Anwesende, das Gespräch ist höchst anregend, *aber andere Teile der Welt brauchen die Hilfe meiner bescheidenen Kräfte* ...« Cuca zitiert, was laut Extra Extra Large im letzten Brief des Ché geschrieben stand. Sich seiner Doppelmoral bedienend und rühmend, schaufelt sie sich mit ihren von Sehnen und roten Muttermalen überzogenen Händen den Weg frei. Gemächlich steigt sie die Treppe hinauf und steht endlich vor der Tür. Die Tür, die sie seit über dreißig Jahren so viele Male geöffnet und geschlossen hat; aus der Nähe besehen bräuchte sie mal einen kleinen Anstrich, ein Töpfchen Dispersionsfarbe. Sie zieht den Schlüssel aus dem BH und streichelt dabei beiläufig ihr reelles Scheinchen. Der Schlüssel zittert im Schloß. Die Stimme der Fotokopiermaschine dringt bis an ihre Ohren:

»Arme Alte, die hat gerade den Mülleimer geleert, um ein Haar hätten die Sojahackfleisch aus ihr gemacht, weil sie schlecht von XXL gesprochen hat, die hätten sie beinahe umgebracht ... aber die hat nicht mal gemuckst! Hast du's nicht bemerkt, Fax? Mitten auf ihrer mageren Hühnchenbrust hat sich was vorgewölbt. Entweder zerfrißt sie der Krebs, oder sie hat was unter diesem widerlichen BH versteckt, den sie nie wäscht, weil es der einzige ist, den sie noch hat und den sie um nichts in der Welt kaputtmachen möchte, außerdem kann sie sich ja nicht mal Seife leisten.«

Die Wohnungstür gibt endlich nach, und das Licht, das zum Fenster hereinfällt, macht die Alte blind. Zu dieser Stunde sammelt sich das gesamte Sonnenlicht des Universums in dem engen Raum. Cuca Martínez geht zuerst in die Küche, öffnet den verrosteten, verelendeten Kühlschrank, der ihr nun als bloßer Küchenschrank dient. In ihrem Kaffeetassenbett schläft Katrinka-Terra-Cognita, die russische Küchenschabe. Sie ist blond und blauäugig, die entsetzliche Hitze im irreparablen General Electric Baujahr sechsundfünfzig hat sie durchscheinend weiß bleiben lassen. Die Alte erinnert sich nostalgisch an die Gläser voll Eiswasser, die sie vor ein paar Jahren noch hatte trinken können. Dabei hatte sie noch Schwein gehabt, daß das Gerät über vierzig Jahre durchgehalten hat, bis es einen Kollaps bekam, dann war es aus mit der Kälte. Denn der sowjetische Kühlschrank, den Reglita ihr als Geschenk mitgebracht hatte, der hat nicht mal fünf Jahre funktioniert, dann wanderte er schon schnurstracks auf die Intensivstation, in die Reparaturwerkstatt. Die Geschichte von der Freundschaft zwischen der Alten und dem Insekt ist äußerst verwikkelt und ein Beweis, daß Haß sich in Liebe verwandeln kann: Ende der Achtziger wurde Havanna von einer Plage geflügelter Küchenschaben befallen. Einmal machte Cuca das Licht aus, legte sich hin und bekam bald darauf Durst, und als sie in die Küche kam und das Licht anschaltete, waren Spüle und Kühlschränke mit einem lebenden Teppich aus Kakerlaken bedeckt. Cuca Martínez versuchte jede Art von Gift, setzte auf technologische, ideologische und sogar psychologische Kriegsführung, aber sie siegten immer. Schließlich fand sie sich damit ab, daß sie stärker waren, die Macht hatten, und da es ihr unmöglich war, sie niederzuschlagen und auszurotten, blieb ihr nur übrig, sie zu lieben. Die Neunziger brachen an, und die Plage ging vorüber, aber eine Küchenschabe blieb zurück, denn sie war im Butterfach gefangen. Die Alte wusch sie sorgfältig und gab ihr diesen klangvollen, ausgefallenen Namen, in Gedenken an die erste Kosmonautin, die im Kosmos gevögelt hatte. Jahre später stieg der erste Lateinamerikaner ins Sternenjenseits hinauf, und es mußte natürlich ein Kubaner sein! Es war ein Mulatte mit Indio-Einschlag, denn immer müssen wir den längeren Furz haben, eine größere Revolution machen als Gulliver in Lilliput. Aguinaldo Tayuyo teilte sich die Titelseite von *Granma*, dem offiziellen (schlaffen) Parteiorgan, zusammen mit unserem – keinesfalls dem Wahn verfallenen – Weißeuter, der Kuh *Ubre Blanca*, dem Mordsrindvieh, das XXL erfunden hatte und dem sein inzestuöses Herrchen, der hoffnungslos in sie verliebte Vater, ein Denkmal setzen ließ. Tayuyo bekam dagegen keins, denn die bösen Zungen erzählen, er sei mit geschwollenen Händen aus dem Kosmos zurückgekehrt, weil ihm der Sowjetrusse Yuri Romanenko immer, wenn er einen Knopf drücken wollte, eins auf die Finger gab: »Pfui, nicht anfassen.«

Die russische Staatsbürgerschaft hatte sie selbst für Katrinka-Terra-Cognita ausgesucht. In den Neunzigern fielen die Mäuse über sie her, und das gleiche geschah, Cuca war schon kurz vor dem Herzinfarkt und hätte einen Secondhand-Herzschrittmacher gebraucht, so wild war sie mit dem Baseballschläger hinter den Mäusen her quer durch die Wohnung gehetzt. Doch Katrinka-Terra-Cognita – so waren eben die geheimen Wege der Arten – verliebte sich hoffnungslos in eine abgemagerte, schwarze, äthiopische Maus, und ihrer Liebe wurde heftig entsprochen. So blieb Cuca Martínez nichts anderes übrig, als nachzugeben, als die Maus um die Hand der Schabe anhielt. Sie wurde noch am Tag der Verlobung Juan

Pérez getauft, in Gedenken an die verflossene, einzige Liebe der gefühlvollen Wirtin. Sie heirateten, feierten eine Hochzeit im großen Stil, versteht sich, deren Kosten die Patentante Cuca bestritt. Katrinka-Terra-Cognita begab sich unverzüglich ins Krankenhaus *González Coro* – früher das *Sagrado Corazón* – und ließ sich etwas zur Verhütung einsetzen, die Zeiten waren nicht nach baldigem Nachwuchs. Und so leben die drei sehr glücklich zusammen. Obwohl nicht von Anfang an alles so rosig aussah. Das Komitee zur Verteidigung der Revolution und der kubanische Papayokratenbund legten sich mit Cuca an, weil sie Ausländer in ihrer Wohnung beherbergte. Obwohl es sich um zulässige Ausländer handelte, um unsere sowjetischen und äthiopischen Brüder, wäre Cuca um ein Haar von der Staatssicherheit gefoltert worden, schrammte knapp an der Tiefkühlkammer von Villamarista vorbei. Aber damals wurde gerade der Besitz von Devisen erlaubt, und Beziehungen zu Touristen waren nicht mehr ganz so verpönt. Das ging so weit, daß sogar die Müssenorganisationen (das ist kein Schreibfehler, das mit Müssen- statt Massen- ist Absicht) ein Auge zudrückten. Und alles kehrte zu dieser so anormalen Normalität zurück, an die wir uns gewöhnt haben.

»Katrinka-Terra-Cognita, bist du da? Ich bin's, Cuca, und Pérez, ist er ausgegangen?«

»Er steht am Markt für mich an. Es ist Kohl gekommen. Ich ruh mich aus, ich hab mir die Füße in der Schlange vor der Pizzeria plattgestanden. Das Stückchen Pizza da ist für dich, wir haben schon zu Mittag gegessen.« Katrinka-Terra-Cognita steckt die zerkratzte Karel-Gott-Platte weg und beharrt: »Du mußt was essen, Cuquita, so mager, wie du bist, könnte man meinen, du würdest an einem bösartigen Tumor leiden.«

Nur gut, daß Maus Pérez sich das mit der Schlange aufgehalst hat, auch wenn sie das Abzeichen des Anschaffplans hat, was nicht das gleiche ist wie der Anmachplan. Der erste ist wieder so ein Trick der Revo-Regierung, damit die Arbeiterinnen nicht soviel anstehen müssen. Aber manchmal sind die Schlangen des Anschaffplans länger als die der ständig selbsttätigen Arbeitslosen, der Heim-*cuentapropistas* also, und nicht etwa weil die Anzahl der Arbeiterinnen so sprunghaft gestiegen wäre, sondern weil sich jede x-beliebige so einen Wisch beschaffen kann, der ihr bescheinigt, daß sie in dem und dem Büro tätig ist, und fertig. Der zweite, der Anmachplan, besteht darin, sich professionell aufs Anmachen von Mädchen oder Jungs, Puppen oder Kerlen zu verlegen, und zwar wie am Fließband.

Cuca ist nicht nach Essen, in letzter Zeit hat sie keinen Appetit. Sie geht zum metallicroten Sowjet-Radio und schaltet es an:

»Die Passion von Silvia Eugenia«, kündet eine viertklassige Tenorstimme an, der Sprecher von Radio *Feind*, der am meisten gehörte Sender weit und breit auf der Insel. Und auf der Stelle bricht die Schauspielerin mit ihrem Gejammer los. Die stammelnd geschriene Klage dauert an die fünf Minuten. Cuca solidarisiert sich aus Trägheit und wimmert neben dem Radio. Die Leute hier klatschen nicht nur aus Trägheit Beifall, sondern tun überhaupt alles auf diese Art, sie überleben sogar aus Trägheit. Ohne ihr Jammern zu unterbrechen, führt sie ihre knorrigen Finger in das, was früher ihre Busenspalte war und jetzt ihre Knochenspalte ist, und zieht den Schein heraus. Ein Dollar, schön grün. Echt.

»Ich glaube, ich werd mir wirklich das Puderdöschen kaufen.«

Im Spiegel voller Fliegendreck sieht sie ihr Gesicht, das dicke Terrakotta-Tränen durchfurchen, Augenbrauen, Wimpern, Haar und Kleider hat der Sand bepudert, den die Sturmböe vorhin aufgewirbelt hatte.

»Himmel, wie alt ich aussehe; die Muttermale sind schon

rote Warzen geworden, und am schlimmsten ist, daß es mir nicht mal mehr auffällt! Ich bin wohl die abgewrackteste Zweiundsechzigjährige auf der ganzen Welt...«

Im Zimmer sind Möbel der verschiedensten Stilrichtungen versammelt. Art-deco-Stühle glänzen neben Vinyl-Lehnstühlen aus den fünfziger Jahren. Der Spiegel ist Art nuvo (ach, Kind, das schreibt man doch ganz anders). Ich schreib, wie's mir paßt und wie's mir aus dem Bauch kommt. Auf der typisch kubanischen Anrichte thront eine blaue Kristallvase in Fischform, aus dem geöffneten Mund ragt ein Strauß riesiger Plastiksonnenblumen. An der Breitseite hängt ein herrlicher Altar für Obatalá, die Jungfrau der Barmherzigkeit. Cuca schwingt sich aus dem Sessel und schwebt auf den Altar zu. Ehrfurchtsvoll hebt sie die perlmuttfarbene Mantille und versteckt den Schein zwischen den Beinen der Göttin. Anschließend bringt sie ihr Haar wieder in Ordnung. Da fällt ihr ein Bild auf, das mit dem Kopf nach unten in einer Ecke des Schminktischchens steht, sie nimmt es übertrieben vorsichtig in die Hand und wischt mit dem Arm über die Scheibe. Es ist das Politur-Porträt fürs schlechte Gewissen, Filter oder Sieb der Doppelmoral, um den Schein zu wahren: ein handkoloriertes Bild aus der Jünglingszeit von XXL, Extra Extra Large, *Weißtschonwer, Ruth,* die böse Schwester aus der brasilianischen Telenovela, der Landestotengräber, Cagliastro, der Dingsda, María Cristina, aus dem Lied von Ñico Saquito:

María Cristina will mich regieren,
und ich tu so, als würd's mir behagen,
denn ich will nicht, daß die Leute sagen,
María Cristina würd mich regieren...

Kurz und gut, eben all die Spitznamen, die jeder kennt und die ihn doch nicht haben stürzen können. Die Alte spricht ganz leise, schüchtern, aber droht ihm dabei vorwurfsvoll mit dem Finger:

»Erwarte ja nicht, daß ich dir vergebe, du Riesen-A ... Und daß das klar ist, ich habe dich hier nur im Goldrahmen, damit die Klatschtanten nicht ihre Wut an mir auslassen. Heute gab's zum hunderttausendsten Mal kein Brot im Laden. Die Milch ist unterwegs sauer geworden. Das Diäthühnerbeinchen glänzt mal wieder durch Abwesenheit... So werden wir dir bestimmt nicht folgen und eine Revolution machen können, die größer ist als wir selbst ... Nee, nee, nee ... Ich werd dich wieder auf den Altar stellen, um mir nicht meine Akte zu versauen. Mal sehen, ob du's noch lernst, Alter ... Aber nein, du wirst es niemals lernen, du A...! Und mach dir nichts vor, das hat nichts mit A und O zu tun, sondern mit deinem Furzloch da hinten! Am liebsten würde ich dich anspucken, mit dem Kopf nach unten hängend foltern, dich in den Müll werfen! Das Leben ist wirklich hundsgemein, denn du bist es, der schließlich als der Gute in die Geschichte eingehen wird. Und ich bin dann der große Einfaltspinsel und spiele den Leinwandbösewicht, die Tyrannin, denn schon unsere Lupe singt: *jeder auf dieser Welt erzählt die Geschichte auf seine Art, läßt sie im Geist der andern in anderem Licht erscheinen...*«

Cuca Martínez lächelt, sie ist stolz, sich so genau und liebevoll an die Lupe erinnert zu haben, mit ihrer frechen ordinären Stimme, rauh wie ein Reibeisen. Sogleich rollt eine Träne ihre Wange herab, bis sie den Schmollmund benetzt, und wütend spuckt sie Schleim in Form von grünem Mus auf die Scheibe des Bilds, genau in die reizende Visage von XXL. Eine Grimasse des Schreckens überzieht ihr Gesicht, sie nimmt schnell einen Taschentuchzipfel, benetzt ihn mit Spiritus und reinigt das Foto, mit *einstudierter Scheinheiligkeit*, täuscht Ehrerbietung vor. Und im Hintergrund, im Radio, muß Silvia Eugenia wohl gerade den Mann heiraten, den sie nicht liebt.

Zweiter Teil

Die Einsamkeit der Frauen

Schließlich tauchte das Hauptthema des Films *Mein blühendes Geheimnis* und ebenso des Films, den ich aus den Worten meiner Mutter gemacht hätte, auf: die Einsamkeit.

Pedro Almodóvar

Siebtes Kapitel

Ein Rendezvous

Wie fern ist jenes Rendezvous, das damals
zum ersten Male uns zusammenführte,
wie ein verwelktes Veilchen scheint es mir nun
in dem Erinnerungsbuch von ehemals.
von Gabriel Ruiz, gesungen von der Freddy

Eine Süßkartoffel, Herrschaften, wenn ich nur an eine Süßkartoffel denke, läuft mir schon das Wasser im Munde zusammen! Verdammter Mist, was koch ich heute bloß? Vielleicht habe ich Glück und treffe beim Furagieren Chicho, den Gemüseschwarzhändler. Der hat vielleicht ne weiche Banane übrig, oder wer weiß, vielleicht ergattere ich sogar... eine Süßkartoffel! Das wäre zu schön, wenn er auftauchen würde, denn ich habe nen ordentlichen Kohldampf. Die Eingeweide lassen mich nicht denken... Und wozu soll ich überhaupt denken? Chicho hat gute Preise, nun gut, mir gibt er manchmal einen kleinen Nachlaß, weil er weiß, daß ich nun wirklich nicht die Wucherpreise auf dem freien Bauernmarkt zahlen kann. Ein kleines Pfund Schweinefleisch kostet die Hälfte meiner gesamten Rente. Ohne mich, wär ja noch schöner! Ich mach mich mal kurz auf die Strümpfe und schau, ob ich Fressalien auftreibe oder mir zumindest durchs Laufen etwas Abwechslung verschaffe und den Hunger vergesse. Katrinka-Terra-Cognita, meine liebe, hilfsbereite russische Küchenschabe, die bei mir lebt, und ihr Mann, der Äthiopier Mäuschen Pérez, sind beide selig eingeschlummert. Es ist ja bekannt, daß das Essen bei diesen Tierchen ewig vorhält, sie haben eine langsame Verdauung und verschlingen außerdem wahllos alles, was ihnen in die Quere kommt, aber ich kann das nicht, mich ekelt vor allem, was es auf Karte gibt, uuuggh, nur über meine Leiche würg ich das runter! Aber ich muß mich ja irgendwie ernähren, und vor Heißhunger sehe ich fast schon doppelt. Ich weiß gar nicht mehr, was ich anziehen soll, ich bin so abgemagert, jedes Kleid hängt wie ein Fetzen an mir runter. So klapprig, wie ich bin, mit meinen kraftlosen Knochen, erkenne ich mich selbst nicht wieder, wie eine Vogelscheuche oder ein Schiffswrack mit Schlagseite sehe ich aus.

Im Zeitraffer wirft sich Cuca Martínez einen Lumpen über, wäscht sich Gesicht und Geschlechtsteile mit einem Splitter Waschseife, kämmt sich die zerzausten, weißen Locken nach hinten und tupft ein Tröpfchen Veilchenessenz hinter die Ohren. Ihr fällt ein, daß sie vor langer Zeit von einer Freundin vor dem Veilchenparfum gewarnt worden ist, das soll angeblich die Männer verscheuchen. Aber ihr Mann könnte weiter weg gar nicht sein, und ein anderer Mann kommt auch nicht mehr in Frage. Sie greift sich den Einkaufskorb, der über der Türklinke hängt. Bevor sie geht, schreibt sie noch ein Zettelchen für die befreundeten Tierchen. Sie möchte nicht, daß sie sich um sie sorgen, sie sind so großherzig, so treue Seelen, so solidarisch. Vor einigen Tagen hat sie beschlossen, ein Testament zu ihren Gunsten aufzusetzen, damit sie nach ihrem Abgang die kleine Wohnung erben und nicht durch die Stadtreform später vor die Tür gesetzt werden können. Alles in allem ist das ihre eigentliche Familie. Aber nein, wie kann sie Phalla und Syphilla vergessen, Verzeihung, ich meine die Mechu und die Puchu! Ihre wahren Trostspender. Nun gut, da ist auch noch die Kleine.

Das Haus scheint verlassen zu sein, es herrscht Grabesstille, seltsam, da doch Radios und Fernseher hier sonst das erste, unmittelbarste Symptom für Leben, ja sogar für Bevölkerungsexplosion sind. Im Nu hat sie den Gang hinter sich gelassen, steigt die Treppen hinunter und bemerkt nicht mal die Lichter – der Kerzen – in der Wohnung ihrer Freundinnen. Sie setzt ihren ausgelaugten Körper dem Mittagslicht aus, und die Sonne läßt sie erblinden. Die Landschaft erglänzt in blendendem Weiß. Sie sucht Schatten, aber die Säulengänge sind fast alle baufällig, und die Strahlen bahnen sich ihren Weg durch die Absperrung der vom Einsturz bedrohten Säulen. Sie geht die Línea hinunter in Richtung Meer und macht von weitem eine Menge aus, die sich vom Hotel Nacional zur Malecón-Mauer wälzt. Das kann wohl kaum die Erste-Mai-Kundgebung sein, die ist erst in zwei Monaten. Die Leute sind merkwürdig gekleidet, wie bei einem Film, der an der französischen Riviera spielt, oder wie beim Festival von Cannes, mit Federn, Schleiern, Strohhüten, Turbanen, Broschen am Ausschnitt, Perücken. Cuca reibt sich die Augen, sie ist sich nicht sicher, ob der Hunger ihr nicht Trugbilder vorgaukelt. Auf dem Kunstrasen – grün, wie ich dich liebe, grün, mein allergrünstes Plastik – haben sie Tische mit weißen Spitzentischdecken aus Papier aufgestellt, eine Imitation der feinen Klöppelei aus Brügge. Die Teller glänzen makellos wie die Kellner, die mit ebenfalls makellos weißen Smokings verkleidet sind. Das Weiß beherrscht die Szene. Cuca erwartet Blut. Denn immer provoziert ein Übermaß an Reinheit Gewalt. Aber nein. Die Reichen – denn wir haben es unzweifelhaft mit Millionären zu tun – prassen und zechen wie die alten Römer. In Cucas Mundwinkeln sammelt sich das Wasser, und sie spürt ein leichtes Schwindelgefühl nach einem Eingeweidekonzert ihres Verdauungsapparats, der leerer ist als ein Stadion bei Regenguß. Reiche Touristen und reiche Parteibonzen vergnügen sich fröhlich in knallbunten Schirmmützen, snobistischen Radlershorts, gestärkten Guayabera-Blusen und Hemden mit rosa

Palmen. Auf der Malecón-Mauer braten in der ewigen Sommersonne Tausende und Abertausende von Zuschauern, ebenso wie Cuca halb ohnmächtig vor Hunger, Durst und Hitze. Diese Hitze, die einem das Gefühl gibt, daß die Tage hier konzentrierter, intensiver, erschöpfender und in höchstem Maße melodramatisch sind. Die Frau geht vorsichtig, aus Angst, auszurutschen und sich einen Hüftschaden zuzuziehen. Schließlich fragt sie eine andere Frau, die mit offenem Mund auf die Speisen starrt:

»Was hat denn das zu bedeuten, Kindchen, oder sind das schon Visionen?«

»Visionen, nein, das sind Devisionen, aber ich habe auch zuerst gedacht, daß ich mit offenen Augen träume, Tantchen. Nein. Das ist ein Schnellbootrennen, eine Weltmeisterschaft für Geldsäcke... Ich bin nur hergekommen, um denen beim Futtern zuzusehen und mir das Essen gut anzuschauen, damit ich nicht vergesse, wie es aussieht.«

Die Alte stolpert ziellos weiter, allerdings kokett wie eine Barbiepuppe, die in einer Werbung Rollschuh läuft. Die Straße bietet ein Bild beeindruckenden, protzigen Treibens. Nicht einmal vor unserer Ära – der Ära, die ein Herz gebar – hatte sie so viele Millionäre auf einem Fleck gesehen. Das hochgelegene Hotel Nacional dient als Tribüne mit Blick auf den Malecón. Dort oben lächelt Extra Extra Large, in Schlammgrün gekleidet, ein ums andere Mal und zieht dabei kleine Grimassen, als wäre er geistig zurückgeblieben oder seine Birne durch Verkalkung schon zum Fossil geworden. Man achtet oder verachtet ihn, er ist auf dem Gipfel des Glücks – mal Besitzer aller Trümpfe, mal Anlaß fürs Naserümpfen –, und neben ihm stehen die ausländischen Unternehmer und die Konkurrenten aus den arabischen Emiraten, die schließlich die Nase vorn haben. Caruca rumort es im Magen, und sie beginnt zu schielen, so sehr gehen ihr die Augen über bei all den gebratenen Hühnerbeinen, die sie von einer Seite der Tribüne zur anderen wandern sieht. Mir nichts, dir nichts schießt XXL, beklatscht und sich selbst klatschend, zu seinem Mercedes und fährt die *glorreiche Siegesmeile des Malecón* entlang, die er so nennt, weil *wir*, das Volk, wie er alle mit seinen heiseren Worten wissen läßt, dem Yankee-Imperialismus wieder einmal eine Lektion verpaßt, die Schlacht fürs Lumpenproletariat, für die Fünfte Kolonne (ein Wörtchen der sechziger Jahre, das er seinem Chinesenbrüderchen – ohne Kontrabaß – geklaut hat) bei den verworrenen Wirren des fünften August vierundneunzig geschlagen haben. Mich macht das rasend, dieses pseudoproletarische *wir* im Mund der Politiker. Kurz und gut, einer dieser Millionäre, der nicht mit seiner Liebsten vögeln kann, wenn er nicht vorher Julio Iglesias in einem Spezial-Karaoke gedoubelt hat, schwenkt eine Colabüchse und stößt auf den Chefkomödianten an, ich meine auf María Cristina, auf Weißtschonwen. Die Autogramme fliegen von XXLs Hand dem versammelten Publikum entgegen. Ein Scheck von fünfundzwanzigtausend Dollar für die kubanischen Kinder wird überreicht. Falls das Geld überhaupt verteilt werden sollte, würde nicht mal ein halber Pfifferling pro Kopf rauskommen. Ich habe eine Schwäche für Millionäre, sie sind immer so freigebig, dazu sind sie ja Millionäre, sie werfen das Geld zum Fenster raus, weil sie Sehnsucht nach dem Sparstrumpf haben. Hochrufe und schlecht auswendig gelernte Hymnen erklingen in Gedenken an den Ché, an den sie sich, wie man wohl sieht, schlecht erinnern. Und sogleich bestellt sich einer das Weiße-Westen-Lied der Geldsäcke, erwarten Sie nichts Außergewöhnliches, es ist keine Opernarie, keine Sonate, das erraten Sie nie: *Und immer noch leuchtet allezeit / das Licht deiner teuren Anwesenheit, / Comandante Ché Guevara.* Ich reagiere allergisch auf diesen Carlos Puebla wegen exzessiven Genusses. Zum Schluß stimmt Extra Large, wie zu erwarten, sich und das Publikum auf eine Rede ein.

Groß ist sein Ruhm als Orator mit dem kleinen Mann im Ohr. Er faßt sich an die rechte Jackentasche, täuscht eine liebevolle Geste vor, und Tausende von weißen Tauben flattern populistisch empor, dann betatscht er die linke Tasche, aber diesmal tut sich nichts. Er drückt heftiger, um den Kugelschreiber zu betätigen, der auf einer bestimmten Frequenz – nur für Tauben hörbar – ein Signal an den winzigen Apparat senden soll, der an dem Fuß einer der Tauben festgemacht ist und sie, eher kraft der Technologie als des Mysteriums, auf seine Schulter locken soll. Ein Trick aus den Anfangszeiten der Revo, den die ganze Welt als ein Zeichen aus dem Jenseits gedeutet hatte, als Wink, daß Extra Large der Auserwählte war, und den in Wirklichkeit dieselbe Person erfunden hatte, die Jahre zuvor für die Entführung des argentinischen Rennfahrers Fangio durch die Bewegung des 26. Juli verantwortlich gewesen war. María Cristina, ich meine XXL, nestelt hartnäckig an seiner Tasche herum, aber die Taube fliegt nicht auf seine Schulter, sondern drückt nur kräftig und plaziert eine Ladung Scheiße extra large auf seinem Kopf, die ihm bis in den weißen Bart rinnt. Niemand lacht. Denn wenn der Scherz irgendwo nichts zu suchen hat, dann in unseren magisch-historischen Selbstdarstellungen. Ein schlechtes Vorzeichen, durchfährt es jedes einzelne der Gehirne, aber niemand muckst. Vollkommenes, bleiernes Schweigen. Nur seine Stimme ist zu hören, rauh und kraftlos – nicht nur die Stimme – durchläuft sie die Straßen von Havanna, von Schalltrichter zu Schalltrichter, wobei sie sich mehrfach überschlägt. Zuerst führt er alle Wirtschaftszahlen seit dem ersten Jahr des Sieges bis zu diesem Augenblick auf, *unsere glorreiche Sonderperiode*, und betont die Notwendigkeit des Opfers in dieser Zeit der Krise und der Wirtschaftsreformen, spricht vom ehemaligen sozialistischen Lager und bla bla bla, um dann wieder wüst über die Russen herzuziehen. Und dieses glorreiche Volk wird standhalten, bis zum letzten Mann, und wenn der weg ist, wird es immer noch standhalten, und aus den Knochen unserer Toten werden wir … Er weiß nicht mehr weiter. *Aus den Knochen unserer Toten werden wir …* Er schaut sich hilfesuchend nach allen Seiten um, aber es will ihm nicht einfallen, was wir mit unseren Skeletten anstellen sollen. Die Menge hängt aufgeregt an seinen Lippen, entsetzt über die tragische Perspektive und das ungewisse Schicksal unserer Oberschenkelknochen, Schienbeine, Wadenbeine, Steißbeine oder Sterze, Ellenbogen, Unterarmknochen, Schädel, Wirbelsäulen, kurz und gut, in Sorge um unsere gesamte Knochenzukunft. Schließlich schnalzt er mit Daumen und Ringfinger, ein Zeichen, daß er die Lösung gefunden hat: *Aus den Knochen unserer Toten werden wir eine riesige Marimba machen, um unsere glorreiche Nationalhymne erklingen zu lassen.* Ein kollektiver Seufzer der Erleichterung übertönt das Tosen der Wellen, die sich an der Mauer brechen. Nur gut, daß wir ein Musikinstrument sein werden, denn er hätte uns auch als Knochen in den Dienst der Internationale stellen, uns Biologie- und Naturkundemuseen vermachen, vielleicht als Rasseln für Löwenjunge an einen europäischen Zoo verkaufen oder uns als Ohrringe zu jeder Fachmesse der Welt exportieren können. Nachdrücklich weist er darauf hin, daß die ideologische Arbeit wieder aufgenommen, das revolutionäre Bewußtsein gestärkt, der Kampfgeist gekräftigt werden muß, um mit Korruption und Privilegien aufzuräumen, um den gierigen Schlund des feindlichen Yankee-Imperialismus zu stopfen, und daß wir mehr als stolz darauf sein müßten, in einer Sonderperiode leben zu dürfen, denn dieser heroische Akt mache uns noch revolutionärer, freier, stärker … Die Geldsäcke verstehen nur Bahnhof und stoßen weiter mit Dom Pérignon an. *Wir sind stärker*, wiederholt er, doch da entsteht Aufruhr in der Menge, ein Kerl ruft um Hilfe, Hilfe, man solle eine Bahre bringen, schnell, eine Alte sei in Ohnmacht gefallen.

Die Puchu und die Mechu, wegen ihrer Eierschalenbepuderung in Milchschweiß gebadet (die Gewohnheit, sich mit zerstoßenen Eierschalen und Muscheln am ganzen Körper zu bepudern, ist von entscheidender Wichtigkeit, der böse Blick lauert an allen Ecken und Enden) und jede mit einem Palmwedel in der Rechten, blicken dorthin, wo sich eine Menge um die Alte mit dem Schwindelanfall schart. Auch das Fax und die Fotokopiermaschine braten neben ihnen in der Hitze. Letztere kaut auf einem Kaugummi, den einer der Geldprotze von der Tribüne heruntergespuckt und den sie sich aus der Luft geangelt hat. Das Fax kriegt den Mund nicht mehr zu. Es versteht keine Silbe von dem, was ihr da vorgesetzt wird: nichts von diesem Gelabere und Blablabere hat etwas mit dem neuen Kommunismus zu tun, in den sie in diesem Augenblick die Mumie von Wladimir Iljitsch in eigener Person per Fax einweiht. Da beschließt sie, telepathisch die Faxnummer von Nikita Chruschtschow zu wählen, aber sie erwischt die falsche Vorwahl und platzt unversehens ins Fegefeuerbüro von JFK. Und Kennedy – nicht der Flughafen, sondern der Expräsident, der beileibe kein Holzkopf ist, aber das Kinn, achten Sie mal drauf, genau wie das von Clinton – übermittelt ihr seine Meinungen und Informationen, und das Fax hört vergnügt zu, rundum glücklich, weil sie immer noch glaubt, sie sei mit Nikita verbunden. Beim Verabschieden merkt sie, daß sie die ganze Zeit über mit dem ermordeten Präsidenten der Vereinigten Staaten gesprochen hat, und ihr wird ganz anders, sie schlägt der Länge nach auf den Boden, beißt sich in einem epileptischen Anfall auf die Zunge, und ihr Gehirn dreht sich um hundertachtzig Grad in Richtung Kapitalismus. Sie und Cuca Martínez werden auf schnellstem Weg ins *Hermanos Ameijeiras*-Krankenhaus gebracht. Der Beamte, zuständig für die Sicherheit im (faulen) Staate, der sie begleitet, fordert Elektroschockbehandlung statt Mund-zu-Mund-Beatmung, Aspirin oder einen simplen Wattebausch mit Alkohol unter der Nase. Der Arzt gibt den Wünschen des charmanten Beamten beinahe nach, und zwar nicht auf Grund einer Fachdiagnose, sondern weil das einzige Heilmittel, das er anbieten kann, eben Elektroschocks sind. Ein Glück, daß die Mechunga, die Puchunga und die Fotokopiermaschine Zeugen sind; sie warten darauf, daß der Agent in Richtung Straße abzieht, vom Verlangen getrieben, einen kräftigen Zug zu tun (also heftig an einer Zigarette zu saugen), und sie bitten den Arzt, ein Stückchen Brot und etwas Zuckerwasser für die Alte zu bringen, denn ihr fehlt nichts weiter, der Magen schlackert ihr nur um die Wirbelsäule und ist leerer als ein olympisches Schwimmbecken im Winter, wenn gerade keine Wettkämpfe sind. Um die Junge werden sie sich kümmern, fügen sie hinzu. Sobald der Arzt abgedampft ist, um hartes Brot und das Zuckerwasser aufzutreiben, schürzt die Fotokopiermaschine ihr Kleid, steigt über die Bahre, hockt sich über die Nase vom Fax und entläßt einen Fischfurz aus dem Feuchtbiotop zwischen ihren Schenkeln. Der Gestank nach verfaulten Tintenfischen belebt das Mädchen wieder, das jetzt lautstark nach Rockefeller, Onassis, Miguel Boyer und Bernard Tapie, gerade in Gerichtsverhandlung, verlangt. Als sie Cuca Martínez' horizontaler Gestalt auf der Bahre gewahr wird, die ganz violett angelaufen ist, so daß sie nicht etwa einer Pflaume, sondern einem Stalin-Opfer in Sibirien gleicht, da schreit sie wie wild:

»Mörder, die haben sie umgebracht, nieder mit dem Kommunismus!«

Die Fotokopiermaschine stopft ihr den Mund mit dem Mehrzweckkaugummipfropfen. Die Puchu und die Mechu halten das Mädchen fest. Entsetzt versuchen die beiden, sie halblaut zu beschwichtigen, und flüstern ihr ins Ohr:

»Verdammt noch mal, behalt's für dich und schrei für die anderen.«

Das Mädchen reißt die Augen weit auf wie eine rasende Schizophrene und brüllt, mit einem Schluchzer kämpfend, der ihr an den Mandeln hängengeblieben ist:

»Es lebe Extra Large, Sozialismus oder Tod!«

Es gibt kein altes Brot, aber der Doktor kommt mit einem zerknautschten, schmierigen Plastikbecher zurück, angefüllt mit Wasser und dem Restzucker vom Boden der Zuckerfabriken, also dem, der dem Volk auf Karte verkauft wird. Auf den Nachbarpritschen werden andere Kranke im Koma von Schwarzmarkthändlern angesprochen, die illegal fast mehr anbieten als ein französischer *Carrefour* oder eine *Mall* in Miami: Schokoladeneis, Kartoffeln, gefüllt mit Katzen- oder Rattenfleisch, und Kisten mit falschen *Cohibas* oder *Montecristos*. Eine frischoperierte Frau kreischt grell auf und faßt sich an ihre Wunde:

»Auauau, ein Schmerzmittel, ich hab solche Schmerzen, Scheiße, ein Schmerzmittel!«

Ein anderer Patient erzählt, daß sie der leidenden Frau ein Fibrom mit einem neuen chinesischen Produkt entfernt haben, das statt Anästhesie Amnesie hervorruft.

»Hat denn niemand hier ein Schmerzmittel?« erkundigt sich der beschämte Arzt bei den Besuchern und anderen Kranken.

Cuca Martínez hat das Gebräu geschluckt, jetzt fühlt sie sich schon wohler. Sie kramt im Einkaufskorb und findet ein Thomapyrin, das sie einmal in den achtziger Jahren erstanden hatte. Es ist zwar schon etwas gelb angelaufen, wird aber sicher helfen. Die Frau schluckt die Pille, als würde sie beim heiligen Abendmahl den Leib Christi empfangen, und zwar mit Haut und Haaren, mit Knochen, Sehnen, Drüsen, kurz und gut, quicklebendig und im Begriff wiederaufzuerstehen. Das Fax, die Fotokopiermaschine, Cuca, die Puchu und die Mechu danken mit mehreren ›gelobt sei der Herr‹ dem Doktor für seine hervorragenden Erste-Hilfe-Leistungen und wollen sich schon zurückziehen, als sie gegen den lebenden Paravent des Sicherheitsbeamten prallen. Da er glaubt, sie erfolgreich mit seinem autorisierten Imponiergehabe eines Halbstarken eingeschüchtert zu haben, lächelt er zynisch und tritt, in Galanterie abgleitend, beiseite, um sie in Richtung Ausgang passieren zu lassen. Bevor er sie aber ganz in Frieden, wenn auch ohne Wohlstand ziehen läßt, packt er die Gelegenheit und die Fotokopiermaschine, die als letzte an ihm vorbeigeht, beim Schopf und stöpselt wie ein geiler Teufel seinen Finger in ihr Loch unter dem Rock. Nicht etwa, um die Frau sexuell zu belästigen, sondern um auf Nummer Sicher zu gehen, daß sie keinerlei Instrumente oder Medikamente aus dem Krankenhaus in ihrem Intimfach herausschmuggelt, um sie wieder zu verkaufen. Die Fotokopiermaschine sagt keinen Mucks, denn sie weiß, daß sie ihm über die Fingerkuppe eine tüchtige Syphilis verpaßt hat, eine Krankheit, die den siegreichen Statistiken zufolge hier ausgerottet ist.

Unsere fünf weiblichen Musketiere befinden sich jetzt in der inzwischen verödeten Straße. Die Festlichkeiten sind beendet, die Tribüne abgebaut, und keine Menschenseele ist mehr zu sehen, nur die Spuren des Festschmauses und der Saustall der schimmernden Plastikteller, Papptassen und -becher, alle nicht nur leer, sondern ausgeschabt. Sie wollen zur Mauer hinüberwechseln. Dort, mit dem Rücken zur Stadt und den Blick auf das mattfarbene, doch von Weite und Schönheit strotzende Meer gerichtet, widmen sie ihren Verschwundenen einige Momente schweigenden Angedenkens. Denn in diesem Land hat jeder einen *Balsero*, der auf dem Floß auf und davon ging. Das Fax weint, untröstlich und fassungslos. Zum ersten Mal in ihrem Leben bricht aus ihr das ganze in ihrer Seele eingesperrte Trauma hervor. Die Leute sammeln sich an der Mauer um sie. Es ist ja allseits bekannt, daß wir den Klatsch lieben, so daß wir hier unversehens ein Publikum haben, das an der Geschichte des Mädchens interessiert ist. Nach und nach kommen sie alle herbei, so zum Beispiel Hernia, die Nachbarin aus dem Erdgeschoß, der das Meer und Mißgeschicke die Wohnung in eine Ruine mit rissigem Steinboden wie der an der Küste, mit Hundezahnkalk und Stalagmiten, verwandelt haben; das Dach stellt wie eine postmoderne Höhle glänzende Stalaktiten zur Schau, und an den Wänden wallen Algen und Moos. Hernia kommt heran und hat schwer zu schleppen an ihrer Existenz, die postexistentialistischer gar nicht sein könnte. Kurz darauf erscheinen, vom Kummer angezogen, auch Yocandra und ihre beiden Männer auf der Bildfläche, denn es ist ein offenes Geheimnis, daß diese billige Pseudointellektuelle wie eine geile Stute bumst und mit beiden zusammenlebt oder sie sich zumindest abwechselnd vornimmt, aber meiner Meinung nach soll jeder seinen Hintern dem zur Verfügung stellen, der am schönsten drauf trommelt, und sich in das Bett legen, das am schönsten quietscht. Und so laufen nach und nach die Nachbarn aus dem Haus, dem Viertel, dem Stadtteil, dem Verwaltungsbezirk, der Provinz zusammen, und später schließen sich noch die der angrenzenden Provinzen an, welche dann die restlichen herbeirufen, und schließlich ist die ganze Insel an der Malecón-Mauer versammelt, um der traurigen Geschichte des Fax zu lauschen.

Es stellt sich heraus, daß das Fax einen Bruder und einen Verlobten gehabt hat. Die sie, das versteht sich von selbst, abgöttisch und wie verrückt liebte. Bruder und Verlobter entschlossen sich angesichts der verlockenden Aussicht, das Staatsexamen für Bauwesen machen oder sich ins Lehramt für Tiermedizin einschreiben zu können, auf die Universitätskarriere zu verzichten, und so erwischte sie erwartungsgemäß der Gewede, der GWD also, der Grundwehrdienst. So beschlossen sie, die Flucht nach vorn zu ergreifen, was blieb ihnen schließlich anderes übrig, und eines Morgens rückten sie, mit dem linken Fuß voran, bewehrt mit Zahnbürste, Handtuch und Wasserbehälter, wie es ein Absatz der Militärordnung vorschrieb, zum Krieg nach Angola aus. Für sie war das nichts weiter als ein Abenteuer, eine Luftveränderung, um mal ein wenig der Inselroutine zu entkommen, denn auf den Inseln währt das Abenteuer nicht immer ewig, manchmal herrscht auch so einschläfernde Langeweile, daß man denken könnte, jeder Tag im Jahr wäre ein Sonntag. Zu beider Unglück kamen sie nicht ins gleiche Bataillon, sondern wurden sogar ziemlich weit entfernt voneinander stationiert. In einer Morgendämmerung, kalt und streng wie alle Morgendämmerungen auf der Welt, sogar hier in den Tropen, ertönte der Weckruf früher als sonst. Die Namen mehrerer Soldaten wurden aufgerufen und der Befehl gebrüllt, sich einfach so, ohne Begründung, für eine lange Expedition fertig zu machen. Unter den Aufgerufenen war auch der Bruder des Fax. Als sie uniformiert antraten, wurden sie ohne weitere Erklärungen in einen Lastwagen geschubst. Stunden über Stunden fuhren sie, erschöpft, verklebt, erhitzt – woran nicht etwa erotische Reize schuld waren, sondern die hitzigen Bombardements. Nach drei Tagen gelangten sie schließlich zu einem abgewrackten Lager aus grauem Stein und Asphaltzement, das jeden Moment in sich zusammenzufallen schien. Erst dann legte der Kommandeur wieder mit seinen gebrüllten Befehlen los, sie traten an, und dann hieß es ›stillgestanden‹ und kurz darauf ›rührt euch‹. Der Kommandeur würgte grünen Schleim hervor, den er über die Schulter ausspuckte. Er fing mit einer Willkommensrede an und gab allgemeine Informationen, die niemand verstand. Das ist so typisch für unsere Reden, sie nehmen kein Ende und werden dabei immer unverständlicher und sinnloser. Reinste Spuckeverschwendung und immer die gleiche Leier. Schließlich begriffen die Soldaten, aus welchem Grund man sie so weit weg beordert hatte. Man hätte ihnen zwei Mitteilungen von höchster Wichtigkeit zu machen. Der minderbemittelte Hauptmann offenbarte ihnen die erste in folgenden Worten:

»Achtung, alle Soldaten, die noch eine Mutter haben, einen Schritt vorgetreten! Soldat Ramírez, ›rühren‹!«

Daraus konnten sie schließen, daß Ramírez' Mutter gestorben war. Die zweite Nachricht war schwieriger zu vermitteln. Der Hauptmann nahm einen Vortrag über die sexuelle Disziplin der Soldaten in Angriff, verstrickte sich in Ausführungen über die Unterdrückung des Eros und die gestatteten Beziehungen zu Tieren, aber niemals zu Menschen, denn in diesem Fall handelte es sich um militärische Unzucht, die gesetzlich geahndet wurde. Nach zweieinhalb Stunden beschloß er, auf den Punkt zu kommen, und legte minuziös dar, daß ein Soldat des Lagers eine Angolanerin vergewaltigt und das Gericht ihn zum Tod durch Erschießen verurteilt hatte. Allen schlakkerten die Knie. Sie schissen sich fast voll, als ihnen eröffnet wurde, daß ihre Mission nichts anderes war als die Bildung des zuständigen Erschießungskommandos. Dem Bruder des Fax pfiff es nur so in der Hose, als sie den Angeklagten aus dem Gefängnis holten und sich herausstellte, wer er war: der Verlobte seiner Schwester! Das konnte doch nicht wahr sein, er sollte auf seinen Freund schießen, sollte seinen zukünftigen Schwager von eigener Hand in einen zukünftigen Schwagerkadaver verwandeln? Nein, nur über seine Leiche! Da hörte sein Sinn für Disziplin, Loyalität und Pflichterfüllung auf. Er bat um Freistellung. Sie wurde nicht gewährt. Der Kommandeur, der ihn mehr anbellte als beschimpfte, ließ ihn kaum zu Wort kommen, doch es gelang ihm, durch schrilles Gekreische eine Unterredung mit seinen Vorgesetzten herauszuschlagen. Er machte so viel Rabatz, daß sich die kleinen Untersetzten, die eigentlich seine Vorgesetzten waren, mit ihm befassen mußten.

Sie rechtfertigten sich mit dem Argument, daß sie nichts für den Verurteilten tun konnten, weil der Befehl von *oben* käme. Dieses rätselhafte *oben*, das immer den gleichen Ort meint, irgendeinen Thron oder ein Büro, von dem aus die Macht ausgeübt wird. Schließlich gestanden sie dem Bruder nach langer, vergeblicher Schlacht, als sich seine Stimmbänder schon beinahe verknoteten, wenigstens eine Unterredung mit dem Gefangenen in Gegenwart eines Aufsehers zu. Der Dauer nach war das Treffen kurz und schmerzlos, dem Inhalt nach jedoch zutiefst grausam und unvergeßlich. Der Bruder des Fax sprach als erster:

»Stimmt es, daß du die Angolanerin vergewaltigt hast? Ich kann es einfach nicht glauben, das ist unmöglich... Nicht du. Du hast so was nicht getan.«

»Ich war's nicht, verdammt, ich schwör's dir bei meiner Alten, daß ich's nicht gewesen bin, die waren das, die Angolaner, aber das werden sie nie zugeben, das paßt ihnen nicht ins Bild... Verfluchter Mist, ich schwör dir, ich bin's nicht gewesen.« Und der junge Mann weinte und weinte und hörte nicht auf, sich Tränen und Rotz abzuwischen, mehr aus Nervosität denn aus Wohlerzogenheit. Während er weinte, sprach er ganz leise und matt, als hätte er seine ganze Kraft durch Jammern und Bitten verbraucht. »Oje, oje, mein Gott, ich hab solche Angst, ich will nicht sterben, nein, die sollen mich nicht töten, rette mich, rette mich, erklär ihnen, daß sie sich irren...«

Nach diesem düsteren Gespräch war der Soldat vollkommen davon überzeugt, daß sein Freund nichts mit der Sache zu tun hatte. Das war mehr als offensichtlich, seine Augen sprachen Bände, und sein Leid, sein Entsetzen erst recht. Die Offiziere hörten ihn an, verdrehten die Augen zur Decke, pfiffen vor sich hin und legten wahrhaftig eine Geduld an den Tag, die ganz und gar untypisch für sie war, denn sie waren nicht an dieses sentimentale Gewäsch gewöhnt. Welcher Militär ist das schon? Sie ließen kein einziges seiner Argumente gelten. Er war der Schuldige und kein anderer. Und die Strafe war diese und keine andere. Und der Prozeß, der Anwalt? Fall abgeschlossen. Der Bruder des Fax zog seine Pistole hervor und zielte auf ihre Gehirne. Vorher würde er sie alle unter die Erde bringen. Es war eine prompte Reaktion, er war wohl Sanguiniker, Choleriker. Doch es standen zu viele gegen ihn, es kam zum Gerangel, und schließlich konnten sie ihn entwaffnen. Sie fesselten ihn und warfen ihn in einen Lastwagen; in seine Hemdtasche steckten sie, mit Schreibmaschine auf einen Zettel geschrieben, die Diagnose: gefährlicher Geisteskranker. Der Lastwagen setzte sich holprig in Bewegung, der Weg war mühsam wegen der Schlaglöcher, der Felsbrocken und der Heckenschützen. Nach zehn Minuten Fahrt hörte er Gewehrsalven und einen kurzen, kindlichen Aufschrei. Der Schrei, der ihn endgültig wahnsinnig machte. Der Todesschrei seines unschuldigen Freundes.

Er wanderte von Einheit zu Einheit, von Krankenhaus zu Krankenhaus, von Dorf zu Dorf, bis der Grund für seine Internierung in Vergessenheit geriet. Er gab kein Wort von sich, tat so, als hätte er den Kontakt zur Wirklichkeit, sogar zu seinem Geist, vollkommen verloren, obwohl das nur zur Hälfte stimmte. Sie fällten eine neue Diagnose, totale Amnesie, und schickten ihn umgehend nach Havanna zurück. Der Kranke wurde in einem staatskarossenblauen Lada mit weißem Nummernschild nach Hause gefahren und seiner Familie übergeben, gespickt mit Auszeichnungen und hochjubelnden Bescheinigungen über seine offensichtlich untadelige Haltung eines glorreichen Kämpfers für die Internationale. Als sie fort waren, sagte ihm das Fax, das vor ihm kniete, mehr feststellend als fragend:

»Sie haben ihn umgebracht?« Sie meinte ihren Verlobten.

Er bestätigte es, indem er die Augenlider schloß, und als er sie wieder zur Decke hin aufschlug, rannen ihm die Tränen über die Wangen und liefen die schlaffen Halsadern entlang. Sie schloß sich eine ganze Woche in einen Schrank ein und weinte, rührte keinen Bissen an und ging nicht mal auf die Toilette, sagte keinen Mucks, lang und stumm weinte sie in sich hinein, wandte ihre Gewalt nach innen. Ihr Bruder ging nie wieder einer geregelten Arbeit nach. Er betätigte sich als professioneller Schlangesteher im *Centro* (damals gab es noch das berühmte Lebensmittelgeschäft, bei dem man für kubanische Pesos kaufen konnte und vor dem man Wochen, ja Monate Schlange stehen mußte). Er lebte davon, Plätze in der Schlange auf- und dann wiederzuverkaufen, und mit diesem halbillegalen Geschäft verdiente er mehr als jeder vom Staat angestellte Arbeiter. Außerdem löste er so sein Problem der Schlaflosigkeit, denn immer wieder suchte ihn die Erinnerung heim. Alles lief gut, bis die Polizei in einer Morgendämmerung beschloß, sich die Schlangesteher vorzuknöpfen und ihre Gitterwagen bis obenhin mit ihnen zu füllen. Auf dem Weg ins Gefängnis nahmen sie die Personalien eines jeden Verhafteten auf. Sie beschlagnahmten sogar Kämme und Personalausweise. Aber der Bruder des Fax war ein Pechvogel, denn sie entdeckten bei ihm einen feindlichen Schein, der mit Blut befleckt war, und zwar nicht mit dem glorreichen Blut, das auf der Insel von den Märtyrern vergossen worden war, sondern dem Menstruationsblut einer kleinen Hure, bei der er ihn eingewechselt und die ihn zuvor zwischen ihren Schamlippen versteckt hatte. Kurz und gut, ein mit Monilia infizierter Dollar, der noch nach Regel stank. Es war der erste Schein, den der junge Mann auf der Schwarzmarktbörse erstanden hatte. Damals für die bescheidene Summe von fünfzehn Pesos erworben. Dafür brummten sie dem Bruder des Fax die bescheidene Summe von fünfzehn Jahren Gefängnis auf. Wegen guter Führung wurde die Strafe auf fünf Jahre verkürzt. Ich werde jetzt nicht in allen Einzelheiten die Foltern und Demütigungen ausbreiten, denen der Junge ausgesetzt war, für Horrorszenarien habe ich ein zu empfindliches Gemüt. Bei seinem Aufenthalt im Knast hat er sich eine Narbe mitten auf der Backe eingehandelt, wie Al Pacino in *Scarface*, und außerdem hundertfünfundsechzig Traumata wegen der wiederholten Vergewaltigungen. Das Fax wurde dagegen in eine offene psychiatrische Anstalt eingeliefert. Das Heilmittel für ihren Wahnsinn, für ihren Mangel an Glauben, für ihre Identitätskrise und ihre ideologische Verwirrung, die Lösung, die die Psychiater fanden, bestand im Gegenangriff durch Elektroschocks. Gegenfeuer zu jeder Stunde, eine ordentliche Stromdusche für Gehirn oder Hintern, und fort ist die kapitalistische Melancholie. Das Mädchen kam gänzlich verwirrt wieder heraus und hielt sich nun für einen Apparat, für eine technologische Erfindung: ein kommunistisches Fax. Bis zu eben jenem Augenblick, in dem sich ihr Gehirn irrte und die Nummer von JeiEfKei wählte statt der Chruschtschows; dabei erlitt ihr Unterbewußtsein eine gewaltsame Umwandlung in ein Fax mit Hang zur Freidenkerei oder zur Mitte links oder wie auch immer sich momentan das linkische oder zweiseitige Lager nennen mag, selbst wenn Konstantinov, der unseres Theorielehrbuchs, auferstehen würde, könnte er es nicht sagen!

Erschöpft hört unser Fax nun auf, sich in der Öffentlichkeit zu autopsychoanalysieren. Das gesamte Volk klagt laut schluchzend, gegen die Malecón-Mauer, seine Klagemauer, gelehnt. Auf einmal ist über die Lautsprecher auf der Straße wieder die rauhe, überfallartige Stimme von XXL zu hören, der die Wiedereinführung des Karnevals bekanntgibt, der bis jetzt verboten gewesen war. Zur Zerstreuung. Sobald sich die Leute aber besaufen und vergessen, werden die Karossen und Umzüge wieder ausgesetzt, denn ich weiß nicht, was für eine

Schwachstelle in unserer grauen Substanz uns dazu treibt, uns das Gedächtnis mit selbstgebranntem Rum oder Faßbier zu verdünnen, aber wir müssen immer alles bis auf den letzten Tropfen austrinken und im Anschluß natürlich pinkeln, und durch eine vorübergehende Nierenkolik wird das inzwischen in Stein gehauene Gedächtnis wieder zutage befördert; aber wir ziehen einfach an der Kette, wenn Wasser da ist, wenn nicht, dann spülen wir eben mit dem Eimer nach. Das ist unser Verhängnis, unser Kreuz. Im Handumdrehen trocknet sich das Volk die Tränen und macht aus den tragischen Anekdoten den Text für eine *Conga*, und die Menge schickt sich an, hinter der Karosse des Bauwesens und der Karnevalsgruppe des Skorpions herzuziehen.

Nicht nur die bereits erwähnten Nachbarn, sondern auch alle anderen sind eifrig dabei, die kurzlebige Vergangenheit aus dem Gedächtnis zu streichen und tüchtig auf die Pauke zu hauen. Die Fotokopiermaschine, die Mechu und die Puchu versuchen, die Zunge des Fax unter Kontrolle zu bringen, denn sie hat wieder einen schweren epileptischen Anfall. Es ist inzwischen Nacht geworden, und Cuca Martínez vernimmt in der Höhe ein seltsames Geräusch, als hätte jemand dem Mond einen Motor verpaßt. Sie blickt zum Himmel hinauf, die Lämpchen eines Flugzeugs ziehen eine weiße Kielspur durch die nächtliche Schwärze. Und wie immer, wenn sie ein Flugzeug erspäht, also so gut wie nie, gibt sie sich der Illusion der sehnlichst erwarteten Rückkehr ihres Geliebten hin. Er, ihr Retter oder Zerstörer. Sie ist darüber ganz kokett geworden, nimmt sich vor, sich irgendwoher ein Gebiß zu beschaffen, sich die weißen Haare mit Enziantinktur, mit Mercurochrom oder Jod zum Bepinseln entzündeter Mandeln zu färben und sich von dem Dollar unter der Mantille der Jungfrau der Barmherzigkeit ein Puderdöschen zu kaufen. Dennoch schüttelt sie diese tückischen Gedanken sogleich wieder ab. Sie zieht ein

Häkeltaschentuch aus ihrem Ausschnitt und wischt dem Fax-Medium den Schweiß von der Stirn. Beschwingt singt sie in der Altstimme von Clara, der Clara des berühmten Duos *Clara y Mario* aus der Sendung von Eva Rodríguez und Héctor Fraga *Bei uns um neun* oder aus den nostalgischen Zeiten von *Mirta y Raúl* und *Guten Abend*:

Und das Meer, der Spiegel meines Herzens,
wie oft hat es mich schon weinen sehen
über deine treulose Liebe.

Sie schaut in den weiten Himmel, eine Wolke hat das Flugzeug verschluckt. Das Knötchen in ihrer Brust spielt verrückt wie die Lichter einer außer Kontrolle geratenen Ampel, und sie hält es für ein Zeichen, daß es regnen wird oder eine gute oder schlechte Nachricht eintrifft. Sie kramt in ihrem Korb und holt einen Flachmann mit hochprozentigem Eigenfabrikat, das einem die Schuhe auszieht, hervor und gießt sich zweimal einen hinter die Binde. Sie lädt die anderen auf einen Schluck ein, die bereitwillig annehmen. Ein Kerl tritt zu ihnen und bietet ihnen einfach so nicht etwa eine Dose Coke, sondern eine Dosis Coke, nämlich Kokain, an, und zwar gegen Dollar. Da ihn alle links liegenlassen, zieht er sich ganz diskret in einen weißen Nissan zurück, vollgestopft mit Dollarprostituierten beiderlei Geschlechts und italienischen Progressivi. Die Freundinnen überqueren die Straße in Richtung Rampa, das Mädchen wird noch immer von Krämpfen geschüttelt, und ihr zitternder Kiefer läßt klangvoll Zahnreihe auf Zahnreihe klappern, wie bei Kastagnetten. Kaum sind sie ein paar Querstraßen weit gekommen, da wird auf der Höhe des *Yara*-Kinos die Fotokopiermaschine von einem Kerl mit langen, exzentrischen wasserstoffperoxidgebleichten Locken à la Shirley Temple angesprochen:

»Bist du's wirklich, Foto? Mann, du siehst ja so mager und kränklich aus!«

»Hallöchen, Büro-Beau! Du siehst ja spitze aus, wo hast'n bloß das Peroxid zum Bleichen her? Ich weiß schon gar nicht mehr, seit wieviel Jahren ich kein Fläschchen Peroxid mehr zu Gesicht gekriegt hab! Schau dir nur mal an, wie unsere Putzwolle« – sie wuschelt der Mulattin durchs geglättete Kraushaar, das schon fünf Fingerbreit schwarz nachgewachsen ist – »uns blamiert, die Friseursalons haben geschlossen. Gib mir deinen Geheimtip, Büro-Beau.« Das ist der Spitzname des Dandy-Funktionärs, des modernen Bürokraten, immer nach dem letzten Schrei gekleidet, samt Ring im Ohr und affektiertem Gehabe und was sonst noch alles für Kinkerlitzchen dazugehören, um den Aufzug des technologisch frisierten Ohrs perfekt zu machen, das nicht nur Lauschangriffe startet, sondern sogar antwortet. Ihn als homosexuell zu bezeichnen ist eine Beleidigung aller Homosexuellen. Er ist ganz einfach ein undefinierbares *Etwas*.

»Ach was, ich hab's aus dem Laden des kubanischen Schriftsteller- und Küblerverbands« – ich schreibe Kübler statt Künstler, weil seine Mitglieder kaum etwas anderes tun, als Alkohol in sich hineinzukübeln –, »aber das ging im Nu über'n oder unter'n Ladentisch, sie rückten zwei Fläschchen Peroxid und ein Shampoo raus, drei Spraydosen Deodorant, ein Päckchen Lockenwickler, fünf Schachteln Puder und zehn aparte Boina-Postkarten, na die vom *Museo Napoleónico*. Papier gab's bei der Lieferung allerdings nicht, ebensowenig Schreibmaschinenbänder, na gut, die kommen ja schon seit einer Ewigkeit nicht mehr rein, und die Maschinen, nicht die zum Nähen, sondern die zum Schreiben, kennt man sowieso nur noch vom Hörensagen. Aber erzähl mal, Schätzchen, was du so alles treibst, wenn's nicht illegal ist. Foto, meine Liebe, was tut sich so? Stell mich deinen Freundinnen vor. Hocherfreut, ich bin der Büro-Beau. Ich arbeite in einem INNSSTITTUUUT.« Das spricht er mit größter Eleganz und den größten Großbuchstaben aus, um Neid zu erwecken. »Ich kenne die Fotokopiermaschine seit tausend und abertausend Jahren, von der Zeit her, als wir noch in der Akademie der Wissenschaften arbeiteten, nicht wahr? Weißt du noch, wie wir schwarze und rote Fliegen verheiratet haben? Und die verdammten roten wollten nicht mit den schwarzen vögeln, das waren vielleicht Scheißrassisten!«

Cuca Martínez überkommt vor Ekel fast ein Brechreiz, sie hält die Luft an, atmet dann tief durch, und das Bedürfnis, sich zu übergeben, verfliegt. Die Mechunga und die Puchunga sitzen neben dem Fax auf den Kinostufen und hören zu. Die beiden Frauen lassen das Mädchen nicht los, aus Angst, es könnte in Ohnmacht fallen, und bei der Gelegenheit schmiegen sie sich wollüstig ein wenig an sie, denn sie mögen vielleicht alt sein, aber noch lange nicht impotent. Der Büro-Beau hört nicht auf, affig herumzugestikulieren, als würde er Mücken erledigen oder in einer Loge in der Scala der Peking-Oper applaudieren, und läßt dabei einen Tratsch nach dem anderen vom Stapel. Schließlich fragt er tückisch, wem sie ihre erbärmliche Zeit in den nächsten Minuten zu schenken gedenken.

»Wir gehen nach Hause, um den Samstagsfilm zu sehen, den von Omnivídeo«, antwortet die Fotokopiermaschine.

»Das kann doch nicht wahr sein, Mädchen, ist ja öde, nichts da, ihr müßt mich begleiten, und zwar direkt zu Omnivídeo, so nennen sie ne Tunte, mit der ich befreundet bin und die ein paar Shows hinlegt, daß nicht mal Carlos Otero mit seinen Rumba-Samstagen mithalten kann! Ich lad euch auf ne Wahnsinnsparty ein, Mann, das Geilste überhaupt, einfach göttlich! Ihr müßt ›Ihre Niedrigkeit‹ kennenlernen, ach, ihr werdet euch königlich amüsieren. Kostet zehn Pesos Eintritt, aber heut zahle ich. Das ist die Sensation der Stadt, stellt euch vor, kein Tourist geht mehr ins *Tropicana*. Diese Mulattinnen mit Zellulitis und den Strümpfen mit den klaffenden Löchern sind völlig démodé, nichts mehr los mit denen, könnt ihr mir glauben, Mädchen! Den tollsten In-Klubs haben wir inzwischen das Publikum weggeschnappt. Wir haben einen Laufsteg für Transvestiten, das dürft ihr euch nicht entgehen lassen. Die Polizei hat uns so halb genehmigt, denn man muß ja nach draußen hin ein positives Bild verkaufen.«

»Nach draußen?« fragt Cuca und denkt an den Hof des Hauses.

»Na, fürs Ausland, Kindchen, nach außen, für den Wilden Westen halt. Wir haben uns vorgenommen, wie Sotomayor zu sein, die Latte unseres Landes möglichst hoch zu legen und, ob mit oder ohne Stab, die bestehenden Rekorde zu überbieten, Weltrekorde aufzustellen und selbst wieder zu brechen.«

»Und was soll das mit dem *halb genehmigt* bedeuten? Ist das nicht eher *halb illegal?*«

»Ach, Tantchen, Sie fragen einem ja ein Loch in den Bauch! Ich weiß nicht, was es bedeutet, interessiert mich auch gar nicht. Kommt doch nur drauf an, das Leben zu genießen, seine Chance zu nutzen, den Augenblick.«

Unsere fünf apokalyptischen Reiterinnen weigern sich kategorisch, lassen sich aber durch so viel Hartnäckigkeit schließlich widerwillig breitschlagen. Und die armselige Aussicht, das gleiche wie jeden Samstag zu tun, sich von Kanal sechs und seinen Horrorfilmen mit den vierundzwanzig Eimern Blut pro Sekunde massakrieren zu lassen, verlockt sie letzten Endes nicht im geringsten. Das Fax, dem seine sozialdemokratische Antenne neue Projekte einflüstert, ist ganz begeistert, weil dieses Fest ihr vielleicht produktive Inspirationen gibt und sie anschließend ihre Autobiographie schreiben kann, für die ihr dann ein amerikanischer Verlag womöglich eine sechsstellige

Summe zahlen wird, oder wer weiß, mag sein, und sie gründet ein *Paladar*, eines von den privaten Gaumenfreuden-Restaurants, die wegen der hohen Steuern ganz besonders unmöglich zu führen sind. Jetzt muß Kohle her, auf Teufel komm raus, und sie tüftelt bereits an einer Methode, um die Steuerbehörde zu überlisten. Die Mechu und die Puchu würden glattweg ihren Dick- und Dünndarm und die Muttertrompeten dafür opfern, ihr altes Leben, wie aus einem Unsitten- oder Miedereierroman, wieder aufnehmen zu können, seit Monaten schon haben sie das Bedürfnis, ihren Ofen wieder anzuheizen. Die Fotokopiermaschine muß mal wieder aufs Land fahren und in einer Wochenendklause auf Sause gehen, wieder mal ihren weiblichen Zeugungsapparat überprüfen, auch wenn sie keine Eierstöcke und keine Regel mehr hat. Die Fotokopiermaschine leidet nämlich an einem geringfügigen Defekt, immer wenn sie die Beine öffnet, hüpft aus ihrer Muschel wie ein Springteufelchen ein Clown hervor. Dafür hat sie schon mehr als einmal eins auf die Nase gekriegt, denn das erweckt den Eindruck, als würde sie sich über ihren Partner lustig machen. Ach, und wenn es nur ein Nasenstüber gewesen wäre. Sie war in einen intellektuellen Spitzelessayisten mit Zwergpimmel verliebt und konnte sich nicht zum Geschlechtsverkehr mit ihm durchringen, ach was, zum Bumsen eben, denn sie wußte, was kommen würde. Und es kam, was und wie sie es erwartet hatte: Als sie ihre Stelzen spreizte, hüpfte ihre Klitoris wie ein Springclown hervor und war größer als der verpennte Klubpenis des kurzpimmligen Essayisten. Niemand weiß, warum, aber am selben Abend jagte sie *das kämpferische Volk* mit Tritten davon, wobei es sie an Titten und Strippen aus dem Haus zog, und zusammen mit Zeugen Jehovas, Verbrechern und Homosexuellen wurde sie in ein Arbeitslager gesperrt. Natürlich war das schon einige Jahre her, in ihrer Jugendzeit. Niemand will verstehen, daß es nicht eine Marotte von ihr, sondern der Natur ist, die ihr den Klitoris-Clown eingepflanzt hat. Der Büro-Beau macht ihnen Versprechungen und Hoffnungen, indem er ihnen versichert, daß es zwar eine Schwuchtelfete sein mag, aber auch viele Heteros aus Neugier vorbeischauen, und manchmal mischen sie sich sogar euphorisch unter das, was man so unzutreffend und herzlos als Plebs bezeichnet. Cuca Martínez späht forschend ins Sternenzelt, und ihre Augen stoßen wieder auf die Flugzeuglämpchen, ganz egal, ob es nun dieselben oder die eines anderen sind. Normal ist das jedenfalls bestimmt nicht, mit all diesen Flugzeugen da oben, all diesen Zeichen, und um die Luftschiffgaukelei ihrer Erinnerung abzuschütteln, nimmt sie die Einladung zu »Ihrer Niedrigkeit« an.

Der halbillegale Nachtklub befindet sich gegenüber vom *Colón*-Friedhof. Cuca Martínez behagt das nicht besonders, denn sie hat schon immer eine überaus respektvolle, um nicht zu sagen übertrieben feierliche Haltung gegenüber den Toten an den Tag gelegt, und sie vergißt nie, weiße Blumen ins Väschen auf dem Altar zu stellen sowie Milchglasschälchen voll Wasser, damit die Geister schön ruhig und erleuchtet, schön friedlich und erhaben bleiben und einen nicht weiter stören oder tagtäglich piesacken. Omnivídeo, der Hausherr, ist Grabsteinfabrikant – ohne Lizenz –, aber da es keinen Marmor mehr gibt, hält er sich eine Räuberbande, die die Steine, die er selbst angefertigt hat, nach Lieferung wieder klaut. Über Nacht schleift er sie dann, löscht die Namen aus, und dann kann wieder ein anderer Tag mit anderen Toten, anderen Grabsteinen und anderem Blumenschmuck kommen.

»Ihre Niedrigkeit« bietet ein exotisches Spektakel, bei dem ein erbärmlicher Transvestiten-Dilettant, mit Hühnerdreck-Make-up, künstlichen Fingernägeln aus geschmolzenen Zahnbürsten, die mit Sekundenkleber an die Finger gepappt sind, ebenfalls künstlichen Wimpern aus Besenborsten, mit

Schuhwichse geschminkt und auf gleiche Weise angebracht, sowie einer Secondhand-Perücke von einem Friseur des staatlichen Instituts für Radio und Fernsehen, die einmal Mirta Medina gehört hat, einer Variété-Sängerin, heute in Miami ansässig, weil es ihr von Mexiko aus gelungen war, als *wetback* das andere Ufer zu erreichen. Er hat außerdem einen Einmonatsbart wegen Mangel an Rasierklingen, was ihm den Spitznamen ›Frau mit Bart‹ eingebracht hat, und ist mit einem Tutu bekleidet, das ihm Alicia Alonso für eine kleine Schweinskeule – er kommt aus San Tranquilino, Pinar del Río – fürs heimliche Weihnachtsmahl eingetauscht hat. Abrupt beginnt er die Darbietung mit einem Repertoire aus seiner eigenen Feder, aber am Schluß wird er jedenfalls das Lied singen, auf das alle warten, bei dem das Gay-Publikum immer dahinschmilzt und von dem er – oder *es* – seinen Namen hat. Denn in Wahrheit ist sein werter Name Porfirio Esmenegildo Barranco, und Sie werden verstehen, daß man damit wohl schlecht Teil eines *star system* werden kann – was nicht das gleiche ist wie ein Teil eines starren Systems. Der Titel des Liedes lautet *Paloma Pantera*, und genau das ist auch sein Künstlername. Vor diesem häßlichen Rummeloutfit und diesem gräßlichen Schummelausschnitt – denn als Füllung benutzt er *Granma*-Zeitungspapier, weil er keine Wattepolster bekommen hat –, kurz und gut, vor ihm auf dem Boden sitzend und von einer Menge umwogt, die an die hundert Personen zählt, begeistern sich Schick, Mick und Lack, Mitglieder des Auswahlkomitees für das internationale Festival des alten lateinamerikanischen Films – da habe ich mir bewußt die Großbuchstaben gespart, denn es wird gemunkelt, daß sie bei exzessivem Gebrauch krebserregend wirken können. Dann sind da noch unsere beiden behinderten Schwuchteln, die Optische Neuropathie und die Periphäre Neuropathie, die eine blind, die andere invalide, woran die historische Unterernährung und der Rum aus dem

Faß schuld sind. Die Rote Hexe (eine Feministenschwuchtel, eine Mischung aus Rotkäppchen, dem bösen Wolf und der bösen Stiefmutter aus Schneewittchen, früher Zensor und Opportunist und Verführer von Siebengroschenjungen – das heißt, Rekruten –, um Arbeit zu haben: zu denunzieren) und ihre bessere Hälfte (denn sie ist eine verheiratete Schwuchtel, um den Schein zu wahren), Siegismunda, die sich mit diesem Namen schmückt, weil sie immer, wenn ihr Mann keinen Preis gewinnt, ob es nun eine Koralle, eine Sonnenblume, Hammer und Sichel oder ein Wollschniepel ist – was ist ein Wollschniepel? na, ein Pimmel in einem Wollmuff –, ihn krankenhausreif prügelt. Unter den Ehrengästen können wir uns *unter anderem* der Anwesenheit des Landeswaschlappens erfreuen, ja, Sie haben richtig gelesen, es handelt sich nicht um das Landeswappen, sondern um den Landeswaschlappen, den großen, hervorragenden, göttlichen Saubermann des lateinamerikanischen Kinos, aber zur Zeit haben sie ihn ins Abseits gehängt, denn inzwischen sind andere po-ethische Waschlappen nachgewachsen. Was ist ein po-ethischer Waschlappen? Ganz einfach, wie das Wort schon sagt, ein Waschlappen für einen ganz besonders ethischen Po. Eine komplizierte Metapher, weiß Gott, schwieriger zu knacken als ein Yale-Schloß. Nun gut, diese neuen Popos der neuen Gesellschaft haben sich weder gerundet noch so steil aufgerichtet wie der des Landeswaschlappens, so schön parfümiert, gewaschen und ethisch sie auch sein mögen, aber wenn die Klappe fällt, beweisen sie Sitzfleisch. Und ich sagte *unter anderen*, denn ich darf keinesfalls die Anwesenheit von Demenz Crespo vergessen, dem ungarisch-venezolanisch-kubanischen Regisseur, und von Frank Kasper, Produzent und Lieferant des unvollkommenen Antikinos sowie Kaumgummikauer, der mit seiner Gattin Anna Dazumal hier ist; dann sind da noch Pontifeist, rechte und linke Hand aller internationalen Grünflächen-Filmfestivals, das heißt, aller Flur- und Kulturfilme, sowie Chanel Labelle und Curette Labête, leidende Seelen, die einem in der Seele weh tun können, nämlich wegen der Verschwendung an Intelligenz und Halstüchern, sie sind die Beraterinnen des Grünflächen-Direktors. Außerdem ist Pseudoehrenlegion da, er kommt vom Stadtrand und ist Klassezahnklempner für Intellektuelle, dann ist da noch unser Automatischer Anrufbeantworter, der den Meisterpianisten mit dem Innenminister verwechselt hat; des weiteren Plapperich, der Große, Fortpflanzungsapparat für vorgefertigte Ideen, die Dame mit dem Riesenschnauzer – diese Frau weiß immer von nichts, doch ihre Verdienste liegen darin, bei mehreren amerikanischen Banken Geld abgezweigt zu haben, indem sie sich die Rente der Miami-Alten gemopst hat; ebenso hat sie sich bei unzähligen Museen bedient, das der Schönen Künste eingeschlossen, und hat bis jetzt ihre Identität hier noch nicht gelüftet; an ihrer Seite das Double von Janet Jackson, die Rechtsanwältin Ellis the Pelvis und der Präsident der Egremonía, Robelix Rollando Betamax. Die Egremonía ist Produzent für heiße Scheiben, die man aus altem Brot und Kartoffelpüree herstellen kann und dann nach gusto direkt im Ofen backt. Kurz und gut, es gibt mehr als genug Brechwurz und Guajakol. Übersetzung in die toten Sprachen: Schaum vom Abschaum. Wir haben hier ein wandelndes Cayo Cruz – unsere ehrenwerte nationale Müllkippe. Ausnahmen bestätigen die Regel, denn nicht alles ist Wegwerfware, es gibt auch viele anständige Leute. Für die obige, so wortgetreue Übersetzung konnte ich auf die fachmännische Mitarbeit des pensionierten Übersetzers, Schriftstellers und Journalisten, des Herrn Jacques Pervers, zählen, Übersetzer ins Esperanto von Karel Schrott, Madonna Perón, Lady Diet, Extra Large, Grobatschow und Rauhssa, Hagret Catcher, Kosmetikos Menem, Pablo Drogobar, Vulkan Fujimori und von dem Lied *Für die Helden* von Speedy González; außerdem war er Filmschauspieler, zum Beispiel hatte er eine Schlüsselrolle neben Marlon Brando und Maria Schneider in *Der letzte Tango in Paris*: Er spielte die Butter. Er ist ein persönlicher Freund vom Ché-Konterfei, das in letzter Zeit wieder auf den europäischen Sommer-T-Shirts prangt. Außerdem haben wir hier eine wahre Flut von Botschaftern und Kulturattachés befreundeter und feindlicher Länder, die auf der Jagd nach knackigen Schwuchteln oder Dissidenten sind, die ihre langweiligen Champagner-Soirees aufmotzen. Das Spektrum ist so breit gefächert, daß man sich nicht mal mehr Luft damit zufächeln kann. Denn hier herrscht eine wahre Affenhitze, schlimmer noch als in der *Casa de las Américas*, wo biannuell oder bianal der Sahara-Preis für Lyrik ausgeschrieben wird, bei dem weit und breit kein Sieger zu sehen ist, nur öde Oden.

Paloma Pantera beendet die Darbietung, umwogt von Applaus und Flammen, denn eine Tüllschicht ihres Tutus hat Feuer an einer Kerze gefangen, die den Göttern und der Stromsperre zu Ehren angezündet worden war. Es gelingt ihnen, den Schleierstoff mit mehreren Eimern Wasser zu löschen. Schnell wie die Feuerwehr wird der Strom wieder angeschaltet, ein Erleichterungsschrei geht durch das Viertel, und Paloma Pantera, deren Auftritte einem minuziösem Zeitplan folgen – ihr nächster in dieser Nacht ist in der *Unión Francesa* und der folgende im Literaten-*Paladar Eddy y Rey* –, nimmt ihre Beine in die Hand, um sich das gräßlich verlaufene Make-up zu entfernen, das sie wie eine mexikanische Maske aussehen läßt. Sogleich bringt Michel Ich-Ich, Choreograph für deutsche Volkstanzgruppen und Anthropologenhexer, den Kassettenrekorder mit Compact-Disc-Player zum Einsatz und legt einen Rap auf, die Musik, die die verhätschelten, konstruktivistischen Söhnchen des Viertels anlockt.

Auf dem Balkon sehen wir Cuca Martínez in einem Lehnstuhl aus Aluminiumstangen, bespannt mit den Plastikröhrchen für Blutserum, schaukeln, ihr Blick ist auf den Himmel geheftet, in Erwartung eines weiteren Flugzeugs. Schon bei Tag ist der kubanische Himmel schön, da stellen Sie ihn sich erst mal bei Nacht vor, bei frischem Luftzug und Vollmond, kokettierend und unerreichbar mit seinen imaginären Ohrringen aus Vicentico Valdés' Bolero, in dem er einmal mehr verewigt worden ist: *Die Ohrringe, die der Mond verlor, ich hab sie aufbewahrt und mach dir eine Kette draus*... Es ist keine finstere Nacht, doch die Hintergrundfarbe des Himmels ist pechschwarz. Dank der Beleuchtung durch die Gestirne und unsere gleichmütige Selene ist die Nacht vordergründig blau und in den Tiefen des Alls schwärzlich getönt. Cuca Martínez reibt sich die trüben Augen, dort oben auf dem Mond, dem aufgegangenen, sitzt inmitten der prangenden und güldenen Sternlein das Finstre Stinktier als Kaninchen verkleidet und korrigiert die Druckfahnen der französischen Übersetzung von *Die Farbe des Sommers*. Die Straßen sind wie leergefegt, ohne Fußgänger, ohne Autos und Laternen wirken sie wie Gänge eines Labyrinths. Doch dieser Teil der Stadt ist immer ausgestorben, nicht nur wegen des Friedhofs, sondern wegen mangelnder Beförderungsmittel und überwiegender Stromsperren. Die Bäume verdecken den Blick auf ein anderes Labyrinth, das des *Colón* – womit nicht etwa Kolumbus gemeint ist, sondern die Festung der ewigen Jagdgründe in Havanna –, ein Labyrinth im städtischen Labyrinth, das wir Überlebenden bevölkern. Die kleinen Kuppeln der Grabmäler, die wie verlassene Palästchen aussehen, oder die modernen Mausoleen für die heroischen Toten sind kaum zu erkennen. Die Alte mustert mit verzerrtem Gesicht diesen Ort, den sie aus Prinzip nicht besuchen möchte. Die Eingeweide verheddern sich zu einem höllischen Knoten, der Hunger nagt an ihrem Geschwür. Ein Gericht aus früheren Zeiten kommt ihr in den Sinn, Fleischklößchen Mailänder Art wären jetzt genau das richtige, die würden ihr prima in den Magen passen, und wie einfach ist doch, weiß Gott, das Rezept, man braucht nur zwei Pfund Rinderhack, ein halbes Pfund Schweinshaschee, ein Viertelpfund gewürfelten Schinken, ein Viertelpfund geriebenen *Patagrás*-Käse, zwei Eßlöffel extra fein gehackte Zwiebeln, eine Knoblauchzehe, einen Viertelteelöffel Pfeffer, eine Dreivierteltasse Semmelbrösel, eine Vierteltasse Milch, zwei Eier, eine Vierteltasse Mehl, eine Dritteltasse Öl. Zuerst bereitet man eine Soße aus Tomaten, Zwiebeln, Salz, weißem Zucker, trockenem Wein, Lorbeer und Pfeffer zu. Man forme die Fleischklößchen, wälze sie in Mehl und brate sie in heißem Öl, bis sie goldgelb sind, dann brate man die fein gehackten Zwiebeln an und füge die Soße hinzu. Alles in eine Kasserolle geben, zudecken und auf kleinem Feuer fünfundzwanzig Minuten köcheln lassen. Einfach köstlich. Sinne und Geschmacksknospen werden gar nicht mehr wissen, wie ihnen geschieht.

»Wachen Sie auf, Tantchen ...« Es ist der Büro-Beau mit einem stinkenden Tablett in der Hand. »Wollen Sie nicht etwas von den Fleischklößchen probieren, die ich stibitzt habe?«

Sie wartet darauf, daß er ihr einen Teller reicht, aber es gibt keine, nicht mal aus Pappe. Er drängt sie jedoch, die Hand aufzuhalten, wir sind hier doch unter uns. Ihr Heißhunger ist nicht zu bändigen! Sie beißt hinein, sie schmecken nicht schlecht, ein wenig hart und trocken, na ja, aber etwas ist besser als nichts, und dann noch dieser Zufall, daß sie sich gerade ans Fleischklößchenrezept erinnert, und ehe sie sich's versieht, bietet ihr jemand doch ausgerechnet Fleischklößchen an, als hätte sie der Himmel geschickt. Die Mechu und die Puchu tanzen mit vollem Mund zum Rap, das Fax schleckt sich die Finger ab und fragt munter die Dame mit dem Riesenschnauzer aus, die hölzerner als ein Besenstiel ist. Die Fotokopiermaschine schlingt wild in sich hinein und macht Notizen zu jedem Gespräch, um nachher im Viertel etwas zum Klatschen zu haben, etwas, worüber sie sich das Maul zerreißen kann. Die Fleischklößchen sind im Nu verputzt. Ein Ehrengast verfällt auf die glänzende Idee, den Büro-Beau, der mangels Milchpulver ein Glas Rum mit Kalk trinkt (und das, obwohl uns Nestlé Anfang des Jahrhunderts zum Standort der ersten lateinamerikanischen Milchpulverfabrik auserkoren hatte), zu fragen, wie er an die Ingredienzen für das Rezept gekommen ist.

»Das war ein Kinderspiel, paß auf: Ich habe alle Einlegesohlen aus meinen Schuhen genommen, sie in Salzwasser gekocht, bis sie sich aufzulösen begannen, habe sie abkühlen lassen und mit Kalk und Gänsepastete, ich meine Gänseplaste, verknetet. Dann habe ich sie gerollt« – er macht vor, wie er sie geformt hat – »und mit ein paar Gummis, die ich im Büro geklaut habe, zusammengeschnürt. Denn die wollten und wollten nicht zusammenpappen, immer wieder brachen sie auf wie Sonnenblumen, aber einmal festgezurrt, war die Sache geritzt! Allerdings mußte ich sie in Lebertran braten, dabei habe ich mir doch so mein Lockenköpfchen zerbrochen, wer mir ein paar Tropfen Öl leihen könnte, in sechs Monaten hätte ich es sogar ersetzt, wenn mal wieder welches in den Laden kommt. Du meinst, alle meine Bekannten seien Geizhälse? Die können sich nicht mal mehr an Öl erinnern. Wie ich den Käsegeschmack hergezaubert habe? Die Käsefüße, Herzchen. Regt euch nicht auf, ich wasche mir regelmäßig die Füße, und jeden Montag gehe ich zum Quantenpraktiker.«

Keiner kotzt, den Luxus können sie sich nicht erlauben. Caruca Martínez möchte sich übergeben und steckt den Finger bis zum Zäpfchen in den Hals, aber es gelingt ihr nicht, sie erinnert sich an das Geschwür, das um einen warmen Bissen fleht, und sie hat Erbarmen mit ihrer armen alten Leidensgefährtin. Außerdem ist nichts mehr da, was ihr hochkommen könnte. Der Hunger war so groß, daß sie im Zeitraffer verdaut.

Auf einmal krümmt sie sich wegen Bauchgrimmens. An der Toilettentür wartet ungeduldig eine lange Schlange, bekackt oder kackbereit.

Zum Glück hat die Alte stets ein Schächtelchen in ihrem Korb dabei, für alles, was sie so schnappen kann, eine Krokette, eine Pizza, eine Orange, eine Syphilis, man weiß ja nie... Sie findet keinen Ort, wo sie sich abseits von indiskreten Blicken hinhocken kann. Schließlich bahnt sie sich einen Weg durch die Gästeschar, tritt hinaus, steigt die Treppen hinunter, überquert die Straße und gelangt, Blut und Wasser schwitzend, zum neoklassischen Eingangstor des Gottesackers.

»Halt, wer da?« fragt der Nachtwächter, der hier kein Fänger im Roggen-, sondern im Gräberfeld ist.

»Ich bin's, Cuca.« Vor Schreck zittert ihr die Stimme und klingt seltsam nach einer Mexikanerin, die von ihrem Mann verprügelt wird.

»Wenn Sie Touristin sind, dann macht es fünf grüne Lappen Eintritt, denn wir zeigen unsere Toten nicht umsonst her, einfach so, damit man unsere glorreichen Verblichenen befummelt und schändet.«

»Sehen Sie, mein Herr, ich...«

»Nicht Herr, Genosse, letztes Silvester haben sie den Nachrichtensprecher bestraft, weil er den sehr verehrten Damen, Fräulein und Herren ein frohes Weihnachtsfest und ein glückliches neues Jahr gewünscht hat. Ich möchte meine Stellung behalten. Die sollen sich mal nicht in mir täuschen, die Herren Imperialisten, wir haben keine Angst vor ihnen... Wie meinten Sie?«

»Ich sagte, ich bin Kubanerin, ojemine...« Und sie kann ihren Darminhalt nicht mehr zurückhalten.

»Und was haben Sie zu dieser Stunde in den ewigen Jagdgründen zu suchen?« Der Wächter schnuppert mit einer Grimasse des Ekels.

»Ich will für meine verstorbene Mutter beten.«

»Puuh, hier stinkt's vielleicht nach Scheiße! Ich glaube, der Erbsenfresser ist wieder aus seinem Grab ausgebüxt, dafür verwette ich glatt meine Eier, daß der hier hingeschissen hat. Das ist ein besonders militantes Gespenst, eins von den ganz Unentwegten, von denen es nur allzu viele gibt, zu Lebzeiten hat er nichts als Erbsen gefressen, aber nie hat er sich mit einem Gläschen Kaoprompt beholfen, und nicht mal der Tod hat seinem Problem mit den Magenfaulstoffen ein Ende bereiten können; er ist ein chronischer Fall.« Nun schenkt er der Alten keinerlei Beachtung mehr und zieht mit einem Messer los, um das tropische Casper-Gespenst zu überzeugen, in seine Grube zurückzukehren.

Ganz verschmiert begibt sie sich mit zusammengepreßten Schenkeln auf die Suche nach nicht geweihtem Wasser, um sich von der Hüfte an abwärts zu waschen. Neben der Kirche findet sie im Gras einen Wasserhahn, kauert sich nieder und putzt sich ihre Geschlechtsteile und Beine, wäscht Slip und Unterrock aus und denkt, daß sie sich einen Höllenschnupfen holen wird mit diesen klitschnassen Sachen. Bevor sie sich wieder ankleidet, hängt sie die Wäsche an den Zweigen eines Baums auf, damit sie wenigstens etwas auslüften kann. Sie streckt sich auf der feuchten Erde aus und schickt sich an, aufmerksamer die Schönheit des schwarzen, sternengebadeten Himmels zu bewundern. Auf einmal dringt aus einem der Gräbergäßchen ein kokettes, ja ein ganz schön kesses Liedchen zu ihr hinüber. Die Stimme einer verliebten Frau, spezialisiert auf die Sparte »Schmachten«, singt einen dieser Boleros, bei denen man sich am liebsten mit einer Schlinge um den Hals vom Balkon werfen und gleichzeitig in Brand stecken möchte, und das noch mit offenen Adern, den Pulsadern, nicht den Adern Lateinamerikas. Cuca wird nicht von Angst, sondern von panischem Schrecken gepackt, doch auf einmal löst sich der Schiß in tiefem Seelenfrieden auf. Sie späht angestrengt in Richtung der zuckersüßen Stimme, kann sich aber für keins der Gäßchen entscheiden. Schließlich merkt sie, daß die Ebenholzstimme aus den unbekannten, unermeßlichen – oder idealen? – Weiten dort oben kommt, nicht unbedingt von den Bäumen, nicht mal von einem besonderen Baum, sondern von dieser allumfassenden, friedlichen Liebe, mit der wir Menschen den Himmel bedacht haben. Die Stimme ist die des schwarzen Himmels – ein Schwarz, das schon ins Blau spielt –, der über und über mit Sternen bedeckt ist und sich jetzt in eine Piano-Frau verwandelt hat, in eine prächtige, rassige Negerin, die einem Schauer über den Rücken jagt und die ihr vom poetischen Ort der falschen Illusion aus zulächelt. Wie die Alte hat sie sich mit der Nase gen Himmel oder in ihrem Fall gen Erde ausgestreckt und nimmt nun den Platz des Sternenzeltes ein mit ihrem üppigen Fleisch, das ihr wie Rettungsringe um Hüfte, Unterleib und Wulstschenkel schwabbelt und überall Maismehltupfer hat, die wie herrliche Wolken kurz vor einem Regenguß aussehen. Die fette, schwarze Knetmasse in Form eines Konzertflügels zwinkert schwülstig-romantisch, und die Gestirne hängen sich verführt an ihre Lider. Cuca schaut noch einmal genau hin und stellt fest, daß es sich die Sängerin in Wirklichkeit auf einem riesigen Sofa aus bedrucktem Papier bequem gemacht hat, so daß sie aus den Seiten eines verbotenen Schmökers aufzutauchen scheint. Das macht das Schauspiel nur noch schöner, und die Stimme schwingt sich mit unvergleichlicher Ausdruckskraft von Sternbild zu Sternbild:

Nichts Schöneres gibt es auf der Welt
als ein zärtliches Rendezvous,
das man mit Küssen erhellt,
ganz heimlich ich und du…

Cuca ist so versunken in die Melodie und den Text des Boleros, den die Himmelsnegerin singt, daß sie die Schritte auf dem Kies nicht hört. Kurz darauf ist der Zauber auf einen Schlag wie weggewischt, ein Tumult, Leute, die sich offensichtlich in den Haaren liegen, und das trockene Krachen von Faustschlägen zerstören den Bann. Die Alte springt mit einem Satz auf, wirft sich ihren Polyesterunterrock über und läßt den klitschnassen Wollschlüpfer, made in Alaska, in ihrem Einkaufskorb verschwinden.

...ein Rendezvous tief in der Nacht,
ein zärtliches Rendezvous,
das man mit Küssen erhellt,
ganz heimlich du und ich.
Wie fern ist jenes Rendezvous, das damals
zum ersten Male uns zusammenführte.

Dann regieren wieder die sakrosankte Stille und der erlesene Duft nach verbranntem Jasmin, nach gekochtem Geißblatt, Madreselva und anderen Blumen, die eines Tangos würdig sind. Zwischen den Schatten der Gebüsche und Grabsteine taucht die Gestalt eines Mannes auf. Er ist es. Zweifel ausgeschlossen, die Liebe ihres Lebens. Sie braucht kein Licht, um ihn wiederzuerkennen. Sie riecht es. Auf der ganzen Welt riecht nur ein einziger Mann nach kariösem Zahn, Guerlain und Pfefferminz. Aber wie kann das sein? Ist es ein Geist, ist er drüben in Miami gestorben und nun gekommen, um sie zu besuchen? Ach, sie hat gar nicht gewußt, daß sich Geister so einfach fortbewegen, aller Grenzen und Blockaden zum Trotz. Aber um auf Nummer Sicher zu gehen, fragt sie nach, und es kommt ihr vor, als sei alles erst gestern gewesen:

»Bist du's, Uan?«

In fünf Sekunden schlägt der Uan in seinem Gedächtnis

nach und stößt auf den Satz eines alten befreundeten Detektivs: *Über die wichtigsten Sicherheitsdienste der Welt verfügen die USA, die ehemalige UdSSR und diese Insel, sie stecken ihr ganzes Geld in die Kontrolle.* Nicht mal mit gelifteter Visage hat er inkognito durchgehen können. Aber er hat beschlossen, das Spiel von Anfang an mitzuspielen. Auf dem José-Martí-Flughafen war vor seinen englischen Angeberschuhen der rote Teppich für Staatschefs entrollt worden. Raubespierre, unser Minister für ausräuberische Beziehungen, Salamon Fumé, Präsident der Vorratskammer, und unser Quasimo do Lazo, höchstselbst in eigener Person – denn Italien mag seinen Orlando di Lasso haben, wir haben unseren Quasimo do Lazo –, entboten ihm gemeinsam mit ihren Parteianhängern und allem Pipapo das *welcome*. Das erleichterte die Einreise, er wurde sogar im offiziellen Empfangssaal begrüßt, und sein Gepäck hatten sie nicht mal durchsucht. Ein Chauffeur fuhr ihn in einem Mechy Benz zu einem hypermodernen Hotel in Laguito, mit Schwimmbad, allerdings ohne *unsichtbare Gärten*. Bis jetzt war alles gutgegangen, obwohl er nicht wußte, ob man ihn in seiner wahren Identität oder als anderen willkommen geheißen hatte. Im Paß steht jedenfalls Juan Pérez. Wir wissen ja, daß es im Land nur so von diesen Juan Pérez wimmelt. Aber jetzt ist eine Antwort von ihm gefordert, und er unternimmt einen beherzten Vorstoß:

»Sehr erfreut, liebes Tantchen, ich hoffe, Sie sind kein schalkhafter Geist«, sagt er und streckt ihr freundschaftlich die Rechte entgegen.

»Nun sag bloß, du erkennst mich schon wieder nicht.« Hier muß ich anmerken, daß sich Cuca Martínez' Stimme wegen der Massenextraktion, bei der ihr Gebiß draufgegangen war, wesentlich verändert hatte.

»Erkannt wäre zuviel gesagt, da muß ich leider passen. Aber wenn Sie mich um ein Uhr morgens auf einem düsteren

Friedhof wiederkannt haben, müssen wir ja als Kinder zumindest Ringelreihen gespielt haben.«

Die Alte zieht aus ihrem allgegenwärtigen Korb eine chinesische Taschenlampe, leuchtet ihrem Geliebten ins Gesicht, und zu Tode bestürzt und von ihrer eigenen Verfassung erschüttert, murmelt sie:

»Aber Uan, Liebling, du bist ja wie nigelnagelneu, noch in der Frischhaltepackung, siehst jetzt noch jünger aus.«

»Na, ich hab gerade ein *lifting* hinter mir.«

Das Wort klingt wie das *listing* für die Yucca-, ich meine Mandioka-Brot-Schlange, aber sie denkt nicht weiter drüber nach und tritt näher heran.

»Jetzt geben Sie mir die Lampe, nun darf ich sehen, wer Sie sind.« Und er streckt seine Hand nach der Lichtquelle hin; sie schaltet sie zögernd aus.

»Bleib, wo du bist, ich bin noch zerknitterter als die Seite ›Nachrichten aus aller Welt‹ in *Granma*, die man sich immer als Klopapier zurechtfaltet. Aber keine Sorge, ich verrat's dir. Du befindest dich vor niemand anderem als der Frau deines Lebens.«

Der Uan fragt sich, wie Naomi Campbell in den paar Stunden so hat altern können. Er hat's ja schon immer gesagt, und hier ist ein weiterer Beweis dafür: die Wissenschaft stößt einen heutzutage nur noch ab.

»Ich bin Cuquita Martínez, du Widerling.« Das letzte Wort sagt sie ironisch-liebevoll, mit rauher Schnapskehle, und zieht es so in die Länge, wie es Mercedes García Ferrer getan hätte, die Dichterin, die früher gegenüber vom Hotel Capri wohnte und die Karten zu lesen wußte, daß einem Hören und Sehen verging. Sie denkt nicht mehr an die lange Abwesenheit, die, wie Sie sehen, eben nicht immer Vergessen bedeutet, und fährt zärtlich fort: »Komm her zu mir ..., laß dich umarmen, Dummerchen.«

Die beiden Körper schmiegen sich aneinander, mehr von alten, nachhaltigen Erinnerungen als von Liebe erfüllt. Sie wagen es nicht einmal, ihre Lippen zu streifen, sondern halten ihre Gesichter versteckt. Cucas Kopf ruht auf seinem Schlüsselbein. Er stützt sein Kinn auf ihre fahlen Haare, ein paar dicke Tropfen Blut fallen von seiner Nase auf ihr gräuliches Haar. Vorhin hatten ihm Grabschänder die Nase gebrochen. Diese Räuberbande hatte sich am Sarg seiner Mutter zu schaffen gemacht, in einen Sack voller Schmuck und Gewänder taten sie gerade die Goldzähne der Verblichenen, die inzwischen zu Asche, zu Staub zerfallen war, der eher unter Langeweile als an Liebe litt. Als sie überrascht wurden, wollten sie Reißaus nehmen, aber er konnte einen von ihnen am Hemdsärmel schnappen, und sie wälzten sich wild am Boden. Schließlich gelang es dem anderen doch zu fliehen, und sosehr er auch um Hilfe und nach der Polizei rief, niemand eilte herbei. Nun gut, ›niemand‹ stimmt nicht ganz, denn sie war ja da.

»Uan, was hast du bloß mit unserer Liebe gemacht?« fragte Cuca Martínez, ihre Seele wie Bonifacio Byrnes Fahne *in winzige Stücke zerfetzt.*

»Und du, Cuquita, was hast du mit dem Schein gemacht?«

Weil ihre Ohren von seinen Armen verstöpselt werden und wir Frauen uns außerdem immer darauf versteifen müssen, die Kerle in den höchsten Himmel zu heben, versteht sie natürlich »Pein« statt »Schein«.

Achtes Kapitel

Lüg mich an

... lüg mich an, wieder und wieder,
mach mich glücklich mit deinem Schwindel.
Das Leben ist doch ein einziges Lügengespinst,
lüg mich an, weiter und weiter,
mach mich mit deinem Schwindel heiter.

von Armando Chamaco Domínguez,
gesungen von Olga Guillot

Ach, Junge, was soll mir denn Pein bereiten, gerade jetzt, da ich mich an dich gekuschelt habe?! Gleich morgen werd ich dem Heiligen Lazarus wohl mein Versprechen einlösen müssen! Ich werd auf Knien zur Kapelle von El Rincón rutschen, mit einem Betonklotz auf dem Kopf, der mir den Schädel eindellt, um dafür zu danken, daß mir das Glück widerfahren ist, meinen geliebten Peiniger wiederzusehen, bevor ich den Löffel abgebe. Von dort werde ich auf einen Sprung bei der Kirche der Jungfrau María der Barmherzigkeit vorbeischauen und ihr weiße Blumen bringen, wenn ich welche auftreibe, wenn nicht, na, dann bringe ich eben irgendeine andere unbefleckte Opfergabe für Obatalá vorbei. Und der lieben Jungfrau María des Kupfers, meiner kessen Lieblingsheiligen, werde ich ein Fest ganz nach ihrem Geschmack bereiten, mit Trommelwirbel und Geigen, viel Honig, Baiserküchlein, Kochbananen, Kürbissen, Sonnenblumen, Cremespeisen; ich weiß zwar nicht, wo zum Teufel ich die Zutaten hernehmen soll, aber ich tu's, selbst wenn ich dafür meinen Körper an einen Touristen auf dem Malecón verschachern muß. Ist zwar nicht mehr viel wert, mein Körper, aber irgendein vertrottelter Mexikaner, dem nicht mal seine Uhr stehenbleibt, wird mich schon wollen. Dann werde ich mich am Strand von Cojímar reinwaschen und Yemayá, meiner lieben Jungfrau María von Regla, ein Hähnchen bringen. Himmel, ich hab ja glatt María Regla vergessen, endlich wird sie ihren Vater kennenlernen und er sie! Ich sag's ja, das Leben ist wie eine brasilianische Telenovela. *Das Leben ist ein Traum, und alles geht dahin,* das sind diesmal nicht Calderóns Worte, sondern die von Arsenio Rodríguez, dem kubanischen Komponisten:

Koste den Augenblick des Glücks ganz aus,
genieße, was du genießen kannst,
denn am Schluß stellt sich immer heraus,
das Leben ist ein Traum,
und alles geht dahin.

Aber über dem Schwelgen in meiner Minute des Glücks werde ich nicht die Zukunft meiner Tochter vergessen, arme Kleine, ganz ohne Vater aufgewachsen, deshalb ist sie auch so traumatisiert, so politisiert... Was mag das wohl für eine warme Flüssigkeit sein, die mir da die Stirn hinunterrinnt, das rechte Auge vernebelt und die ich jetzt süßlich auf der Zunge schmecke? Das ist bestimmt Schweiß, er schwitzt vor Ergriffenheit. Was für eine Zärtlichkeit überfällt mich, hier am Nabel, wie ein Kitzeln! Er hat mich nach der Pein gefragt, nach der Pein all der Jahre, und noch habe ich nicht geantwortet. Wenn ich ihm erzähle, wie grau in grau – mit schwarzen Sprenkeln – ich sie verbracht habe, werde ich ihn nur langweilen und ihm die ganze Nacht verderben. Und außerdem habe ich meine Pein auf Eis gelegt. Wie man es mit einem Menschen macht, den man sich weit weg wünscht. Du legst ihn ins Eisfach, und sofort kühlt die Beziehung ab. Als ich meine Liebe einfrieren wollte, schrieb ich also meinen Namen und den von Uan auf ein Stück Pappe und legte es ins Eisfach. Hätte ich das nicht getan, dann hätte es mich aller Wahrscheinlichkeit nach wie das Mädchen aus Guatemala erwischt, das von unserem Apostel, *das aus Liebe starb*, obwohl einige Lästerzungen behaupten, in Wirklichkeit sei eine Abtreibung schuld dran gewesen. Ich muß jetzt so ungerührt wie möglich antworten, ich darf nicht gleich so einfach nachgeben oder vor Liebe vergehen, ich hab sie doch eben erst wieder vorgekramt, nach über dreißig Jahren, jetzt muß ich ihm erst mal zeigen, mit wem er es zu tun hat. Die Pein, mein Lieber, du fragst, wo ich meine Pein gelassen habe, ach, was für ein Spaßvogel bist du doch, ha, ha, ha!

»Im Kühlschrank.«

Ich weiß nicht, warum er mich jetzt fast grob wegschiebt und bei den Schultern packt. Ich glaube, er schaut mich befremdet an, ich kann es in der Dunkelheit nicht genau erkennen, aber seine Hände krallen sich wie zwei Klauen in meine Haut, und Roheit scheint mir aus seinen männlichen Augen zu sprechen. Denn männlich ist er, weiß Gott, immer gewesen, nichts da mit affektiertem Gehabe.

»Ach, natürlich, damit niemand davon erfährt! Du hast dich wie ein echter Profi verhalten.«

»Uan, mein Liebster, du blutest ja!« Ich beschütze ihn wie Scarlett O'Hara einen Kriegsverletzten in der genialen Totalaufnahme aus *Vom Winde verweht*, wo die riesige Krankenstation zu sehen ist.

»Es ist nichts weiter, nur ein angeknackster Knochen.« Aus der Tasche zieht er ein paar Zaubertropfen, die seine Nase im Nu wiederherstellen. »Große Klasse, Cuquita, wirklich, äußerst professionell, das mit dem Kühlschrank.«

Professionell oder dusselig? Na, wenn er professionell meint, auch gut. Vielleicht ist der Ausdruck ja in den USA üblich. Auf einmal klart die Nacht wie Eiklar auf, als hätte es uns mitten im Juni nach Sankt Petersburg mit seinen weißen Nächten verschlagen, genauso wie in Dostojewskijs Roman. Aber nichts dergleichen, es sind Scheinwerfer, mit denen uns von den Baumwipfeln aus auf einmal ins Gesicht geleuchtet wird. Der Uan packt mich mit zitternder Pranke am Unterarm. Wir stehen jetzt eng beieinander, und ihm fällt plötzlich mein Mund auf:

»Cuquita, dir sind ja alle Zähne ausgefallen!«

»Nein, ich hab sie mir ziehen lassen, aus Protest, weil du nicht zurückgekommen bist.«

»Gleich alle?«

»Siehst du da etwa noch einen blitzen? Aaaahhh!« Ich sperre den Mund auf wie ein Putzerfisch.

»Laß gut sein, jetzt müssen wir uns erst mal mit diesen Riesenglühwürmchen da oben auseinandersetzen, aber morgen suchen wir einen Zahnarzt.«

»Na, viel Glück.«

»Wieso ›viel Glück‹, ihr posaunt doch überall rum, ihr würdet so viel Ärzte ausbilden, daß ihr damit Kompott machen könnt?«

»Uan, mein Guter, du bist es, der anscheinend aus dem Mustopf kommt, vom Raubtier im Norden, also weißt du, ich hab geglaubt, die Leute da drüben sind von der schnelleren Truppe... Ärzte haben wir hier mehr als genug, mein Goldschatz, mangeln tut es an Material für die Dritten, für die Gebisse eben.«

»Das erledigen wir morgen...« Und damit wendet er sich den Unbekannten zu, die immer noch ihre Scheinwerfer auf sie gerichtet halten. »Heh, wer seid ihr?! Was wollt ihr?! Licht aus, verdammt, ihr versaut mir noch meine Netzhautoperation, und die hat mich achtzigtausend Dollar gekostet!«

»Ach, Uan, mein Alter, wie gut, daß du dich hast operieren lassen, das war bitter nötig! Du warst ja blinder als Osvaldo Rodríguez, unser Sänger des kämpfenden Volkes, du konntest ja nicht mal einen Esel auf zwei Schritte Entfernung erkennen …«

»Schhhht, sei still, Caruquita, Kleine …«

Nach so vielen Jahrn nennt er mich wieder *Kleine*; wenn der mich weiter so schwach macht, kriege ich entweder noch einen weichen Keks oder löse mich in meine Einzelteile auf wie ein Sandkuchen aus dem letzten Jahrhundert. Gelobt sei mein lieber, alter Heiliger Lazarus, ich bin so nervös wie damals im Stundenhotel am Malecón, da bekam ich fast eine Gehirnerschütterung vor lauter Zittern, meine Hände tropften nur so von Schweiß, die Knie gehorchten mir nicht mehr, ich konnte mich einfach nicht aufrecht halten. Ich glaube nicht, daß ich so was später noch mal erlebt habe, dieses Gefühl der Gefahr mit Liebe gemischt. Ich war zwar nachher noch mal da, aber mit Ivo, und das war bei weitem nicht so aufregend wie mit dem Uan. Nach dem Triumph der Revo haben sie die Stundenhotels in INIT-Herbergen der Volksmacht, der *Poder Popular*, umgetauft, und die Leute haben sich eine Parole dafür ausgedacht: *Wir vögeln um die Wette, mit Schwung im Volksmachtbette.* Niemand weiß, warum, aber es gab dort nie wieder fließend Wasser; am Eingang bekam man beim Zahlen einen verdreckten Wassereimer zum Waschen, es gab keine Handtücher, kein Klopapier, und es war schon wie ein Achter im Lotto, wenn man aus Zufall ein sauberes Bettlaken erwischte und die Wände nicht vollgekritzelt waren. Wegen Wohnungsmangel und Bevölkerungszuwachs waren die Stundenhotels bis zum Bersten gefüllt, die Schlangen wurden immer länger und verloren ihren anonymen Charakter, wer vorbeikam, konnte gut und gern feststellen, daß seine Frau ihm gerade Hörner aufsetzte. Es kam zu richtigen Razzien mit Streifenwagen und allem Drum und Dran. Die Polizisten beleuchteten dann die Schlange mit ihren Denunziantenscheinwerfern und ließen ihre Sirenen so laut wie möglich aufheulen, um extra die ganze Nachbarschaft aufzuwecken und eine kleine Show oder Schweinerei zu veranstalten. Wie haben sie uns überhaupt mit dem Licht gequält! XXL hat den Strom bis in die Berge gelegt, hat erst die Wohnstuben der Bauern mit Licht überschwemmt und es dem ganzen Land dann wieder abgezwackt. So widersprüchlich es auch klingen mag, aber wenn wir uns brav aufführen, werden wir mit Stromausfällen belohnt. Wenn aber im Cayo-Hueso-Viertel wieder mal ein Tumult losgeht und die Leute anfangen, auf Töpfe zu schlagen und die Polizei von den Balkonen mit Flaschen zu bewerfen, dann bekommen wir wieder Licht. In den siebziger Jahren stellten sie Plakattafeln auf, welche die STICHZEITEN FÜR STROMENGPÄSSE verkündeten. Es waren so viele, daß der Kommentar eines chilenischen Freundes lautete, was für ein freizügiges und sexuell entwickeltes Land das doch sei, das seinen sexuellen Stundenplan veröffentlicht und bei seinen erotischen Lanzenritten auch noch unter Strom steht, was für ein Fortschritt! »In einen Engpaß vorstechen« ist auf chilenisch nämlich ein Synonym fürs Vögeln, Bumsen, Orgeln, Geigen, na, für den Geschlechtsverkehr eben. Wie dem auch sei, wenden wir uns nun wieder jenem wahnhaften Augenblick zu, die Lichtkegel klettern mühsam von den Bäumen, was darauf schließen läßt, daß sie von lebenden Wesen gehalten werden, denn Geister können doch bestimmt schweben, und außerdem kann ich mir beileibe kein Gespenst mit einer chinesischen Leuchte vorstellen. Die vermeintlichen Außerirdischen kommen auf uns zu und blenden uns, so daß wir kaum ihre Gestalten und schon gar nicht ihre Gesichter erkennen können.

»Was machen wir, Uan, schauen wir, daß wir wegkommen, oder was?«

Die Strahler halten nur einen Meter vor ihrer Nase, einer

von ihnen macht zwei Schritte vorwärts, aber niemand schaltet die verdammten Lampen aus, so daß wir immer noch nicht herausbekommen, wer sie sind. Ich verstecke mich, in höchstem Grade verängstigt, hinter dem Uan, zum Glück habe ich mich schon vor einer Stunde entleert, denn sonst hätte ich mir jetzt gewaltig in die Hosen geschissen.

»Guten Abend, *mein Herr*«, grüßt der Leuchtschatten; nach dem Ton seiner Stimme zu schließen, kommt er in friedlicher Absicht. »Die *Dame* ist mit Ihnen bekannt?« Mehr korrumpiert als autorisiert, unterstreicht er das mit Herr und Dame, um sich als Untergeordneten hinzustellen und ein falsches Rollenspiel zu treiben.

»Schon seit Jahren, um sie zu sehen, bin ich wieder im Land. Nun gut, unter anderem, denn ich bin eigentlich hier, um Geschäfte zu machen...«

»Wir sind auf dem laufenden. Wir wollten nur wissen, ob Sie sich hier wohl fühlen, ob es Ihnen an nichts fehlt... Sie wissen ja, wenn wir Ihnen in irgendeiner Weise behilflich sein können, wir sind immer zu Ihren Diensten.«

»Verdammt, wo waren Sie vor ein paar Minuten, als ein paar Gauner die Gräber geschändet und ausgeraubt haben, darunter auch das von meiner Mutter? Zum Teufel, ich hab mir fast die Lunge aus dem Hals geschrien und nach einem Polizisten gerufen.«

»Wir sind keine gewöhnlichen Polizisten, mein Herr, da befinden Sie sich im Irrtum. Wir betätigen uns nicht als solche. Außerdem sind die Grabräuber autorisiert, sie sind Informanten des Sektionsleiters für dieses Gebiet. Wir möchten Ihnen raten, den Friedhof zu verlassen.«

Noch nie habe ich mit diesen Augen, die einmal zu Erde zerfallen werden, zu Erde wie die, die ich gerade unter meinen tauben Plattfüßen habe, einen ähnlichen Zynismus gesehen. Ständig *mein Herr* hier, *mein Herr* da, aber in Wirklichkeit wollen sie nur, daß wir verduften, und zwar mit Karacho. Ich kriege den Mund nicht mehr zu, der Uan ist doch sonst ein ganzer Kerl, und jetzt nimmt er mich nur bei der Hand, dankt mit gesenkter Stimme und zieht mich hinter sich her in Richtung Ausgang, und den ganzen Weg über sagt er keinen Mucks. Am Ausgang ist es etwas heller, ich schaue zum Balkon des Omnivídeo hinauf und sehe, daß das Fest noch voll im Gange ist, drinnen begrapschen sich Paare und gemischte Gruppen, die bei Kerzenlicht tanzen. Das Fax hängt über dem Balkongeländer und kotzt phosphoreszierenden Schleim. Ich überquere die Straße Hand in Hand mit ihm. MEINEM GELIEBTEN. Ich kann es noch gar nicht fassen, daß er hier, neben mir ist und ich wieder an seinem Arm hänge, als würde mich das gar nicht weiter berühren, ich spiele die Knallharte, Gleichgültige, Gerissene, die fröhliche Unbekümmerte. Aber um ehrlich zu sein, steigt seit ein paar Minuten Traurigkeit in mir auf, weil er einfach so, mir nichts, dir nichts, ohne Voranmeldung zurückgekehrt ist, sonst hätte ich wenigstens Zeit gehabt, zum Friseur zu gehen und mir einen schönen Dutt machen zu lassen. Dann wäre ich zwar immer noch grau, mag sein, aber wenigstens mit vorzeigbarer Frisur. Ob er wirklich gekommen ist, um mich zu sehen, mich zu suchen? Nein, Cuca, mach dir keine falschen Illusionen, er hat ja erklärt, daß du nur einer unter Tausenden von Gründen bist, aus denen er sich im Lande befindet. Nach so vielen Jahren des Schweigens und der Verbote. Denn früher war es strengstens verboten, sich mit den in Miami ansässigen Familienangehörigen zu schreiben. Viele Familien haben den Kontakt untereinander abgebrochen, und ich kenne Fälle von Kindern, die sich mit ihren Eltern zerstritten haben, weil sie sonst ihre Arbeit verloren hätten, und gegenseitig versauten sie sich sogar ihre Arbeits- oder Universitätsakten mit Niedrigkeiten – ganz anders geartet als die von ›Ihrer Niedrigkeit‹. Ende der Siebziger durften die

Exilkubaner dann einreisen, und Väter, Kinder, Geschwister kehrten zurück, über und über mit märchenhaften Geschenken beladen und mit Unmengen von Klamotten verkleidet, mit Kaffeepäckchen unter Hut und Röcken und Dollars in Seifen und Zahnpastatuben, Puderdosen und falschen Absätzen. Die *Gusanos*, unsere Exilwürmer, hatten sich in Schmetterlinge verwandelt und wurden mit offenen Armen empfangen, damit sie ihr Geld in den staatlichen Angebergeschäften für Lebensmittel, Kleider und Schuhe ausgaben. Die Besuche waren ein Wiedersehen voll Liebe und Pein, aber auch voll Groll und Dollarscheinen. Nach einer Woche hatten viele von der Insel die von draußen geschröpft, und nach und nach erlosch die Überschwenglichkeit in den Familien, die Herzlichkeit ging in die Binsen. Aber allem Anschein nach läuft die Sache mit dem Uan anders, denn wie kann hier eine Persona non grata Geschäfte aufziehen? Ach, was zum Teufel geht mich das an? Mich hat Politik noch nie interessiert. Er ist hier bei mir, schmiegt sich an mich, drückt meine Taille, nur das zählt, und vielleicht ist er in der Absicht gekommen, sich niederzulassen, und wir können endlich zusammen in der kleinen Wohnung leben. Ja, denn seine Luxusbude im Somellán hat er selbstverständlich verloren, dort hat Sony eine Niederlassung eröffnet. Ich weiß das, weil ich neulich hinaufgestiegen bin, aus Nostalgie, ich wollte die Terrasse sehen, wo ich den größten Schatz, den eine Frau nur hat, nämlich die Jungfräulichkeit, hingegeben habe; und auf einmal gingen die Türen auf, und es kamen ein paar Kerle raus, die ein Kombigerät trugen, eine Musikanlage, ausgerechnet Marke *Virgin* – was für ein Zufall! Vier weitere Männer transportierten einen äußerst schönen Kühlschrank, einen von den modernen mit zwei Türen und einem Extrafach für Eiswürfel, einfach ein Traum. Ich bat um Erlaubnis, eintreten zu dürfen, und da hätte ich beinahe alles vergessen, die Terrasse, meine Keuschheit, die ich in einer Wirbelsturmnacht befleckte, und sogar den Uan mit seiner Fahnenstange, wie sie steifer nicht hätte sein können, denn in der sagenhaften Wohnung stellten sie Dutzende von Kühlschränken, Fernsehern, Videorekordern, Mixern, Fönen, kurz und gut, alles nur Vorstellbare aus, und das auch noch in allen Größen und Modellen.

»Woran denkst du, Cuca? Du bist ja wie weggetreten.«

»An Kühlschränke.«

»Ach ja, natürlich, das Versteck! Gute Idee, bloß nicht das Wichtigste vergessen. Äh, nun gut, das Wichtigste ist es nicht, ich weiß, aber beinahe, denn man lebt schließlich nicht von der Liebe allein.«

»Und Frau ebensowenig, denn bei der Hitze, in der wir hier schmoren, ist das Wichtigste ein Eisschrank, selbst wenn man ihn mit nichts füllen kann. Ich erzähl dir einen Witz! Was hat ein kubanischer Kühlschrank mit einer Kokosnuß gemeinsam?« Er macht eine Geste von ›keinen Schimmer‹, und ich gebe ihm auch keine Zeit zum Nachdenken. »In beiden ist nur Wasser! Dummkopf, reingefallen!«

Der Uan mustert mich höchst befremdet, als würde er mich für ein ausgeflipptes kleines Mädchen halten. Ich muß mich beherrschen. Drinnen im Auto wähnt man sich ganz und gar in einem *Fundora*-Videoclip. Ein Straßenkreuzer, wie ich ihn mir nicht im Traum vorgestellt habe, mit einem Armaturenbrett voll bunter Lämpchen und Uhren, sogar mit einem Radiorekorder, in den er eine winzige, silberne Platte einführt und mich fragt, ob ich die Compact Discs kenne. Nein, natürlich nicht, antworte ich und schüttle den Kopf, ich lebe hier doch weit ab vom Schuß! Das einzig Kompakte, von dem ich was mitkriege, ist das alte Cerelac-Kleiebrot, das noch kompakter als ein Ziegelstein ist und als Schonkost an die über Sechzigjährigen verkauft wird. Er faselt irgendwas von Laserstrahlen, die die winzige Platte zum Spielen bringen. Alles in allem ein kaum zu glaubendes, kaum zu verdauendes technisches Wunderwerk. Aber mich können solche Spielereien nicht hinterm Ofen vorlocken, solange sie nicht lebensnotwendig sind wie die Kühlschränke. Das Knötchen in der Brust meldet sich wieder pochend zu Wort, das sind die Nerven. Wenn ich doch nur mein Valium und meinen Flachmann mit dem Sprengstoffrum hervorholen und mir einen hinter die Binde gießen könnte, aber ich will nicht den Eindruck erwekken, ich sei hoffnungslos drogen- und alkoholabhängig. Das war ich zwar, aber jetzt bin ich geheilt. Um ehrlich zu sein, bleibt mir nicht das winzigste Stückchen Fingernagel mehr, mit dem ich mir nicht das Zahnfleisch aufgerieben hätte. Ich habe schon Blasen, ja Schwielen im Mund, so wild habe ich ins Leere gebissen. Meine Finger sind häßliche Entlein, und mein Geschwür ist prall gefüllt mit Fingernagelresten. Elegant, fast wie ein Baseballspieler, ein Werfer, der den Ball in sicherem Bogen fliegen läßt, startet er den Motor, und das Auto setzt sich butterweich ohne das geringste Geräusch in Bewegung, es hat den Anschein, als würden wir auf einem fliegenden Teppich schweben. Ich frage, ob er genügend Benzin hat, und er sagt, aber klar doch, wieso soll es ihm denn an Kraftstoff fehlen, er ruft sogar, was du auch fragen kannst, Cuquita. Ich zwicke mich in den Arm, ich bin mir immer noch nicht sicher, ob ich lebe, und zwicke mich noch gemeiner. Nicht der geringste Zweifel, ich leibe und lebe. Ich empfinde überhaupt nichts, ich möchte fröhlich sein, möchte an einem Herzinfarkt sterben wegen einer Überdosis an Freude, aber offensichtlich habe ich ein stämmiges Herz, eine Scheißeiche. Ich würde gern Fragen über unser Leben stellen, aber ich fürchte, indiskret zu sein, ins Fettnäpfchen zu tappen, mich durch meine Unwissenheit bloßzustellen, mich restlos zu blamieren. Im Auto riecht es nach Nuttenparfum aus alten Zeiten, nach Vanille, er drückt einen weiteren Knopf, und siehe da, es gibt sogar eine Klimaanlage! Die Stimmen von Elena und Malena Burque auf der Cerelac-Disc erzählen uns, *aus unseren Leben sollte etwas werden, / doch nun sind sie nichts, / vergangen sind sie wie der Morgen, / der sich im Abend verliert…*

Die Calle 23 ist zappenduster, keine Menschenseele spaziert die Bürgersteige entlang, das einzige Auto ist das unsere. Zwischen den wirren Schatten von Bäumen erhebt sich ein ehemaliges Privathaus von Emigranten mit Wänden aus getöntem Glas, das inzwischen ein Geschäft für Mitsubishi-Ersatzteile ist. Weihnachtliche Leuchtanzeigen vom vergangenen Jahr sind mit Fahnen und Wandzeitungen verhüllt. Der Uan setzt eine Miene auf, als würde er an Verblüffung oder Verstopfung leiden. Ich kläre ihn darüber auf, daß es sich um einen Diploladen handelt, und er scheint zu begreifen. Vom *Coppelia*, früher mal die Kathedrale des Speiseeises, steigt ein unerträglicher Gestank nach Billigbierpisse auf. Neulich habe ich gehört, daß die Spanier den oberen Stock gekauft haben und das *Coppelia* deshalb inzwischen ›Abhängigkeitskrieg‹ genannt wird. Denn jetzt gilt die umgekehrte Parole: Hoch die Spanier, nieder mit den Unabhängigkeitskämpfern! Der Uan brilliert mit seinem Gedächtnis, indem er mich nach Orten fragt, von denen keine Spur übriggeblieben ist, nach verfallenen Häusern, nach Toten oder Fortgegangenen. Wir kommen am *Moscú*, ich meine am *Montmartre*, vorbei, und zum ersten Mal sehe ich dicke Kullertränen aus seinen Augen ohne Krähenfüße über die Wangen – glatt wie Zederntüren – rollen und ihm vom Kinn hinuntertropfen, bis seine Seidenkrawatte ganz durchnäßt ist, auf der eine Reproduktion von Picassos *Les demoiselles d'Avignon* prangt. Verflixt, bin ich gebildet! Dank meiner Streifzüge durch ausländische Zeitschriften, die der griechische Lebensgefährte der Fotokopiermaschine aufgetrieben hat. Ich frage den Uan, ob er sich nicht ein bißchen auf die Malecón-Mauer setzen und etwas Luft schnappen möchte, aber er lehnt rundweg ab, mit schlecht verborgenem, wütendem Trotz. Später, sagt er, jetzt ist er viel zu aufgewühlt, er braucht nur ein schönes Bad und etwas Ruhe. Ich mache einen Schmollmund, denn das klingt nach Abschied. Aber nein, überhaupt nicht, und er streichelt mein Gesicht, die Falten auf meiner Stirn und fährt schließlich bis zum Hals hinunter, wo sich seine Finger in den aufgeblähten Poren meiner Gänsehaut verheddern. Er möchte die kleine Wohnung sehen, seine Tochter kennenlernen. Ich kläre ihn auf, daß María Regla nicht mehr mit mir zusammenwohnt, und sein Gesicht verdüstert sich. Außerdem müßte ich zuerst mit ihr reden, ihr auseinandersetzen, daß ihr Vater hier ist, wenn mir das überhaupt gelingt, denn die Kleine läßt einen nicht zu Wort kommen. Aber zumindest muß ich sie vorwarnen, um schreckliche Zwischenfälle, psychologische Traumata zu vermeiden. Ich bemerke, daß er nervös geworden ist, immer wieder schaut er in den Rückspiegel und hat nun eine ganz andere Sorge, die nicht mehr María Regla heißt.

»Ein Auto folgt uns.«

»Das bildest du dir ein.«

»Sie haben einen halben Block hinter uns geparkt, und der Fahrer hat unvorsichtigerweise eine Zigarette angezündet.«

»Jetzt mach mir bloß keine Angst!«

»Es passiert schon nichts, das ist ganz normal, sie überwachen jeden meiner Schritte. Bis jetzt läuft alles wie am Schnürchen, Cuquita, komm, wir fahren in unser Liebesnest.«

Liebesnest, hat er Liebesnest gesagt? Für solche neckischen Spielchen bin ich nicht mehr zu haben, ich habe die Wechseljahre schon hinter mir, und außerdem haben sie mich da drinnen ausgeräumt, als ich am Fibrom operiert wurde. Mit Fühlen ist nicht mehr viel los bei mir, aber vorspielen kann ich noch, damit er mich auch liebt und mir nicht wieder entwischt.

Liebesnest? Na ja, unsere kleine Wohnung ist eher ein Hühner- als ein Liebesnest. Nicht nur wegen der vier Küken, die ich auf Karte bekommen habe und füttern und mästen muß, damit ich ihnen, falls sie überleben sollten, den Hals umdrehen und Suppe aus ihnen machen kann, sondern auch wegen des Saustalls dort und wegen des verelendeten Zustands, in dem sich der Ort befindet. Er ist schon für unbewohnbar erklärt worden und muß an allen Ecken und Enden abgestützt werden, so daß keine einzige Latte mehr reinpaßt, womit diesmal jedoch nichts Sexuelles gemeint ist. Mehr kann ich nicht bieten, doch weiß er, daß es mit Liebe und Leidenschaft geschieht. Er läßt den Wagen wieder an, und wirklich setzen sich die Verfolger ebenfalls in geringem Abstand in Bewegung. Wir fahren die Calle L bis zur Línea hinunter, wieder so ein pechschwarzer Wolfsschlund, dann weiter bis zur Calzada, biegen schließlich rechts ab und schwenken in die Calle M ein. Der Uan erinnert sich wehmütig an die Zwergpalmen, und ich erkläre ihm, daß Wirbelstürme und Flutwellen die Vegetation vernichtet haben. Er parkt am Bürgersteig vor dem Haus, und das andere Auto hält einen halben Block weiter hinten. Bevor wir in der Tür verschwinden, begrüßen wir noch Hernia, die alleinstehende Nachbarin, die auf einer Hängematte unter freiem Himmel schläft, denn der Jahrhundertwirbelsturm hat all ihr Hab und Gut und einen Teil der Wohnung mit sich genommen. Ausgerechnet jetzt, als ich die Treppen hinaufsteige und an etwas anderes denken möchte, fallen mir die abgeblätterten Wände auf, die seit Einweihung des Gebäudes noch nicht einmal übergestrichen worden sind. Ich merke, daß die Treppen nur so von Dreck strotzen, früher habe ich sie immer geputzt, aber seit ich aus meinem Scheuerlappen mehrere Steak-Portionen gemacht und ihn verdrückt habe, kümmert sich niemand mehr um die Gemeinschaftshygiene. Die Glühbirnen des ersten und dritten Treppenabsatzes sind geklaut worden. Endlich kommen wir in unserem Stockwerk an. Ich öffne die Tür, in höchstem Maße verunsichert und bereit, gleich mehrere Tode zu sterben. Der Fernseher läuft, das ewige Testbild ist zu sehen: XXL, der eine Rede hält. Er kommt zum Ende, und der Bildschirm verzerrt sich, das Programm ist vorbei. Katrinka-Terra-Cognita hängt erschöpft in ihrem Korbstühlchen. Da stürmt der Uan unversehens wie ein wildes Tier mit einem Schuh in der Hand ins Zimmer, genau auf meine Freundin Katrinka zu, um sie plattzuquetschen.

»Cuca, aus dem Weg, ich schlag sie zu Brei!«

»Sieh dich vor, was du tust, Uan Pérez!« Als er seinen Namen hört, taucht schlaftrunken Katrinkas Ehemann auf, der äthiopische Mäuserich, und knöpft sich seinen Pyjama zu. Mit einem Satz hat sich Katrinka, zu Tode erschreckt, an die Wand gedrückt, und Optimalmaus, der zärtliche Spitzname, bei dem Katrinka und ich ihren Gatten manchmal liebevoll rufen, schätzt die Lage sofort richtig ein und steht beherzt seiner Frau bei.

»Finger weg ...! Das sind meine besten Freunde. Kinder, ich stelle euch den Mann meines Lebens vor, den Vater meiner Tochter, Uan Pérez. Schatz, das hier sind die russische Küchenschabe Katrinka-Terra-Cognita und der äthiopische Nager Juan Pérez. Er heißt wie du, dir zu Ehren ...«

Er wirft sich in den Sessel, einer Ohnmacht nahe, das Gesicht vor Kummer verzerrt und bestürzt, und weiß nicht mal ein paar Worte zu murmeln. Da streckt die Maus freundlich ihre Pfote aus, und nach vielem Zaudern und Schaudern beschließt er, sie zu drücken. Katrinka krabbelt ihm verwegen die Hosennaht hoch, klettert dann über die Hemdknopfleiste weiter, bis sie zum Hals gelangt, dort peilt sie die linke Wange an und schmatzt einen tönenden Kuß darauf. Auf demselben Weg läßt sie sich wieder herunter und setzt sich in das winzige Korbschaukelstühlchen. Also, ich mach jetzt einen Kaffee, denn so ein langes Schweigen hält doch kein Mensch aus. Es ist Katrinka, die das Eis schließlich bricht; ohne zu ahnen, was für einen Schaden sie damit anrichtet, erkundigt sie sich nach der Familie unseres Gastes, falls er denn eine hat. Wie gelähmt bleibe ich in der Küche stehen, die Kaffeekanne in der Hand, die Tassen rechts auf der Spüle.

»Ich habe Frau und Tochter, es geht ihnen dort mehr oder weniger gut«, antwortet er, und mit einer unwillkürlichen Ellbogenbewegung fege ich die sechs Tassen mit den Untertellern auf den Boden.

Er kommt mir zu Hilfe, flott wie Ramoncito Veloz, der Sohn des Volksweisensängers, der schon gestorben ist, möge er in Frieden ruhen. Ist nicht weiter schlimm, verdammt, was soll's, wenn ein paar Tassen draufgehen, wir gehen ja auch mal drauf. Wie mißmutig und gehässig ich auf einmal bin! Natürlich, warum habe ich nie daran gedacht, daß er geheiratet haben, zur Vernunft gekommen sein und ein Heim gegründet haben könnte? Was bin ich doch für eine Idiotin.

»Cuquita, ich habe Durst, ich hätte gern kaltes Wasser mit einer ordentlichen Portion zerkleinertem Eis, wo ist der Kühlschrank?«

»Der Kühlschrank? In Reparatur, vor fünf Jahren ist der Motor kaputtgegangen, und da es ein russischer ist, gibt es keine Ersatzteile mehr. Die warten wohl drauf, daß da wieder ein Kommunist gewählt wird, bevor sie uns das verdammte Teil schicken. Der General Electric hat's nicht mal bis in die Werkstatt geschafft, wegen der Blockade, heißt es. Du hast also geheiratet!«

»Du etwa nicht?«

Das weiß er ganz genau. Glasklar ist ihm das, aber immer müssen die einen erniedrigen und fertigmachen, was die Ehe angeht. Obwohl das mein moralisches Geschütz, meine unbesiegbare Waffe ist: die Treue. Das unerschütterliche Warten.

»Ich habe mich nie mehr verheiratet«, sage ich im Mutter-Theresa-Tonfall.

»Was hat denn die Dummheit zu bedeuten?«

Da haben wir's! Das ist doch der Gipfel! Über dreißig Jahre Warten ist kein Liebesbeweis, nicht mal eine Heldentat, sondern bloß eine Dummheit! Ein ganzes Leben geopfert, halbtot vor Verlangen, verrückt danach, ihn zu küssen, ihn reden zu hören, ihm von meinem täglichen Kampf gegen Heimtücke und Verrat zu erzählen, bloß damit er zu der Schlußfolgerung gelangt, daß meine stoische Haltung Dummheit gewesen ist.

»Nur so, ist mir halt nicht in den Sinn gekommen. War eben mit was andrem beschäftigt...«

»Zum Beispiel?«

»Mit der Revolution.« Jetzt höre ich mich schon an wie María Regla, mein armes, schizophrenes Mädchen.

Ich weiß nicht, worüber zum Teufel er lacht. Katrinka und Optimalmaus merken, daß sie überflüssig sind, und ziehen sich zärtlich und wohlerzogen zurück, indem sie sich bei den Pfoten nehmen und durch den Türspalt verschwinden. Ich vermute, sie werden sich einstweilen im Haus des Erdnußtalerverkäufers einquartieren, der ein Gasthaus für Kakerlaken gegründet hat. Die gemieteten Ritzen müssen in Devisen bezahlt werden, denn er hat sie richtig modern hergerichtet, ganz im Einklang mit den Bedürfnissen der Insekten: Zucker, tropische Hitze, Dreck und Fäulnis allerorten. Der Uan hat sich immer noch nicht von seinem Lachanfall erholt.

»Erzähl mir doch nicht, daß du dir nicht einen einzigen Mann geleistet hast!«

»Nozing.« Ich antworte auf englisch, um mit meiner Mehrsprachigkeit zu protzen.

»Himmel noch mal, dein Loch muß ja ganz zugewachsen sein, da muß man ja mit dem Buschmesser durch!«

»Sei nicht so vulgär. Was hab ich wegen dir nicht leiden müssen, seit du mit einem solchen Türenschlagen fortgegangen bist, daß ich die Angeln reparieren mußte... und nichts hast du mir dagelassen, nur einen dicken Bauch.«

Sein Gesicht verdüstert sich wieder unheilvoll, als wäre er auf der Totenwache seiner Mutter, die in Frieden ruhen mag. Um nicht in einen noch tieferen Sumpf zu geraten, öffne ich sperrangelweit jedes der Fenster, auf die Straße, auf das Loch von Hinterhof, auf die Küche und das Meer hinaus. Mir scheint, ich habe mit dem letzten Satz sein ganzes romantisches Weltbild aus den Krimischmökern zerstört, ich glaube, ich bin ins bodenloseste aller Fettnäpfchen getreten.

»Was meinst du damit, ich habe dir nichts dagelassen?«

Er wird vom Gezwitscher der Vögel, vom Geflatter der Kolibris und Spatzen und vom Gurren der weißen Tauben unterbrochen. Frische Morgendämmerung durchflutet den Raum. Doch das Lüftchen verwandelt sich in eine Böe, und ich mache die Fensterflügel mit Haken fest. Ich spüre eine seltsame bleierne Schwere am ganzen Körper. Auch vom Körper des Uan geht ein Schub geballter, verworrener und verwirrender Energie aus. Durch die Fenster kommen Papiere, Blätter, Äste, Fernsehantennen, Zeitungen, Windeln, Handtücher samt Wäscheständer, Fahnen, Türen, Scheiben, Wandzeitungen des Komitees, Bänder, Sommerkleider, Haare, Staub, Gebisse hereingeflogen – natürlich schnappt der Uan sich eins im Flug und präsentiert es mir triumphierend. Menschliches und Göttliches dringen durch alle Öffnungen ein, die Metallgegenstände heften sich an unsere Magnetkörper. Ungefähr fünfundvierzig Minuten dauert diese irreale Atmosphäre an. Der gleiche Wirbelwind fegt das Zimmer wieder mit einem Schlag leer und nimmt nicht nur mit, was er gebracht hat, sondern sogar noch mehr: das *Selena*-Radio, mein Väschen mit den Plastiksonnenblumen, die Deckchen und anderen wertlosen

Plunder. Die Altäre sind verschont geblieben. Das Foto von Extra Large fällt zu Boden, und die Scheibe springt entzwei, ein böses Vorzeichen. Aber die Heiligen Jungfrauen verbleiben in ihrer göttlichen Pose, diese gerissenen Frauenzimmer mit ihren scheinheiligen Gesichtern, als seien sie's nicht gewesen. Auf einmal schwankt der Körper des Uans meinem entgegen, und auch der meine gerät in Schwingung und wird hemmungslos in seine Richtung gerüttelt. Wir ziehen uns wie zwei Magneten an und bleiben einfach aneinander kleben, ohne die geringste Lust, uns zu drücken, zu zwicken und zu betatschen. Wie zwei Erzsplitter, kalt und geistlos. Die Böe flaut ab, und verrauchte Stimmen aus Branntweinkehlen verdrängen mit dem *Son* eines Sextetts, der aus der Wohnung des Erdnußbäckers kommt, die Äoluswut mit ihren melodischen Siruptönen.

So viel Wollust für nur ein paar Peanuts,
ein paar Peanuts, ein paar Peanuts...

Und die einzelnen Mietsparteien schlagen nach dem Wirbelwind nicht etwa ein Kreuz, sondern legen sich aufs Kreuz, denn die Sturmböen wirbeln unseren Hormonhaushalt unweigerlich durcheinander. Vom Gang her, auf den all die weitgeöffneten Fenster hinausgehen, stürmen die sexuellen Betätigungen eines jeden Mieters auf unsere Trommelfelle ein, eine unvermutete Symphonie aus Schreien, Wortfetzen und Gestöhne, denn das mit dem stummen Vögeln ist was für Pariser Häuser, wo sich der Nachbar schon aufregt, wenn man an der Toilettenschnur zieht oder den Lichtschalter bedient, das habe ich vor kurzem in *Elle* gelesen. Oder war es in *Hola*? Ich glaube, es muß doch *Elle* gewesen sein, die ist viel anspruchsvoller und muß nicht dauernd irgendwelche Künstler in den Schmutz ziehen, aber trotzdem schwärme ich für *Hola*, denn nur da erfahre ich was über meine Lieblingssänger. Diese Zeitschriften lassen mich wieder aufblühen, die Fotokopiermaschine leiht sie mir, wie schon gesagt, und die bekommt sie von ihrem griechischen Matrosen-Macker, der jetzt in unserer Bucht festsitzt, weil sie seinem Schiff kürzlich den Motor geklaut haben, und natürlich hat niemand was gehört oder gesehen. Augenblicklich vernehmen der Uan und ich die rauhe Stimme des Erdnußbäckers, der mit seiner Frau spricht, welche ein kleines akustisches Laster hat: beim Vögeln empfängt sie Botschaften von den Familienangehörigen aus Miami über das Programm »Von Familie zu Familie«, eine Sendung von Radio Feind. Die rauhe Stimme des Manns übertönt das Radio:

»Schätzchen, ich werd's dir von hinten besorgen, daß du gleich das ganze Sonnensystem siehst, als würdest du dir Mond, Mars, Venus und alle Sterne auf einmal reinziehen...«

Worauf Schätzchen mit dem Bolero antwortet, der Pedro Vargas berühmt machte:

Was kümmert's mich, wenn die Sphären ohne Sterne bleiben,
was kümmert's mich, wenn das Meer seine Weite verliert...
Dunkle Augen, matte Haut, die mich zum Wahnsinn treiben.
Nur du bist mir wichtig, nur du, du und wieder du...

Der Erdnußbäcker wird ganz verrückt und fordert nun das Seine aus Leibes- und Schweifeskräften.

»Schätzchen, gib mir deine Milch, gib sie mir, gib sie mir, GIB SIE MIR!«

Aus einem anderen Bett, in einem anderen Zimmer einer anderen Wohnung, meldet sich lauthals brüllend ein Arbeiter mit Auszeichnung zu Wort:

»Nun gib sie ihm endlich, Schätzchen, wir wollen schlafen, morgen wird gearbeitet, wir sind schließlich nicht aus Stein.«

Der Erdnußbäcker läßt schließlich einen haarsträubenden Schrei los, nach dem Motto *ewig sehnsuchtsvoll bleibt, wer vor seiner Mutter flieht,* wie in dem Gedicht von Lamama Mima.

Gleich darauf beginnt der Disput von Tabak und Zucker in Nummer zwölf im zweiten Stock. Die männliche Stimme fordert:

»Spreiz schon die Beine, Herzchen.« Sie läßt einen müden, schweren, eher überdrüssigen Seufzer los.

»Mama, hat denn das Herz Beine?« fragt ein schlaftrunkenes Kinderstimmchen. Zwangsläufiges Schweigen.

Nebenan schäkern Phalla und Syphilla, ich meine, die Mechunga und die Puchunga, fröhlich mit Robelix Rollando Betamax, den sie zu einem Striptease zwingen, während auch sie sich ausziehen und bequem hinlegen, um sich mit der unvergnügten, schlappen Schlaffheit des Direktors der Egromonía zu vergnügen. Robelix spitzt die Nase, schnüffelt mißtrauisch und erkundigt sich, die Unterhosen noch auf Kniehöhe:

»Wer von euch beiden stinkt nach fauler Papaya?«

»Mach keine Witze, spiel bloß nicht den Scheinheiligen, wer hier vorhin einen gewaltigen, dampfenden Erbsensuppenfurz gelassen hat, das warst du. Mann, uns verfolgen wirklich die Furzer!« versetzt die Mechu schlagfertig, während sich die Puchu den Finger in die Vagina schiebt und diskret daran riecht. Das errate ich schon anhand des klatschenden Schlags, den ihr die Mechu versetzt.

»Dumme Gans, du, nun riech doch nicht an dir! Willst du etwa auf diesen Schlappschwanz da hören?!«

Die Puchunga legt geschwind die zerkratzte Platte von Olga Guillot auf und wirft den alten RCA-Victor-Plattenspieler an, damit die Nachbarschaft nicht mitbekommt, was sich in ihren vier Wänden tut:

Weißt du, wonach mir ist?
Am Freitag einzuschlafen
und erst am Sonntag aufzuwachen.
Weißt du, wonach mir ist?
Die Sonne soll mich des Nachts blenden,
ich möchte meine Liebe verschwenden,
bis du den Verstand verlierst...

»Verweigere mir nicht, was ich verlange...«, murmelt der Uan als Fortsetzung der mexikanischen Schnulze.

Mein alter Körper hält nun nicht mehr stand, er ist ganz heiß geworden, wenn ich mir ein Thermometer reinstecke, würde es glatt explodieren, aber unten kann ich nichts Feuchtes spüren, mein Geschlecht bleibt kalt, runzlig, ignorant. Mein Körper liebt mit Zärtlichkeit, aber nicht mit Lust. Wie soll ich dir das gestehen, mein Honigschnäuzchen, wie kann ich dir erklären, daß du zu spät gekommen bist und daß ich nur noch eine arme Alte in den Wechseljahren bin, mit brennendem Herzen, das langsam und zärtlich schlägt? Ein Herz, ganz prall vor lauter eingesperrter Liebe und gezügelter Leidenschaft. Selbstverständlich werde ich nicht ausplaudern, daß auch ich so meine kleinen Abenteuer hatte, meine physiologischen und therapeutischen Sitzungen, aber die zählen nicht. Nur die Liebe zählt. Die große Liebe. Und wenn er nun nicht meine große Liebe war? Wenn ich mich geirrt habe und mir vor lauter Warten auf diesen Gipskopf die wahre große Liebe durch die Lappen gegangen ist? Es stimmt schon, daß die Trennung eine schlechte Beraterin ist und eine verflixt tüchtige Kupplerin, aber mir bleibt keine Zeit mehr. Ich muß mir den hier unter den Nagel reißen, denn es ist nicht sehr wahrscheinlich, daß noch ein anderer auftaucht. Aber was sage ich da, wie kann ich so gefühl- und gnadenlos vom Vater meiner Tochter reden? Was spukt da in deinem Kopf herum, Cuca Martínez?

»Ich will dir nichts verweigern, Uan, verlang nur, was du willst, du mußt es nur sagen, das ganze Leben, wenn nötig.«

»Cuquita, Mädchen, soviel will ich ja gar nicht, das einzige, was ich möchte, was ich brauche, ist eben der Dollarschein.«

Was ist denn mit dem Kerl los, Mensch? Glaubt der, daß ich schon so alt und am Ende bin, daß ich mich mit miesen Mackern einlasse? Du meine Güte, was für ein Schmerz in der Brust, ich krieg ja gleich nen Herzinfarkt, ich kann einfach nicht glauben, daß der Typ aus dem Land kommt, wo die Dollars auf den Bäumen wachsen, und jetzt mir, ausgerechnet mir, den einzigen kleinen Dollar wegnehmen will, der mir je unter die Augen gekommen ist und den ich dazu noch auf der Straße gefunden habe, rein zufällig. Ich glaube, fürs erste ist es angebracht, sich dumm zu stellen. Der will wohl das ganze Marihuana allein im stillen Kämmerchen aufrauchen!

»Was für einen Dollar meinst du, Herzchen?« seufze ich verträumt.

»Nun sag bloß, Caruquita, daß du dich auch nicht erinnerst ...« Und er fängt hemmungslos zu heulen an, wie ein Schloßhund, der sich in der einsamen Ebene, in der eisigen Steppe verlaufen hat ... »Was ist dann das Leben noch wert ...«

»Das singt Pablo Milanés. Meins ist noch weniger wert, nicht mal einen grünen Lappen. Und ich hab geglaubt, du wärst wegen unserer Tochter, unserer Liebe, um der schönen Zeiten willen gekommen. Nun führ dich nicht so auf, Junge, du wirst mir doch nicht weismachen wollen, daß deine Brieftasche nicht prall mit Dollars gefüllt ist, was spielt da ein Scheinchen für eine Rolle, wenn auf dem Scheckbuch Hunderte sind ... Sei jetzt bloß nicht knickrig, du bist doch sonst immer so großzügig gewesen. Du wirst mir doch jetzt nicht durchdrehen, Kerle, mit denen die Pferde durchgehen und die sich in die Hosen machen, habe ich noch nie ausstehen können. Nun sei kein so stümperhafter Dollarfuchser!«

Aber er fährt trotzdem mit seinem kindischen Tobsuchtsanfall fort, schlägt sich fast den Schädel an der Wand ein, aber er kann seiner Birne nichts zuleide tun, denn unsere Körper kleben immer noch aneinander wie hartnäckige Riesenmagneten. Ich fahre ihm mit der Hand durchs Haar; unglaublich, kein einziges Haar ist ihm ausgegangen, allerdings hat er es sich in Mahagoni gefärbt. Ich empfehle ihm, die Farbe zu wechseln, der Ton steht ihm nicht, und da jammert und schreit er noch lauter. Zwischen den Schluchzern erzählt er eine Geschichte, die dem Drehbuch eines Humphrey-Bogart-Films nicht ähnlicher sein könnte. Solange er nicht den Schein findet, sind seine Tochter und seine Frau in größter Gefahr, denn die Seriennummer des Dollars enthält die verschlüsselte Geheimzahl des größten Schweizer Bankkontos seiner anderen Familie, nämlich der Mafia. Und ich hatte gedacht, die *andere* Familie wären wir! Er ist im Einverständnis mit denen von der Insel hierhergeschickt worden, um das Vermögen zu retten, und sollte es ihm nicht gelingen, brauche er sich gar nicht mehr drüben blicken zu lassen, dann könne er sich gleich eine Kugel in den Kopf jagen, die Adern aufschneiden oder sich vom *Morro*-Leuchtturm auf die Felsen hinabstürzen. Ich ziehe letztere Art des Selbstmords vor, denn ich bekomme eine Gänsehaut, wenn ich nur dran denke, wieviel Blut hier sonst wegzuputzen wäre, und das noch ohne Scheuerlappen und ohne Wasser. Mal ganz abgesehen von den Scherereien, die ich mit der Polizei haben werde. Endlich komme ich wieder zu Sinnen. Das ist also von unserer Liebe übriggeblieben? Der Gegenwert eines Lollipop, einer Puderdose, einer Coca-Cola. Nicht mal das, denn sowohl Cola als auch Puderdöschen sind teurer geworden. Ich streichle ihn wieder, diesmal fahre ich über seine glatten Wangen, die salzige Feuchtigkeit bedeckt. Ich schaue ihm ins Gesicht. Seine leeren Augen machen mir Angst, sie verlieren sich im Idealen, in der Utopie eines zerknitterten grünen Fetzen Papiers. Ich nehme seinen Kopf in die Hände und zwinge ihn, mir in die erloschenen, schwachen Augen zu blicken. Schau mich an, Uan, schau mich an, ich habe dich so geliebt... Nun bin ich hier, wir sind zusammen. Ich bin's, dein altes Mädchen, das dich liebt. Ich liebe dich, bete dich an, und ich kaufe dir einen Pelikan. Ich habe dich immer geliebt, jede Sekunde meines Lebens. Weißt du überhaupt, Uan, was das bedeutet, *ein ganzes Leben?* Das ich eigentlich mit dir zusammen verbringen wollte. Schau mich bitte an. Küß mich. Ich quetsche meine ausgedörrten, ausgeleierten Lippen auf seine Silikonpolster und öffne seinen Mund mit meiner runzligen, rauhen Zunge. Er schmeckt wie immer, trotz seines künstlichen Porzellanlächelns, nach Karies, belegter Kehle, nach Guerlain und Pfefferminz. Das ist mein Mann. Der mich sexuell und politisch ruiniert hat. Das ist mein Kuß. Der lang erwartete. Er wühlt mit offenen Augen in meinem Mund, sein Eisblick in den meinen versenkt. Ich klappe die Lider herunter. Seine Zunge beginnt, mein Zahnfleisch abzutasten. Was gäbe ich drum, jetzt Zähne zu haben! Aber so sind eben die Jugendsünden, am Ende seines verdammten Lebens zahlt man teuer für sie. Seine Zunge glüht inzwischen, und seine Hände fahren meinen Rücken oder, besser gesagt, meine Rückenknochen hinunter. Ich schlage die Augen wieder auf. Jetzt sind seine fest geschlossen, und in meinen Mund hinein gießt er von seinen Lippen den Satz, an dem bisher mein ganzes Leben hing, wie eine Spinne an ihrem Faden. Bis in die letzte Faser sensibilisiert, spüre ich die Zauberworte mehr, als daß ich sie höre:

»Ich liebe dich, Kleine, ich liebe dich.« Und ich schmelze nur so dahin vor Hingabe.

Unsere Körper sind jetzt keine starren Magneten mehr, die nur durch den wilden Wirbelsturm zusammengeschmolzen wurden. Sein Körper reist durch meinen. Mein Körper lustwandelt in seinem. Wir sind zwei, die sich halbbewußt eins miteinander fühlen. Wir lecken uns den alten Schweiß ab und erkennen unseren früheren Geruch wieder, den natürlichen Duft der Haut, ihr spezifisches Relief. Dann lösen wir uns voneinander und mustern uns eingehend, studieren ungeniert die Verwüstungen der Zeit, die uns tiefe Narben eintätowiert und eingemeißelt hat. Melancholie überfällt uns, denn beide wissen wir, daß wir erbarmungslos und erbärmlich gelogen haben, um in unseren jeweiligen Welten überleben zu können, auch sie voll von absurden, ungeheuerlichen, herzzerreißenden Lügen. Ich werde so sentimental, daß ich zum Altar der Jungfrau der Barmherzigkeit hinüberwanke, mit der Hand unter die Mantille mit der feinen Silberstickerei fahre und meinen Schatz zwischen den Beinen der Jungfrau hervorziehe: den Dollar. Die Pupillen des Uan glänzen gierig, Schaum sammelt sich in seinen Mundwinkeln. Er reißt ihn mir aus der Hand, hält ihn gegen das Licht. Aus seiner Sakkotasche zieht er einen Detektor für Gold, Metall, Edelsteine und natürlich für ganz besondere Dollar. Dann läßt er sich aufs altersschwache Sofa fallen, dessen vier Beine nachgeben. Adieu Sofa, mal sehen, ob ich einen Schreiner auftreibe, der Holz hat und es mir wieder repariert. Ich sag's ja immer, wenn man schon auf die Schnauze fällt, dann gleich ordentlich.

»Der ist es nicht«, stellt er jammernd fest.

»Wieso nicht?«

»Das ist nicht der Schein, den ich dir bei unserem Abschied gegeben habe«, sagt er, als würde ihn gleich ein finsterer Abgrund verschlucken.

Häh? Als er abgezogen ist, will er mir einen Dollar dagelassen haben? Ist der besoffen oder schon im Delirium? Was für ein Schein soll denn das sein? Ich erinnere mich noch, daß er extra betont hat, er wisse nicht mal, wohin er sein Haupt betten solle, er hätte nicht mal mehr nen halben Pfifferling übrig. Es klopft. Mit langsamen, aber sicheren Schritten gehe ich zum Türknopf, der sich schwer drehen läßt, ich müßte ihn mal ölen. Zwei äußerst ernste Männer in Guayabera-Hemden mustern mich mit fragendem, schielendem Blick. Ihre verwüsteten Gesichter, wie mit Masern gesprenkelt, kommen mir irgendwie bekannt vor, und wenn es darum geht, Verbrecher zu identifizieren, täusche ich mich nie, was die Physiognomie betrifft, da bin ich Expertin.

»Guten Abend, entschuldigen Sie bitte, wir hätten mit Ihrem *Liebhaber* zu reden.«

Allein schon das Wort *Liebhaber*, einfach so unverschämt in den Raum gestellt, läßt sie in meinem Gedächtnis wiederauferstehen. Das waren die Kerle, die sich am Tag seines endgültigen – oder beinahe endgültigen – Verschwindens nach dem Uan erkundigt hatten. Intuitiv antworte ich, daß er nicht da ist, daß ich nicht weiß, wovon sie sprechen, und schiebe mich als Bollwerk zwischen die Türpfosten.

»Laß sie rein, Caruquita, das sind alte Bekannte.«

Na, da werd ich wohl gehorchen, wie der reinste Roboter mache ich ihnen den Weg frei und bitte sie, Platz zu nehmen. Ich biete ihnen sogar das letzte Löffelchen Kaffee an, das im Glas geblieben ist. Ich mache einen Aufguß davon, ziemlich schwach, aber köstlich. Es versteht sich von selbst, daß ich mich nach Servieren des Kaffees diskret ins Schlafzimmer zurückziehe. Dennoch nehme ich einen strategischen Platz ein, um das Gespräch zu verfolgen:

»Du weißt, daß wir nicht hier sind, um alte Rechnungen zu begleichen, sondern damit du uns gibst, was uns gehört. Du hast bis morgen Zeit, du bist zum Empfang zu Ehren von Nikitiza Villainterpol eingeladen, die über dreißig Jahre lang das Volk ernährt, in Saft und Manneskraft gehalten hat.«

»Wenn hier jemand alte Rechnungen begleichen muß, dann

seid ihr es. Bis jetzt hat mir noch niemand verraten, wer Luis umgebracht hat. Die Motive waren mehr als dunkel und sind nun im Morast der Geschichte versunken. Und was euer angebliches Eigentum angeht, so habe ich es noch nicht gefunden, aber sobald es auftaucht, wird es direkt in die Hände meines Chefs wandern. Das ist der Grund meines Besuchs, ich führe Befehle aus.«

»Jetzt spiel hier nicht den Ahnungslosen, hier gibt's nur einen Chef. Vergiß nicht, du bist wieder auf der Insel. Wir haben auf dich gewartet.« Während er spricht, fährt er sich mit der Zunge über die Zähne, was für eine schlechte Kinderstube!

»Da könnt ihr lange warten.« Was für ein Schneid, was für ein Mumm!

Die Kerle erheben sich wütend, fast schäumend, ziehen ohne ein Wort des Abschieds ab und schließen die Tür hinter sich nicht. Während der Unterhaltung ist mir auf einmal wieder jener gefaltete Schein aus dem Jahr 1935 eingefallen, den mir der Uan vor seinem Fortgang in die Linke gelegt hatte, die Hand des Herzens, der Melodie. Wo habe ich ihn bloß gelassen, gütiger Himmel, wo bloß? Klingeling. Das alte, schwarze Kellog-Telefon klingelt bedrohlich. Ich habe nicht die leiseste Ahnung, wer das zu dieser Zeit sein könnte. Ja, bitte? Ach, Herzchen, du bist's, was für eine Freude! Du rufst im richtigen Augenblick an, heute ist der glücklichste Tag meines Lebens.

»Mama, ich komm nun doch nicht in die Nachrichten. Ich bin völlig am Ende, mein ganzes Leben lang werde ich eine verhinderte Journalistin bleiben. Du kannst dir gar nicht vorstellen, wie fertig ich bin, wenn ich zwanzig Pillen hätte, ich würd sie auf einen Rutsch schlucken, ich hab nicht mal Streichhölzer und Alkohol, um mich in Brand zu stecken.«

»Ach Kind, nun sei doch nicht so melodramatisch! Schau, ich habe eine tolle Nachricht für dich. Ein bißchen wird sie dich bestimmt aufheitern, also, es ist schwer für mich, mit dir darüber zu reden, aber, versteh mich richtig, es ist notwendig, daß wir beide uns aussprechen, und du weißt, daß ich dich nie, niemals getäuscht habe.«

»Mama, nun spuck's schon endlich aus. Wenn's um das Knötchen in der Brust geht, das weiß ich schon. Die Fotokopiermaschine liegt mir schon die ganze Woche mit der bösartigen Krankheit in den Ohren. Am Montag bringe ich dich ins Krankenhaus. Ich weiß schon, daß man das nicht auf die leichte Schulter nehmen darf. Verzeih mir, mein lieber, kleiner Lazarus.«

»Verdammt, da hat doch jemand seinen Mund nicht mal eine Minute lang halten können. Nein, Reglita, vergiß das Böse, die Krankheiten und alles übrige. Es hat nichts mit banalen Katastrophen zu tun. Weißt du, Töchterchen ... glaub ja nicht, daß ich dein Unglück herunterspielen möchte, aber ich habe eine wunderbare Überraschung für dich. Ich weiß schon, daß du alles Unvorhergesehene haßt. Aber manchmal ist so ein heilsamer Schreck einfach notwendig, weißt du, der Kardiologe hat mir mal erklärt, daß entgegen der üblichen Meinung der meisten Sterblichen der Schreck, die heftigen Stiche im Herzen, also daß die den Herzmuskel abhärten und ihn so kräftig und bärenstark wie den Terminator machen. Ein ordentlicher Schrecken ist jetzt genau das richtige für dich, so einer, bei dem du dich auf den Hintern setzt und dein Steißbein verstauchst, so einer, der dir wie den Rindern mit glühendem Eisen sein Brandmal aufbrennt.« Ich bekomme einen Knoten in der Kehle und bringe keinen weiteren Ton mehr hervor.

»Mama, bist du noch dran? Hast du aufgelegt?«

Ich kann nicht weiterreden. Der Uan reißt mir den Hörer aus der Hand. Ich reiße ihn wieder an mich. Der soll jetzt nicht daherkommen und mir nach diesem Haufen von Jahren die Show stehlen. Mir, die ich Mutter und Vater für dieses Geschöpf gewesen bin. Für meine Tochter. Nun gut, unsere. Die Nachricht erhält sie von mir oder von niemandem. Und um klare Verhältnisse zu schaffen, schieße ich los: Reglita, meine Kleine, ich gebe dir jetzt deinen Vater. Er nimmt den schweren, schwarzen Hörer und begrüßt sie heiser hüstelnd:

»Hallo, Töchterchen, wie geht's denn? Natürlich bin ich dein richtiger Papa. Ich bin gekommen, um euch zu besuchen, ich kam um vor Verlangen, dich zu sehen. Ja, ganz genau, nach so langer Zeit. Du bist mir doch nicht böse, nicht wahr? Natürlich haben sich viele schlimme Dinge in unserem Leben abgespielt, aber begraben wir doch den Haß. Sehen wir uns morgen? Jetzt gleich? Wo? Ich hole dich ab? Bin schon unterwegs.«

Er läßt den Hörer fallen und entschwindet wie ein vom Teufel Besessener in der Morgendämmerung. Am Ende meiner Kräfte sinke ich ins Sofa, das für Schwächeanfälle bestimmt zu sein scheint, grabe mein Gesicht in ein Kissen, das nach der Optimalmaus riecht, die dort immer ihre Siesta hält. Und endlich lasse ich meinen Tränen freien Lauf, das Herz so prall wie ein Rosenapfel und wild klopfend. Ich weine, wie ich die ganze Zeit über nicht geweint habe, meine Tränenschleusen sind weit geöffnet, wie ein aufgedrehter Wasserhahn, als würde wegen so viel unverdienten Glücks die Welt untergehen, irgendein Fluch heraufbeschworen werden, denn das ist alles zuviel für mich, so viel Wonne auf einmal, und alles so natürlich, so wahr ... obwohl vermischt mit einer ordentlichen Portion Lüge. Wie schnell vergißt man doch das Schlechte und gewöhnt sich ans Gute! Ich weiß nicht, wie lange der Uan schon fort ist, nicht seit damals, sondern seit vorhin. Ich habe nicht aufgehört, Rotz und Wasser zu weinen. Von unten tönt hartnäckig eine Hupe herauf. Ich beuge mich aus dem Fenster und sehe das größte, bewegendste Schauspiel meines Lebens: María Regla und ihr Vater steigen aus dem Auto, überqueren Arm in Arm die

Straße in Richtung Malecón-Mauer, und vom gegenüberliegenden Bürgersteig aus winken sie mir, ich solle zu ihnen kommen. Wie versteinert bleibe ich noch einen Moment am Fenster stehen, hypnotisiert von diesem Postkarten-Havanna: die Häuser, die die Bucht säumen, liegen dort wie Schiffe vor Anker, die Luft leuchtet auf, in Salzgischtschleier gehüllt. In den Mulden zwischen den Felsen haben sich die Jugendlichen verseuchte Swimmingpools gebaut, die Strände der Armen. Aus dem glühenden Herzen der Stadt tauchen die Bewohner wie Schatten der Sommerhitze auf, um die städtische Hektik abzuschütteln und der Meeresfrische entgegenzustreben, dem Gestank nach verfaultem Fisch, den Moosflecken an der Mauer, dem Teer, der scharf in die Nasenlöcher dringt. Ich spüre plötzliche Unruhe in der Atmosphäre, die das verwegene Verlangen der Jungen verrät, fortzugehen, welches der Grenzkontrollleuchtturm wieder besänftigt. Die Grenze, ein abweisender Ozean von Insektenvertreibungsmittel. Das Havanna meiner Jugend haben die Wellen verschlungen. Havanna ist wie bloßliegendes Fleisch, wie ein aufgeplatzter Pickel oder ein aufgeschürftes Knie. Doch sogar so, von Schmerzen geschüttelt, vor Eiter schäumend, ist es noch schön. Von der Schönheit eines jungen Mädchens, das von seinem Stiefvater geohrfeigt wurde. So verführerisch wie ein Schnitt in der Haut, den Blut umrandet und die tiefe Wunde wie die geöffneten Lippen eines weiblichen Geschlechts erscheinen läßt. Ich weiß nicht, warum mir all das auf einmal durch den Kopf schießt, wenn ich einen Bleistift zur Hand hätte, würde ich es aufschreiben, um ein Zeugnis davon zu hinterlassen, daß ich einmal schöne Gedanken hatte. So viele wunderbare Worte verstecken sich im Kopf, doch sie entschwinden, wir können sie nicht einfangen, und sie sind auf immer dahin. Unten erwarten mich meine Tochter, mein Mann, meine Stadt. Was will ich mehr? Dann halte ich es nicht mehr aus, mache mir schon fast in die Hose vor Erregung, laufe die Stufen hinunter. Sie sitzen bereits wie zwei Turteltäubchen auf der Mauer, ihr Kopf ruht an seiner Schulter. Er vergeht vor Zärtlichkeit und hält seine Tochter um die Taille gefaßt. Als ich gerade die Straße überqueren will, hätte mich beinahe ein Lastwagen zu mürbem Mus gemacht. Endlich bin ich bei ihnen, bei meinen beiden abtrünnigen Lieblingen. Alle drei versinken wir in einer Umarmung, küssen uns hemmungslos. Allerdings wachsam, mißtrauisch wie die Katzen. In Erwartung des Prankenhiebs, der Trennung, des Verrats. Wir setzen uns mit dem Rücken zum Ozean und dem Gesicht zur Stadt und sehen zu, wie sie sich langsam rekelt, golden, feucht und funkelnagelneu, wie ein Kranker, der für lange Zeit im Koma war, lange, schlaffe Jahre, und auf einmal blinzelt er und sagt, das Licht täte seinen Pupillen weh. Während sich der Tag aufbläht wie Eischnee, steigt auch unsere frühere Bitterkeit in uns empor und bleibt uns in der Kehle stecken.

Neuntes Kapitel

Mit tausend Enttäuschungen

Mit tausend Enttäuschungen
könntest du die meine nicht aufwiegen.
Tausend deiner Kümmernisse
könnten mein Leid nicht besiegen.

von René Touzet, gesungen von La Lupe

Gegenwärtig kann man unter den wenigen noch stehenden und den vielen von Havanna neu erfundenen Palästen drei wichtige hervorheben: den Palast der Salsa, den der Revo-*lotion* und den der Generalkapitäne. Und zwar in dieser strategischen Reihenfolge. Um sechs Uhr morgens überkommt den Uan ganz plötzlich die Lust, sich Paläste anzuschauen, und seine Tochter erklärt ihm, daß sie ersteren und letzteren der Paläste besuchen können, der Eintritt in den mittleren ihr jedoch ganz unmöglich erscheint. Der Uan lächelt verschmitzt, für ihn ist nichts unmöglich. Nichts und niemand kann ihn davon abhalten, sich seine Wünsche zu erfüllen. Reglita empfiehlt ihm, ihren Rat anzunehmen, denn wer nicht auf Ratschläge hört, der wird nicht alt. Er kontert hochmütig, daß er sich niemals im Leben mit Beratern oder Ratsherren abgegeben hat – von denen würde er sich nicht mal was voratmen lassen – und daß er nicht bei besserer Gesundheit sein könnte. In der Havännerung – an anderen Orten des Planeten mag es dämmern, aber hier havännert es, weil die Stadt in der Morgendämmerung aus den Tiefen des Meeres zu tauchen oder von den Wolken herabzusteigen scheint, noch ganz verschlafen und feucht –, in der Havännerung machen sie sich also zu einem Spaziergang durch die Stadt auf. In der vorangegangenen Nacht, die in jeder Hinsicht erschütternd war, in familiär-emotionaler, in gesellschaftlich-diskreditierender und ökonomisch-todbringender – wegen des zurückgeforderten Dollars –, haben Cuca Martínez, María Regla und der Uan, überflüssig zu bemerken, kein Auge zugetan, sind nicht mal kurz eingenickt. Dennoch sind sie nicht müde; im Gegenteil, dynamischer als sonst springen sie von der Malecón-Mauer, um durch die Straßen von Havanna zu stiefeln oder zu fahren, denn manchmal laufen sie, und manchmal nehmen sie den Mechy Benz, der dem Uan offiziell während seines hochgeschätzten und hochgeschützten Aufenthalts im Land zur Verfügung gestellt worden ist. Wo immer sie auch hingehen, immer sind ihnen die Verfolger oder Leibwächter auf den Fersen. Als erstes lädt Uan seine frühere Frau und seine Tochter zu einem Frühstück ins Hotel Nacional ein. Als er am Hotel Capri mit seinem Nachtklub, dem »Roten Salon«, vorbeikommt, gerät dem Mann seine ganze Macho- und Mafioso-Welt in Wallung, die sonst so immun gegen die Erinnerung ist, und tiefe Seufzer dringen aus seiner Brust angesichts der einstigen Hoteloasen, die jetzt zu Hotelöden geworden sind. Mit seinen Augen, die einmal die Erde verschlingen wird, sieht er das Hauptbetätigungs- und Übungsfeld seiner Jugend dahinvegetieren.

Früher hätte María Regla niemals so einen Touristenkasten betreten, sie hätte sich nicht mal dazu herabgelassen, ihren Vater als solchen anzuerkennen. Aber die moralischen Rückschläge, die sie seit Jahren wieder und wieder als Beweis und Lohn für ihren politischen Fanatismus einstecken mußte, haben schließlich den Gedanken in ihr reifen lassen, daß man nur einmal lebt und daß die verhängnisvolle Parole ›Vaterland oder Tod‹ nur dazu taugt, eine ganze Kultur, ein ganzes Volk, kurzum, die gesamte Insel von der Landkarte zu fegen. Außerdem ist es schon Lichtjahre her, daß sich ihr die Gelegenheit zum Frühstücken geboten hat, fast hat sie es sich ganz und gar abgewöhnt. Noch in der Eingangstür des Luxushotels verwandeln sie sich in die Zielscheibe aggressiver, kaum zu ertragender Blicke, einige wachsam, andere neidisch. Cuca und María Regla tasten nach ihren Amuletten, um sich gegen den bösen Blick zu wappnen. Aus verschiedenen Gründen läßt sie keiner der Anwesenden aus den Augen, und zwar alle ohne Unterschied, je nach Interessenlage, ob es sich nun um Dollarprostituierte, Kuppler-Polizisten (der Bindestrich ist kein Versehen, zwischen *Kuppler* und *Polizisten* gehört kein Komma), echte Ausländer mit Rucksäcken auf dem Rücken, falsche Ausländer mit Pistolen am Gürtel, Pagen (die hier alles andere als Edelknaben sind, sondern zehn Dollar dafür kassieren, deinen Koffer von der Rezeption bis zum Fahrstuhl zu schleifen und ihn dir dann auf den Zeh fallen lassen und Leine ziehen) sowie Kellner und Rezeptionisten mit feinstem Englisch, denn Fremdsprachen lernen wir hier seltsamerweise wie im Fluge, bis gestern sprach noch alle Welt Russisch, aber als grünes Licht gegeben wurde, zogen sogar die Langfinger ihr Lincoln-Englischdiplom hervor. Nach minuziöser Musterung wenden sich die Neugierigen gelangweilt ab, da sie sich vergewissert haben, daß aus ihnen nicht viel herauszuschlagen ist, und zwar nicht mit dem Knüppel in der Hand, sondern mit dem Kapitalismus im Hinterkopf. Denn beim Kapitalismus schlägt man alles menschenmögliche aus dem anderen heraus, er ist die Ausbeutung des Menschen durch den Menschen. Und wie ist das dann beim Sozialismus? Genau umgekehrt. Sie blenden also schließlich *Starrheit* und *Feindliches Getöse* ihrer makabren Pupillen ab, denn der Unterschied ist nur allzu deutlich, auf der einen Seite der ärmliche Aufzug der eingefallenen Alten, das schwitzende, rotgefleckte Gesicht des Mädchens in seiner denkbar verschlissenen Jeans – schon eher weiß als blau, so ausgewaschen ist sie – und auf der anderen die extravagante Mahagonitönung des Uan, der zu allem Überfluß auch noch ein Handy aus der Tasche zieht, ganz auf *Spender* macht und lautstark mit halb Manhattan spricht. Man setzt sie an ein Tischchen im Hof, von wo aus man einen herrlichen Blick auf die Vegetation hat, über deren Baumwipfeln das tiefblaue, an den Wolken klebende Meer hängt, fast als würde es schweben (während die anderen einen herrlichen Blick auf sie selbst haben). Der Ehrengast bestellt lässig, fast autoritär Orangensaft, Schinken- und Käse-Sandwichs sowie Milchkaffee für drei Personen. Die Eingeweide der Frauen stimmen ein feierliches Konzert im Stil der Ouvertüre *Das Jahr 1812* an, und ihre verkrampften Hände und Knie zittern wegen der schlecht verhehlten Anspannung. Carucas rechtes Augenlid zuckt aufgeregt, als hätte sie einen Tic; bei Klein-Regla ist die Oberlippe in unheilverkündender Nervosität außer Kontrolle geraten. Es weht ein laues Lüftchen, das zum Schlafen einlädt, und während der Mann New Yorker Nummern wählt und telefonisch seinen Unternehmeraktivitäten nachgeht, genehmigen sich Mutter und Tochter sogar ein Nickerchen, dösen nach Herzenslust vor sich hin und sabbern sich sogar ihre Blusen dabei voll. Endlich macht der Uan seinen Weisungen an das neunzig Meilen entfernte Raubtier im Norden ein Ende und weckt die Frauen auf, indem er sie an den Knien rüttelt. Die drei lächeln vorsichtig und schauen einander befremdet, erneut schüchtern an. Da sich nun die *Ichliebedichs* und Liebkosungen der Anfangsstunden erschöpft haben, können sie ihren Augen nicht trauen, daß sie zusammen sind und an einem kitschigen, schmiedeeisernen Tischchen mit Glasplatte sitzen und dazu noch im Fünf-Sterne-Hotel Nacional, einem der schönsten und teuersten der ganzen Welt. Ich werde eine Beteiligung von Havannatour verlangen, ohne mich wären die glatt aufgeschmissen, ich fülle ihnen praktisch die Flugzeuge. Es kostet sie also Mühe, ein Gespräch in Gang zu bringen, sie sind nicht gerade wild darauf, sich ihre jeweiligen Vergangenheiten zu erzählen. Besser, man rührt nicht weiter in der Scheiße. Aber Cuca Martínez überfällt das unbezähmbare Bedürfnis, ihm ihre quälende Leidenschaft von über dreißig Jahren ununterbrochener Halbtreue und Liebe zu offenbaren.

(Also, wenn man mich fragt, meiner Ansicht nach, ich meine, ich habe irgendwie den Eindruck, ohne dir meine Meinung aufdrängen zu wollen, weiß Gott nicht... daß sie besser schweigen sollte.)

Ich glaube nicht, daß das der passende Moment ist, Revulva, meine Sprechende Grille, um deine Nase wieder in die Geschichte zu stecken, das folgende Kapitel gehört dir ja sowieso fast zur Gänze. Da kannst du dann schalten und walten, wie du willst, und kommst ganz groß raus mit deinen prächtigen Mimenkünsten. Also, Schluß damit und weiter.

(Spül dir gefälligst den Mund aus, bevor du mit mir sprichst, du Ferkel, und schau ja, daß meine Lieblingsfiguren gut wegkommen, sonst werd ich nachhelfen, da kannst du dich dann nicht mehr so leicht aus der Affäre ziehen, sei also vorsichtig, denn ich sehe da in meiner Kristallkugel, daß du deine nächsten Ferien im Knast verbringst, im *Nuevo Amanecer* oder im *Manto Negro*, je nachdem, ob dir ein neuer Morgen dämmern oder ein schwarzer Umhang über dich fallen wird. Ja ja, reg dich nicht auf, ich geh ja schon, aber ich sag nur, bis gleich, mich wirst du nicht so schnell los.)

Das ist vielleicht eine Nervensäge! Zum Glück habe ich sie bisher einigermaßen zum Schweigen bringen, Terrain gewinnen und mir Achtung und Respekt für meine Transkriptionsarbeit verdienen können. Denn man darf nicht vergessen, daß mir hier ein Leichnam diktiert. Meine Aufgabe ist nicht leicht, vor allem, wenn ich dazu noch einen bis obenhin mit revolutionärem Gewissen angefüllten Rucksack mit mir herumschleppen muß. Aber kommen wir zur Sache, zum Thema, das uns berührt und besorgt, nämlich daß Cuca, ihre Tochter und ihr Exmann ihr Frühstück im Nu heruntergeschlungen haben. Die Frauen fallen wegen des Proteinschocks fast in Ohnmacht. Cuquita hat unendliches Mitleid mit den lästigen Genossen, die sie verfolgen oder auf sie aufpassen; sie meint, während ihrer ganzen sinnlosen Schicht haben sie keinen Bissen zu sich genommen; sie konnte direkt sehen, wie ihnen das Wasser im Mund zusammenlief, als sie ihnen beim Essen zugesehen haben. Aber auf diese Bemerkung verpaßt ihr ihre Tochter einen solchen Ellbogenstoß, daß ihr das Knötchen in der Brust fast ohne chirurgischen Eingriff zum Mund herausspringt. Sie täuscht ein umwerfendes Lächeln vor und zischt dabei ihrer Mutter zwischen den Zähnen erregt zu, doch so diskret wie möglich zu sein und um keinen Preis mehr diese Kerle zu erwähnen, wenn sie sich weiterhin der Anwesenheit ihrer großen Liebe erfreuen und aus ihrer *big love* keinen *big bang* machen möchte. Uan amüsiert sich jedoch nur, überrascht von der Naivität seiner havannischen Familie. Doch unversehens kommt ihm seine amerikanische Familie in den Sinn, und Cucas Gesicht verwandelt sich vor ihm in einen Schein, in den Dollar, den es wiederzubekommen gilt. Während er sich noch die Zähne seines *perfect smile* mit einem Zahnstocher reinigt, fängt er wieder mit dem verflixten Dollar an. Ist ihr inzwischen vielleicht eingefallen, wo sie ihn aufbewahrt haben könnte? Er fleht sie händeringend an, sich doch Mühe zu geben und tief in ihr Gedächtnis abzutauchen.

Sie hat jedoch weder Kopf noch Gedächtnis, die sind über den Jordan gegangen. Wie blöde ergötzt sie sich an jeder Geste ihres geliebten Peinigers. Er war schon immer so, immer muß er sich mit den banalsten Dingen beschäftigen. Nun gut, banal nicht gerade, denn wenn er nicht mit dem Dollar in der Brieftasche zurückkehrt, wird er aller Wahrscheinlichkeit nach die andere Frau und die andere Tochter ordentlich in Plastiktütchen verpackt als eingefrorenes Hackfleisch im Tiefkühlfach wiederfinden. Ein Horrorszenarium, das es mit den *Geschichten aus der Gruft* oder *Twilight Zone* aufnehmen könnte. Sie gräbt und gräbt in ihrem abwesenden Gedächtnis, in ihrer tauben Birne. Ohne Erfolg, nicht die geringste, auch noch so winzige Spur.

»Uan, Liebster, ich erinnere mich nur an die Kümmernisse, die Enttäuschungen, daran, wie sehr ich dich geliebt habe. *Heute, wenn ich auf die Vergangenheit schaue, / ergreift mich tiefe Müdigkeit, / dich zu hassen, bin ich nicht bereit. / Ich kann dir schwören, / daß ich dir bereits vergeben habe, / und zu dieser Zeit / tut mir nur meine mißhandelte Liebe leid.*«

Gelobt seist du, mein lieber Heiliger Lazarus, was für eine Erleichterung, sich mal so richtig das Herz und seine Gefühle von der Seele kotzen zu können! Also, diese Erklärung ist ihr wirklich vortrefflich gelungen, nur gut, daß da noch La Lupe mit einem ihrer Ausnahmeboleros nachgeholfen hat, denn in kritischen Momenten wie diesen verwandelt sich Cucas Kopf in eine Art Goldfischglas, in dem die Neuronen träge herumschwimmen und endlos Ferien machen. Die sind so schlapp wie die Kichererbsen, die's auf Karte gibt.

»Wollen wir nicht lieber ein Stückchen gehen?« schlägt die Kleine vor, um die Lage zu entspannen und weil sie aus dem linken Augenwinkel heraus bemerkt hat, wie ein paar Typen mit blauen Anzügen, Knüppeln, Stiefeln und Revolvern im Gürtel alle Welt nach Personalausweisen oder Pässen fragen, sogar ihre eigenen Mütter würden sie kontrollieren, wenn die ihnen über den Weg liefen. Wer sich nicht ausweisen kann, muß unterm Tisch mit einer Schachtel Marlboros zahlen, wenn er mit heiler Haut davonkommen und in seinem eigenen Bettchen schlafen will und nicht in einer Zelle des ersten Reviers, wo man, wie erzählt wird, mit Fußtritten in den Schlaf gewiegt und ebenso sanft wieder aufgeweckt wird. Die drei Subjekte, die sich bereits in der von den Polypen kontrollierten Zone befinden, versuchen sich unauffällig zurückzuziehen. Einer der Polizisten schöpft Verdacht, weil er sie mit so demonstrativer Unbekümmertheit in Zeitlupe aufbrechen sieht, und kommt näher, bereit zum Angriff. Doch sogleich wird er von den Beschützer-Beschattern aufs Korn genommen und landet nach einem Judowurf k.o. auf dem rosa Marmorboden. Der Uan ist der Ansicht, daß sie also wenigstens dazu gut waren, Zwischenfälle und unliebsame Zwischenstationen wegen Papieren zu vermeiden, die durch ihre allzu große Echtheit verdächtig und folglich falsch erscheinen könnten.

Draußen knallt die Sonne herunter. Nicht mal Uans *Ray Ban*-Brille kann verhindern, daß seine Pupillen den grellen Tag in all seinem Glanz und seiner Weiße – wie eine Messerschneide, die in einer Milchlache glänzt – absorbieren. Als er die Autotür öffnen möchte, verbrennt er sich die Finger am aufgeheizten Griff. Drinnen kommt man sich wie in einem Schnellkochtopf vor, der gerade dunkle Bohnen weichkocht, und auch ihre Körper sind bestimmt bald gar. Das Leder der Sitze glüht so stark, daß sich beim Hinsetzen María Reglas Eierstöcke ausdehnen und sie im Zeitraffer ihren Eisprung und ihre Regel – die ihren zweiten Namen bestätigt – bekommt. Im ganzen Staate werden in keiner einzigen Apotheke Tampons verkauft, auf Karte gibt's zehn Binden pro Jahr, und man weiß nicht, in welchem Monat sie ausgegeben werden; natürlich haben nur die Frauen im Menstruationsalter ein Anrecht darauf. Die einzige Lösung ist, einen Diploshop aufzusuchen, denn dort sind sie schon erhältlich, allerdings zu sündhaft hohen Preisen, eine Zehnerpackung kostet neun Dollar, fünfzig Cent. María Regla ist ganz wild darauf, in einen Diploshop zu gehen, denn die Kommunisten werfen für ihr Leben gern ihr Geld für Plunder zum Fenster raus. Ihre Mutter regt sich darüber auf, ihr Blutdruck steigt, sie müßte sich eine Pille unter die Zunge legen, aber sie hat keine. Sie wird deshalb aber gewiß keinen Fuß in so ein Allzweckdiplodings setzen. Sie würde am liebsten im Boden versinken bei dem Gedanken, daß der Uan für ihre Hygieneartikel und Pillen aufkommen muß. Sie schuldet ihm immer noch einen Dollar, und sosehr sie sich auch das Hirn zermartert, sie kann sich, verflixt noch mal, nicht erinnern, wo sie ihn bloß versteckt haben könnte. Darüber werden ihre Ohren ganz rot, ihre Pupillen haben sich geweitet, sie springen ihr fast aus den Augenhöhlen, und sie hat Schaum vorm Mund. Es hilft nichts, sie müssen schnellstens mit ihr ins Krankenhaus. Im *Calixto García* haben sie gerade keine von diesen verdammten Pillen zum Unter-die-Zunge-Legen. Die Ärzte sind sehr zuvorkommend und leisten Erste Hilfe. Als sie merken, daß der Uan Halbausländer ist, dazu noch aus diesem Land, das bei jedem Kubaner die Pforten des Herzens und der Neugier Tür und Tor öffnet, nämlich aus dem Ausland an sich, da schicken sie ihn umgehend zum *Camilo Cienfuegos*, einer Devisenklinik für grüne Lappen, wo sie Pigmentnetzhautentartung operieren. Schon mehr als ein Auge ist da in der jämmerlichen Sekunde hopsgegangen, in der der Strom ausfällt und die Notstromaggregate noch nicht angelaufen sind.

Da schlagen sie zwei Fliegen auf einen Streich: Sie können die rettende Kapsel und die Ultra-Plus-Binden kaufen. Während der Warterei ist Klein-Reglitas Blut durch die abgewetzte Jeans gesickert und hat das Leder der Mechy-Benz-Sitze getränkt. Der Uan bereut schon fast, ins schöne Kuba zurückgekehrt zu sein, und reibt wie ein Wilder den Sitz mit Alkohol ab, bis er zwar klitschnaß, aber ohne Blutgerinnsel ist. Bei Regla ist ein Kostümwechsel fällig. Der Uan will sowieso in einen Diploshop gehen, um passende Ausgehkleidung und -schuhe zu besorgen, denn sowohl Cuca Martínez als auch ihre Tochter sollen ihn diese Nacht ins Palé –

kommt von ›Palais‹ – der Revo begleiten, wo es einen Empfang anläßlich der feierlichen Überreichung des Parteibuchs der PeCeCe an Nikitiza Villainterpol, die große Dame der kubanischen Kotz-Küche, gibt. Wegen dieser Parteibuchübergabe haben tausendsechshundert Milidiotanten, die inzwischen Miliclevere sind, das ihre zurückgegeben. Der Uan weiß, daß er im Palast vorgelassen werden wird, denn vorhin hat ihm jemand eine Einladung in die Tasche seines Leinensakkos gleiten lassen. Er lugte gleich hinein und konnte lesen, was auf dem weißen Kärtchen in goldenen Reliefbuchstaben geschrieben stand.

Sie nehmen das Auto, María Regla legt sich einen Karton unter, in dem früher einmal Eier waren, um nicht wieder den Sitz zu versauen. Mit einem Affenzahn, alle hochrot angelaufen vor Hitze, brausen sie zu *La Maison* Ecke Vierzehnte und Siebte in Miramar. Wenn man dort nur die Schwelle überquert, glaubt man schon, einen Paß für die Ewigkeit erhalten zu haben. Da gibt es sogar einen höchst distinguierten Herrn, von Kopf bis Fuß in gestärktem Aufzug, der ihnen die Haupteingangstür öffnet und wieder schließt. Er lächelt den Uan unterwürfig an, verzieht bei Cuca Martínez seinen Mund zu einer Grimasse, und als María Regla mit einem Gefolge von Fliegen um die Hüften eintritt, verdreht er die Augen und verlangt ihren Ausweis. Der Vater antwortet zuvorkommend, daß sie sich keine Umstände machen muß und nichts vorzuzeigen braucht, weil sie nämlich seine Tochter ist. Der anmaßende Majordomus gibt sich, nicht sehr überzeugt, zufrieden und denkt bei sich, was für Ferkel und Hippies doch diese Ausländerkinder sind, und wenn es nach ihm ginge, würde er alle aufs Zuckerrohrfeld schicken. Oder vielleicht ist es gar nicht seine Tochter, sondern seine Geliebte. Und er hängt weiter seinen Gedanken nach, die von entscheidender Wichtigkeit sind, um den Dritte-Welt-Status seines Landes zu überwinden.

María Regla erspäht zu ihrer Rechten ein paar wunderbare Kleider aus Tüll und unvorstellbaren Stoffen, extra elegant oder eher extravagant in ihrem Kitsch, außerdem eine ganze Stange voll Lederhandtaschen mit Gold- und Silberbesätzen sowie Abendschuhe, und hingerissen schlüpft sie in diese Richtung, nicht ohne vorher die Schüchterne, das brave, kleine Mädchen zu spielen und ihrem Vater den fragenden Blick des Lamms auf der Schlachtbank zuzuwerfen. Mit einem Augenzwinkern stimmt er zu und fordert sie sogar auf, sich alle Zeit der Welt zu nehmen und alles auszusuchen, was sie nur braucht. Cuca Martínez ist wie gelähmt vor Scham und macht sich so klein wie möglich, zieht ihren Körper wie eine schrumpelige Rosine zusammen; hinter Uans Rücken fleht sie ihre Tochter, ebenfalls mittels Mimik, an, es ja nicht zu wagen, sich etwas kaufen zu lassen, was sie nicht unbedingt braucht, um ihre blutbefleckte und fliegenumschwirrte Hose zu wechseln. Mit einem Puff veranlaßt der Uan sie jedoch, den Laden zu betreten. Er schiebt sie direkt zu einem Kleiderständer, an dem ein schwarzes Samtkleid mit blauem Paillettenbesatz schimmert, er hält es Cuca an und verlangt eine Anprobe. Sie denkt, daß sie sich nicht mal im Traum so was Lächerliches anziehen würde. Und das sagt sie auch:

»Nicht mal für Geld verkleide ich mich mit so nem frivolen Fetzen.«

»Dein Geschmack hat sich offensichtlich ziemlich geändert, ich habe dich in einem fast identischen Modell kennengelernt.«

Cuca kramt in ihrem Gedächtnis. Es stimmt. Das war ein ganz reizendes Kleidchen, ohne Frage, nur zu weit an Busen und Hüften, denn es gehörte einer ihrer beiden Freundinnen, der Mechu oder der Puchu. Nun hat er sie wirklich sentimental gestimmt, und sie nimmt das Kleid an, aber probieren möchte sie es nicht, sie wird es diese Nacht anziehen, es soll eine

Überraschung werden. Ihr geliebter Peiniger lacht neckisch und schallend. Sie muß ebenfalls so sehr lachen, daß man ihr dunkelviolettes Zahnfleisch mit den winzigen Äderchen und ihr Zäpfchen sieht. Auf einmal fällt ihm etwas ein, und er schlägt sich mit der Linken an die Stirn, während er mit der Rechten in seiner Hosentasche wühlt. Gleich darauf zeigt er stolz ein Gebiß, dasselbe, das beim Sturm in der Morgendämmerung zum Fenster hereingeflogen war und das er sich im Flug geschnappt hatte.

»Da, nimm, Cuquita, das ist für dich, Kleine. Setz es ein. Ich bin nicht nur zurückgekommen, sondern gebe dir auch noch die Zähne zurück.«

»Ja spinn ich denn, nicht mal, wenn man mir ein gebratenes Lendenstück vor die Nase stellt und ich es nicht kauen kann, weil es so zäh ist. Ich weiß ja nicht mal, welchem Toten es gehört hat.«

»Keinem Toten, Caruca. Es gehört bestimmt jemandem, der bei offenem Fenster geschlafen hat, und der Wirbelsturm im Wasserglas auf seinem Nachtkästchen hat es mit fortgenommen.«

»Noch schlimmer, dann habe ich eine noch schwerere Gewissenslast, denn durch meine Schuld ist jemand anders jetzt zahnlos.«

»Durch die Schuld des Zyklons, meinst du. Setz es dir doch erst mal ein, und wenn jemand Anspruch darauf erhebt, kannst du's immer noch zurückgeben, und fertig.«

Die Alte ringt mit sich, mustert eingehend das Gebiß, gute Arbeit, sieht nicht übel aus. Der Uan hat recht, sie wird es als Leihgabe nehmen, und wenn jemand nach einer solchen Prothese fragen sollte, wird sie das Ding so oder so eben umgehend zurückgeben. Sie tritt zu einem Spiegel, legt ihr neues Lächeln an und ist ein anderer Mensch. Zwanzig Jahre, tausend Kümmernisse sind von ihr abgefallen. María Reglas Spiegelbild ist währenddessen wie eine mit Wundern prall gefüllte Alice in einen anderen Spiegel getreten, und mit dem Fliegenschwarm als Hula-Hula-Reifen um die Hüften ist sie inzwischen bei der Anprobe von Kleid Nummer einunddreißig. Kurz und gut, der Uan greift sich Parfums, Modeschmuck, alle möglichen Handtaschen, ein Paar Lackschuhe für Cuquita und dreizehn Schuhmodelle von unterschiedlicher Farbe für seine Tochter, eine Garnitur Ausgeh- und eine Garnitur Straßenkleidung für die Alte sowie fünfzehn weitere Teile, darunter Kostüme, Miniröcke, Maxiröcke, Jeans und jeden Fetzen, mit dem sein Mädchen liebäugelt. Cuca Martínez stirbt wieder mehrere Tode vor Scham. Als kleines Mädchen schien Reglita doch so ein schlichtes Wesen zu haben, und jetzt als Erwachsene entpuppt sie sich als gierige, kokette Harpyie. Der Uan will mit einer goldenen Kreditkarte bezahlen, und natürlich beißen sich die beiden Frauen auf die Lippen und sehen Ärger voraus.

»Reglita, leg alles wieder zurück. Nimm meins auch gleich mit, Uan. Wir brauchen nichts, mach dir keine Sorgen. Wenn ich gewußt hätte, daß du so in Verlegenheit bist, daß du sogar mit Gutscheinen zahlen mußt, hätte ich dir nicht mal erlaubt, diesen Laden zu betreten«, sagt Cuca Martínez höchst beunruhigt und veranlaßt das Mädchen, die Modelle zurückzulegen.

»Nun reg dich nicht auf, Dummerchen, das ist doch eine Karte von einer Bank, ich darf sie benützen, sie ist mit Geld gedeckt.« Er hält die betrübte junge Frau zurück, die die Sachen zurücklegen will.

Die Verkäuferin, die sich gerade mit anderen Rechnungen die Zeit vertreibt, hat die Karte noch nicht bemerkt. Als ihr Auge darauf fällt, flippt sie beinahe aus, kippt beinahe aus ihren Stöckelschuhen Typ sechziger Jahre.

»Mädchen, schaut euch das an, unser Freund hier will mir wohl den Tag versauen«, sagt sie zu den anderen Genossinnen ihrer Abteilung. »Da wirst du wohl etwas warten müssen, Schätzchen. Auf der ganzen Insel gibt's nur drei Kreditkartenmaschinen. Ich muß telefonisch feststellen, in welchem Laden sie sich gerade befinden, und dann jemanden rüberschikken. Ich sag's ja, diese Touristen sind einmalige Geizhälse, haben nicht mal Bares dabei, um zu zahlen, wie's sich gehört!«

Die drei lassen die Tirade, gelähmt vor Verblüffung, über sich ergehen, ohne auch nur einen Mucks von sich zu geben, wie festgefroren bei einer Temperatur unter Null.

»Sprechen Sie nicht spanisch?!« brüllt die Verkäuferin, mit dieser in Kuba weit verbreiteten Neigung, all jene, die des Kubanischen nicht mächtig sind, mit Schwerhörigen zu verwechseln.

»Ja, schon, aber damit habe ich nicht gerechnet«, stammelt er.

»Auf kleine Überraschungen muß man immer gefaßt sein, mein Alter. Und wo bist du her, wenn man fragen darf?« fragt sie kokett.

»Von hier.« Seine Stimme ist scharf wie ein Polyesterfaden zum Nähen von Ölzeug.

»Von hier, und da hast du dich immer noch nicht eingewöhnt?« trumpft sie trotzig-mißtrauisch auf.

»Er ist schon seit damals fort, seit über dreißig Jahren war er nicht mehr hier, darum ...«, antwortet Cuquita hastig, um Irrtümern vorzubeugen, aber die andere fällt ihr ins Wort.

»Hast wohl dein Fell gerettet, ganz schön gerissen, Alterchen! Schätzchen, ruf mal in der Zentrale an und frag, ob sie mir den reparierten Kartenschlucker vorbeibringen! Denn das ist noch so eine Tragödie, immer wenn ich eine Karte in diese verdammte Maschine stecke, beißt sie sich fest, und ich muß sie mit einer Schere zerschnippeln, um sie überhaupt wieder rauszubekommen.«

Schweißtropfen bedecken das aschfahle Gesicht des Uan

mit anmutigen, zarten Bläschen. Kaum kann er sich beherrschen, mit Ohrfeigen über die Verkäuferin herzufallen, doch er versucht sich zu beruhigen, entschuldigt sich kurz und fragt nach der Toilette. Nach einem *frag draußen, Schätzchen, das ist nicht meine Sache*, begibt sich der Uan auf die Suche nach einem sicheren und diskreten Zufluchtsort, um ungestört agieren zu können. Als er auf dem 00 ist – nichts mit 7 oder so, das ist keine Agenten-, sondern eine Exkrementenanstalt –, öffnet er die Knöpfe seines Leinenhemds. Dort tastet er nach der Schnalle eines breiten Innengürtels, der sich an seine Haut schmiegt und ihm die Brusthaare einzwickt. Von dem Gürtel baumeln mehrere pralle Beutelchen, aus einem von ihnen zieht er zweitausend *Dollar*, Bares eben, heraus. Dann kehrt er zur Glastheke zurück:

»Vergessen Sie die Karte, ich zahle bar.«

»Hör mal, Herzchen, der Zug ist abgefahren. Gerade hab ich die Anweisung durchgegeben, den Kartenschlucker abzufangen. Was mach ich, wenn er schon unterwegs ist? Nein, nein, behalt dein Geld, jetzt müssen wir warten. Kommt ja gar nicht in die Tüte, was glaubst du, wie lange ich dafür brauche, die Seriennummern der Scheine zu notieren und daneben deine Paßnummer mit Namen und Adresse? Denn wer garantiert mir denn, daß du nicht mit Falschgeld bezahlst?«

Der Uan bittet seine Begleiterinnen, draußen beim Wagen zu warten. Dann legt er seelenruhig die Einkäufe auf die Theke, überprüft kurz, ob die meisten Anwesenden hinausgegangen oder mit etwas anderem beschäftigt sind und die anderen Verkäuferinnen den Laden unter irgendeinem Vorwand verlassen haben. Dann heftet er, scharf wie einen Dolch, seinen Blick auf die ängstlichen Augen des Mädchens, das sie sogleich zum Rechnungsblock niederschlägt. Nervös wühlt sie in der Schublade nach einem Radiergummi mit Erdbeergeschmack, wie sie sagt. Der Uan hebt elegant die Hand und läßt, ohne mit der Wimper zu zucken, eine scharfe Backpfeife auf die Wange der Verkäuferin niedersausen. Gleich darauf legt er ihr einen Hunderter in die Hand, die er schließlich nach Art der englischen Lords küßt:

»Das ist für dich. Ein Andenken. Du wirst mich jetzt sofort bezahlen lassen, wenn du nicht möchtest, daß ich mich bei deinem Chef beschwere und ihm erzähle, daß du mir hundert Dollar abgeknöpft hast. Das ist leicht zu beweisen, denn auf jedem Schein steht mein Name in der Ecke. Nur so eine kleine Gemeinheit von mir. Du kassierst also in Windeseile ab, oder ich mach dich fertig. Ach ja, und Seriennummern wirst du keine notieren und ebensowenig meinen Paß zu Gesicht bekommen oder meinen Namen und meine Adresse erfahren. Was hältst du davon?«

»Sehr wohl, mein Herr. Sie haben ganz recht«, antwortet die andere, weiß bis in die Haarspitzen, denn in fünf Minuten hat sie mehr weiße Haare und Falten bekommen als Robert Redford.

»Bitte mich um Verzeihung, du unverschämtes Luder«, verlangt galant der Mafioso.

»Ich bitte tausendmal um Verzeihung, mein Herr«, murmelt sie.

»Weshalb denn gleich übertreiben? Einmal genügt. Aber laut, damit man es hören kann.«

»Verzeihung, mein Herr«, leiert sie ihre Stimmbänder aus.

»Na, siehst du, für alles gibt's eine Lösung. Wiedersehen, du schnucklige kleine Schlampe.« Er zwickt die verängstigte Verkäuferin in die Wange und drückt ihr dabei einen fetten Pickel aus; der Eiterpfropf fällt auf die Glastheke.

Mit *Cubalse*-Tüten unterm Arm erscheint der Uan wieder in der Tür der weißgetünchten Villa. Cuca Martínez atmet erleichtert auf, da es zu keinem schwerwiegenderen Zwischenfall mit Streifenpolizisten, Gefängnis und allem Drum und Dran gekommen ist. María Regla bemächtigt sich der Tüte mit der Jeans, geht erneut in den Laden, sucht die Toilette, kauert sich aufs Waschbecken, wäscht sich, trocknet sich ihre Geschlechtsteile mit einer Zeitungsseite von *Tribuna* ab und zieht sich schließlich die neue Jeans über. Die abgelegte wirft sie nicht etwa weg, denn aus der will sie sich noch Fransenshorts machen.

Sie fahren in Richtung Alt-Havanna. Im Mechy Benz sehnt sich Cuca nach Ivos Chevrolet. Sie erinnert sich mit Zärtlichkeit an den Mann und kommt sich vor, als würde sie ihn mit dem Uan hintergehen. Obwohl es Ivo leid geworden war, darauf zu warten, daß sie sich zur Heirat durchrang, und sich inzwischen mit irgendeiner Tussi aus dem Cerro-Viertel zusammengetan und schon seit Monaten nicht mehr bei ihr vorbeigeschaut hatte. Was soll's, wer zu ihrer Linken sitzt und dieses Monstrum der fortschrittlichsten Technologie chauffiert, ist der Kerl, der ihr die Birne weich macht! Cuca Martínez dankt einmal mehr allen Heiligen, die sie beschützen, für dieses Wunder. Noch vor ein paar Tagen hätte sie sich nicht mal vorstellen können, daß sie ihre große Liebe wiedersehen würde, und schon gar nicht, daß sie ganz wie eine Königin in diesem Luxusschlitten herumkutschieren und dabei einen Stapel *Cubalse*-Einkaufstüten voll schöner Geschenke gekrallt halten würde. Eigentlich hätte sie lieber etwas zu essen gekauft, aber sie wollte sich nicht lächerlich machen und nicht wählerisch sein. Dieser Wagen schnurrt dahin wie kein zweiter, in zehn Minuten fahren sie schon den Malecón entlang. Die Sonne glitzert auf den Wellen. Das Meer wiegt sich golden, und wenn sich die Wellen an der Mauer brechen, wird die Stadt in glühenden, strahlenden Schaum gebadet. Im Gegenlicht sind spindeldürre, halbnackte Kinder zu sehen, die sich auf der Mauer tummeln, und Mädchen mit blauen Ringen unter den Augen, zu dick geschminkt für diese Tageszeit, stellen phosphoreszierende Radlershorts zur Schau und machen sich untereinander die Autos mit Touristennummernschild streitig. Die Schwengler, ein neues Kennwort für die Strichjungen, jagen oder fischen sich Frau, Mann oder sonstwas. An der Ampel Ecke Prado/Malecón müssen sie anhalten, und Cuquita hört ein abstruses Gespräch zwischen einem Schwengler und einer Argentinierin mit an. Der Schwengler, so um die fünfzehn, sechzehn, setzt der circa fünfzigjährigen Argentinierin zu:

»Na komm, meine Hübsche, nur zwanzig grüne Fetzen für ne unvergeßliche Nacht!«

»Na hör mal, ich vergeß nie, wenn ich zwanzig Dollar ausgebe«, antwortet der weibliche Gaucho von *gauche*.

»Ach komm, Mädchen, ich lutsch dir deine Feige für ne warme Mahlzeit«, der Junge bleibt hartnäckig.

»Hast du denn gar keine Selbstachtung, als Sohn einer so großen Revolution, schämst du dich nicht, das Andenken des Ché zu beschmutzen?« erkundigt sich opportunistisch die ideologische Touristin.

»Ich muß halt essen. Ach, kratz doch ab, du alte rote Sau!« schreit der Junge und schmeißt sich auf die Straße; fast wäre er ihnen unter die Räder gekommen.

Die Alte wischt sich heimlich die Tränen ab, niemals hätte sie gedacht, daß so etwas in diesem Land passieren könnte. María Regla schaut zur anderen Straßenseite, dort bieten die Wellen immer noch das schönste Schauspiel, das menschliche Augen jemals erblickt haben. Früher hätte sie sofort wild die Revolution verteidigt, aber das ist schon lang vorbei. Aus dem Wunsch, die Welt zu verändern, ist nun der Wunsch geworden, sich selbst zu verändern. Nicht nur ihre Kleidung, sondern auch ihre Mentalität.

Der Uan parkt den Mechy Benz neben der Zinnsoldaten-Boutique, und sie machen sich zum gängigen Gang aller Touristen auf: zuerst die Plaza de Armas, dann der Palacio del Segundo Cabo, in letzteren kommen sie nicht rein, denn dort gibt ein Verlag zu residieren vor, der seit über tausend Jahren nicht mehr publiziert. Sie führen sich das Museum im Palast der Generalkapitäne von hinten bis vorne zu Gemüte, und der Uan macht dort ein Foto von María Regla, wie sie sich auf ein phallisches Zepter der Statue von Ferdinand VII. stützt. Sie nehmen die Calle Oficios bis zum Löwenbrunnen, neben dem Kloster San Francisco, wo das Alt-Havanna der Schrecken beginnt, verlassene Mietskasernen, zusammenfallende Palästchen, gähnende Karieslöcher am Anfang oder in der Mitte von Häuserzeilen, kein Staubkörnchen ist mehr übrig von den Häusern, die früher Wohnungen, Büros, Druckereien, Cafés, Restaurants, Familiensitze waren. Am schlimmsten ist jedoch der Gedanke, was aus ihren ehemaligen Bewohnern geworden ist. Cuca Martínez muß auf einmal schlucken, sie weiß nicht, warum sie eine böse Vorahnung hat, plötzlich ist sie ganz traurig geworden, als sie ihre Stadt so in Schutt und Asche vor sich liegen sieht. Das unbewohnte Havanna. Enthavannisiert.

»Nicht mal mit fünfhundert Millionen Dollar kann diese Stadt wieder aufgebaut werden«, stellt der Uan entsetzt fest.

Aus dem Innern der großen Villen dringt fettiger, modriger, staubiger Dunst. Schließlich stoßen sie auf Überlebende der Katastrophe oder der Kackastrophe, der vorgetäuschten Selbstbombardierung. Wir brauchten gar keine Invasion der Amerikaner, die haben wir gleich selbst erledigt. Wo man auch hinsieht, überall sind Stützpfeiler an den Gebäuden, die Dachstuben schwanken, als würden sie jeden Moment einstürzen, in jeder von ihnen leben an die zehn bis fünfzehn Personen, sie sollen sogar in Schichten schlafen. Es ist nicht gerecht. María Regla steigt von ihrer luftigen Wolke in die geballte Realität hinab.

»Ich glaube, es wäre eine gute Idee, eine Reportage über die menschenunwürdigen Bedingungen zu machen, unter denen die Leute hier leben«, sprudelt sie atemlos hervor, nun wieder auf ihrer Wolke; und sogleich blickt sie sich nach allen Seiten um.

»Du und deine Ideen. Ich glaube kaum, daß sie dich gewähren lassen, geschweige denn, daß sie es veröffentlichen«, seufzt leidend die Mutter.

»Ich würde es für mich selbst tun«, schnauzt sie die Junge an.

Allgemeines Schweigen. Aus einem alten kolonialen Herrenhaus, schon halb Ruine, obwohl die Prellsteine, die es früher vor vorbeifahrenden Kaleschen und Einspännern schützten, noch stehen, taucht ein Trupp barfüßiger Kinder auf, die hinter einem Mann mit jungem Gesicht, Schnurrbart und grauen, fast weißen Haaren herrennen.

»Schriftsteller, Schriftsteller, mach ein Foto von mir, schreib über mich! Was suchst du, deine Familie? Also, ich könnte glatt ein Vetter von dir sein oder ein Bruder, was immer du willst!«

Der Besucher verschenkt Kugelschreiber, Bonbons, streichelt Kinderköpfe und -wangen; erschüttert biegt er dann hastig in die nächste Querstraße ein und wischt sich eine Träne weg. Die euphorischen Kinder erzählen:

»Er hat gesagt, er ist Franzose! Er schreibt Bücher! Er sagt, seine Familie hat mal in diesem Haus gewohnt!«

Cuquita Martínez kommt das Bild Edith Piafs in den Kopf, so hübsch trotz ihrer rheumatischen Händchen und ihrer physischen Erscheinung, mit all ihrem Talent und dieser Stimme, voll endloser Abenteuer und unendlicher, unermeßlicher Sinnlichkeit. Sie möchte dem französischen Schriftsteller nachlaufen, ihn fragen, was aus dem Pariser Spatz geworden, wie ihre Geschichte weitergegangen ist, aber sie traut sich nicht. Aus dem von Farn und Unkraut gesäumten Hof kommt eine Frau heraus und zeigt stolz ein Autogramm des Schriftstellers mit dem Text: *De ton cousin, Erik Orsenna.*

Sie überqueren tief betrübt die Plaza Vieja, gehen die San Ignacio hinunter bis zur Espíritu-Santo-Kirche, Uan macht Fotos vom kleinen Platz, von der Calle Acosta, wo Mercedes wohnte, die Freundin seiner Großmutter, eine *Santera* mit durchsichtigen Augen. Sie gehen weiter in Richtung der Iglesia de la Merced und von dort zum Hafen. Auf dem Rückweg nehmen sie die Calle Cuba und bleiben auf dem Platz des Klosters Santa Clara kurz stehen, wie oft hatte er früher hier mit seinen Klassenkumpeln Fußball gespielt! Auf der Höhe der Calle Muralla atmen sie tief ein, und so sentimental sie auch gestimmt sind, vom früheren Anisaroma ist in der Straße nichts mehr zu spüren. María Regla wird von der Nostalgie ihrer Erzeuger angesteckt, sie entdeckt ihre Stadt. Ihr Vater zeigt ihr eine alte, geschlossene Bank in der Calle Amargura; schließlich gelangen sie zur Calle Obispo, und als sie in die Apotheke *Sarrá* eintreten, läuft es ihnen kalt den Rücken hinunter, als sie sehen, daß die Gläser von früher, die Apparaturen, die schon echte Reliquien waren, verschwunden sind, aber es gibt ja nicht mal Medikamente mehr, wie kann man da verlangen, daß es das übrige noch gibt? Sie kehren wieder ins renovierte Havanna zurück, das für Touristen und Ignoranten. Auf der Plaza de la Catedral wimmelt es nur so von mexikanischen Zambos in Lacoste-Shorts, von Italienern, die motzig und trotzig die tatsächliche Dekadenz des Sozialismus nicht akzeptieren wollen, außerdem von Kanadiern, die nach *Coppertone*, also nach Bräunungscreme, riechen, obwohl sie käsiger als der *Nela*-Käse bleiben, ein Frischkäse, der fern unserer Gaumen im Exil lebt, von Franzosen auf den Spuren von Sartre, Simone und Gérard Philippe. Ein paar Bulgaren und Ungarn lustwandeln im lebendigen Museum ihrer eigenen Vergangenheit, bloß in tropischer Ausführung.

Die Familie beschließt, in *La Bodeguita* zu Mittag zu essen. Sie kommen jedoch nicht rein, weil sie nicht reserviert haben und außerdem die Vortritt haben, die im Ausland an sich geboren wurden. Sie versuchen es in *El Patio*, auch dort keine freien Tische. Schließlich geben sie sich geschlagen und gehen wieder zum Auto zurück. Sie essen im *Paladar 1830*, nicht dem Restaurant der Sicherheitsdienstler, sondern dem ausgerissenen Gaumen desselben, denn von dort kommt alles, von den Köchen bis zu den Zutaten. Es ist ein Büffet mit Hausmannskost und sündhaft hohen Steuern. Cuca ist es peinlich, sich so oft zu bedienen, aber da sie sieht, daß es alle so machen, begibt sie sich, wenn auch schüchtern, noch mal auf die Suche nach einer guten Suppe, egal von was, Fisch, Tomate oder Huhn, alles, wenn es nur nicht Soljanka ist. Der Uan bleibt einsam am Tisch in einer versteckten Ecke zurück. Einer der Beschatter oder Beschützer macht sich die Abwesenheit der Frauen zunutze, zieht sich einen Stuhl heran und fragt ihn aus:

»Sie scheinen ja ganz schön nostalgischen Gefühlen nachzuhängen. Haben Sie den Dollar bekommen?«

Der Uan schaut in die Richtung, in der Cuca und María Regla verschwunden sind, und schüttelt den Kopf; dann stellt er unerschütterlich fest:

»Ich habe noch nichts erreicht, ansonsten werde ich ihn, wie ihr ja wißt, meinem Chef überreichen, in New York. Also lassen wir doch diese idiotischen Spielchen ganz einfach, ohne weitere Kommentare.«

»Wir werden ja sehen. Übrigens, Sie haben kein Recht, Ihre Familie in Ihre Diplomatenresidenz einzuladen. Beim Empfang kommt uns ihre Anwesenheit selbstverständlich gelegen, um keinen Verdacht zu erwecken. Für alle anderen hier sind Sie ein Emigrant, der seine Familienbande wieder anknüpfen und Geld spenden möchte, um eine kleine Rumfabrik zu errichten. Sie leben nicht in den USA, sondern in Santo

Domingo. Richtig? Sie wollen hier doch nicht den Superschlauen spielen, so Superschlaue wie Sie gehen nicht in die Geschichte ein. Ihr Chef hat Sie doch sicher davon unterrichtet, daß wir Sie haben einreisen lassen, um den Dollar zu suchen, und zwar unter der Bedingung, daß Sie ihn uns zurückgeben. Danach werden wir mit ihm abrechnen. Jahrelang haben wir diese unselige Alte überwacht, haben ihr Haus tausendmal auf den Kopf gestellt, Fliese für Fliese umgedreht. Nichts. Sehen Sie zu, daß sie ihn auch wirklich hat, sonst wird Sie das teuer zu stehen kommen.«

»Sie hat vergessen, wo sie ihn aufbewahrt hat. Und wenn es ihr nun überhaupt nicht mehr einfällt, wenn sie ihn verloren hat?« fühlt er vor.

»Ihr Problem, Uan. Sind Sie nicht der Uan? Beweisen Sie's. Ich bin überzeugt, die Alte weiß mehr, als sie zugibt. Heute nacht liefern Sie den Dollar ab, oder Sie landen kopfüber im Villamarista, und zwar direkt im Zimmer mit den lieben Tierchen. Denken Sie nur daran, was Ihre Familien zu leiden hätten, denn Sie sind doch für zwei Familien verantwortlich, nicht wahr? Oder wollen Sie die Alte und das Mädchen als Gesellschaftsdamen im Knast? Hört sich gut an, nicht?«

Der Spion verabschiedet sich befriedigt und verschwindet zwischen den Säulen und Glastüren, die auf den Swimmingpool der Villa hinausgehen. Schweigend essen sie zu Mittag, abgesehen von ein paar banalen Kommentaren darüber, wie sensationell der Avocadosalat, die Tomaten in Olivenöl und die Kokoscreme sind, einfach unglaublich, der Eigentümer hier muß sich wohl rundum fleißig bedient haben, recht hat er, Teufel noch mal, denn der Dieb Nummer eins ist hier doch der Staat, nichwaa, Mädchen, und der zieht dann auch noch wüst über die anständigen Leute her, die wirklich anpacken, die werden verächtlich als Mikrokapitalisten, als *cuentapropistas*, abgestempelt, die in die eigene Tasche wirtschaften, aber macht mir doch nichts vor, sie selbst sind es doch, die seit über dreißig Jahren ihre Schäfchen ins Trockene bringen! Dann wird das Thema gewechselt, und sie überhäufen ihn jetzt mit Lob, weil er sie an diesen tollen Ort mitgenommen hat, und können ihm gar nicht genug für das fabelhafte Essen danken, das Leben ist nach alldem nun doch wieder herrlich und lebenswert, denn es hat sie wieder zusammengeführt. Der Uan rührt kaum einen Bissen an. Cuca ist nun zutiefst beunruhigt, sie wirft dem Mann fragende Blicke zu.

»Nein, es ist nichts, das heißt doch, etwas äußerst Wichtiges. Die Sache mit dem Dollar, ich glaube, du müßtest dich noch mal anstrengen. Bis acht Uhr abends muß ich ihn haben. Wenn nicht, bin ich verloren.«

Sie drückt ihm mit unerschütterlicher Zuversicht die Hand und denkt, daß davon doch die Welt nicht untergeht, aber versichert ihm, daß er schon wieder auftauchen wird, er solle sich nicht das Leben schwermachen, für alles gibt's eine Lösung, nur für den Tod nicht. Doch gleich bereut sie den Satz und beißt sich auf die Lippen, dazu ist sie inzwischen in der Lage, denn sie hat ja jetzt die Zähne dazu; sie merkt, daß sie ins Fettnäpfchen getappt ist, denn genau darum handelt es sich, um Dollar oder Tod.

»Geh du nur zu deiner Diplomatenvilla zurück. Ich werde das schon machen. Komm uns abholen, wann immer du willst. Wir werden auf dich warten, hübscher und verwegener denn je, und dich vergöttern wie nie zuvor. Und den gesuchten Gegenstand werden wir auch haben.«

Er begleitet sie bis zur Haustür. Als er den Motor wieder anläßt, überkommt Cuca die böse Vorahnung, sie könnte ihn vielleicht nie wiedersehen, und wie eine Verrückte rüttelt sie am Griff und setzt sich wieder ins Auto.

»Hast du mich wirklich geliebt?« fragt sie, und beinahe fällt ihr das Gebiß dabei in den Aschenbecher.

»Mehr als alles auf der Welt.« Ihre dürren Lippen suchen sich. Der Uan empfindet eine Bitterkeit, die seines schändlichen Verhaltens, seines schwarzen Gewissens würdig ist.

Die Alte schmeckt seinen Mundgeruch nach Karies, Kaugummi, belegter Kehle, und sie zerschmilzt vor Wonne. María Regla reißt die beiden auseinander, auch sie verlangt ihr Quantum Zärtlichkeit. Schließlich verschwindet Uans Wagen in der Calzada, um den Malecón in Richtung Laguito zu nehmen. Wie ein Wirbelwind springen Mutter und Tochter die Treppen hinauf und stoßen auf dem ersten Treppenabsatz auf die Fotokopiermaschine, die ihre Freundinnen von oben bis unten mustert, es allerdings allzu eilig hat, nicht etwa die Resultate von Cucas Mammographie, sondern die Resultate der illegalen Lotterie zu erfahren, zwar schreibt sie in ihr Klatschbuch, daß die beiden mysteriöserweise drei Rieseneinkaufstüten oder besser -säcke eines Diploshops bei sich tragen, doch sie bleibt nicht mal stehen, um sie zu grüßen. Sie ist äußerst beschäftigt mit der heimlichen Lotterie, vor allem jedoch damit, für sich, das Fax, die Mechu und die Puchu Einladungen zu beschaffen. Denn um nichts auf der Welt werden sie sich den Empfang zu Ehren von Nikitiza Villainterpol entgehen lassen, sie hat es verdient, das Parteibuch zu bekommen, wegen Hinterfotzigkeit in vorderster Reihe zu stehen, mit ihrer Fernsehsendung, in der sie Scheuerschwämme delikat anrichtete. Die Fotokopiermaschine weiß längst, daß Cuca und ihre Tochter mit dem Vater des Mädchens hingehen werden, der ist nämlich Millionär und macht hier Geschäfte. Heute nacht wird sie jede Menge Zeit haben, um alle Einzelheiten zu erfahren. Auf dem zweiten Absatz hat sich Yocandra in das chinesische Fahrrad verheddert, sie befreien sie mit einem Ruck, und sie kann ins nächste Stockwerk hinauf, wo der Nihilist und der Verräter auf sie warten. Auf dem dritten Absatz befindet sich das Fax, das sich gerade mit Jacky Onassis in Verbindung setzen will, um zu sehen, ob Hernia nicht zu helfen ist, die so ganz ohne Bett und Möbel dasitzt; sie hat in einem Klatschblättchen gelesen, daß demnächst ihr gesamter Besitz versteigert wird, und will sie vorher fragen, ob sie der armen Hernia nicht eine einfache Matratze abgeben könnte. In der Wohnung warten Katrinka, die Mechu und die Puchu; gelb vor Neid und Glück, umarmen sie ihre Freundinnen, ganz bewegt von der Rückkehr des Jedi-Ritters, ich meine des Uan. Cuca steht kurz vor einem Herzinfarkt, sie wirft die Tüten in eine Ecke, bittet um Hilfe und macht sich ans Werk, an die Operation *Corporación Gaviota*: die Dollar-Jagd. María Regla kippt um vor Müdigkeit und läßt sich teilnahmslos ins Sofa für Zusammenbrüche aller Art fallen. Die Wohnung wird vollkommen auf den Kopf gestellt, sie wühlen den Schrank um, den Frisiertisch, schütteln Kleider aus, reißen Nähte und Säume auf, untersuchen eins nach dem anderen jedes Kleidungsstück auf dem Altar, ziehen die Tapete von den Wänden, brechen die eingezogene Decke auf. Schließlich umwickelt Cuca den Fuß eines Stuhls mit einer roten Schleife, ruft ›Heiliger Dullo, rück heraus, was du dir geborgt im Haus‹, dann richtet sie ihre inbrünstigen Augen nach oben, kniet nieder, faltet die frommen Hände und betet zum Heiligen Antonius, indem sie ihm ein echtes Spiritual darbietet und sich dabei ganz wie Ella Fitzgerald anhört. Auf einmal unterbricht sie ihr Gebet, reibt sich die Augen, mustert das Dachgebälk bis zum letzten Balken, der sich in grünem Blätterwerk verliert, das vom Topf mit der Aronstabpflanze hinabwuchert.

»Katrinka, klettere hoch! Warum bin ich nicht schon vorher drauf gekommen? Ich hab ihn doch in der Pflanze eingebuddelt, noch am selben Tag, an dem ich ihn bekommen habe, am Tag seines Fortgangs!«

Und stehenden Fußes klettern Katrinka und die Optimalmaus, die gerade niedergeschlagen von einer Vorladung bei den Milizen der Bezirkseinheiten zurückgekehrt ist, leichtfüßig hinauf und scharren dort oben in der Erde. Die äthiopische Maus wühlt sich einen Gang bis zum Boden des Topfs. In der Tiefe schimmert, von Wurzeln umschlungen, feucht und fast verfault der Dollar. Sie klettern triumphierend wieder hinunter, der Nager mit der Beute zwischen den Zähnchen, und überreichen ihn feierlich Cuca. Als sie den Schein wahrhaftig in ihrer Hand fühlt, durchläuft es sie wie ein göttliches Fluidum von Kopf bis Fuß. Nun gilt es, ein weiteres Versprechen einzulösen. Ein weiteres Leid anzutreten. Sie weiß, daß sie den einzigen Gegenstand in der Hand hält, der ihren Geliebten erneut und unwiederbringlich von ihr fortführen wird. Jammervoll wirft sie sich wie die Garbo mit geballten Fäusten aufs Bett und schwelgt in ihrem verfluchten Schicksal, übermannt von Wahnsinn und Erschöpfung. Sie schläft ein und träumt, daß sie eng an den Uan geschmiegt im *Montmartre* tanzt. Es ist ein klagender Bolero, langsam, tragisch, gesungen von der Yiyiyi, von La Lupe, unserer Superlupe:

Bat ich dich je um mehr als um aufrichtiges Verständnis?
Gab ich dir nicht alles, was sich mit Händen greifen ließ?
Sogar das Licht wollte ich stehlen für dich,
doch konnte ich es nicht.
Heute bittest du mich um Sonne und Sterne,
doch ich bin nicht Gott.
Was ich dir geben kann, geb ich dir gerne,
ich schenke mich dir ganz bedingungslos, ajajaj.
Aber was bloß habe ich je von dir verlangt?
Verkünde es nach jeder Seite,
wie meine Liebe gibt es keine zweite.

Am Abend brechen sie, wie Karnevalsköniginnen gekleidet, in ihren jeweiligen Karossen auf: Cuca Martínez und María

Regla Pérez Martínez (sie haben beschlossen, den Nachnamen des Vaters hinzuzufügen) mit Uan im Mechy Benz; die Fotokopiermaschine, das Fax, Hernia, Yocandra und ihre beiden Ehemänner sowie die Mechu und die Puchu, wie immer von Ivo chauffiert, im alten Chevrolet; es ist bekannt, daß sich in diesen Wagen zwischen zehn und vierzehn Leute hineinquetschen lassen. Es ist eine Fahrt mit Hindernissen, wegen der Stromausfälle und der Kontrollen, nur gut, daß keiner eine gefälschte Einladung dabei hat und alle Papiere offensichtlich in Ordnung sind, keiner von ihnen gefährlich ist und keinerlei schwerwiegende polizeiliche, das heißt politische Einträge über sie vorliegen.

Im Auto übergibt Cuca Martínez so unauffällig wie möglich ihren wertvollsten Schatz, nicht etwa ihre Jungfräulichkeit oder ihre Liebe wie so viele Jahre zuvor, sondern den Dollar. Sichtlich gerührt drückt der Uan ihre Hand, führt sie zu seinen Lippen, küßt die Haut mit den roten, dicken Flecken und den blauen Adern. Sanft zieht er den Dollar aus Cucas runzliger, dürrer Pfote. Mit vorgetäuschter Ruhe, doch in Wirklichkeit zutiefst erregt, bestätigt er mit Hilfe seines raffinierten Schatzdetektors, daß er schließlich gefunden hat, wonach er sucht. Strahlend schaut er hinaus, lächelt die monotone Dunkelheit der Nacht an, die nur die Scheinwerferkegel des Autos durchlöchern.

Der Palast der Revo ist potthäßlich, man gelangt über einen riesigen Parkplatz und eine Freitreppe hinein, die eines Kaisers würdig wäre. Man soll dem Kaiser geben, was des Kaisers ist. Außerdem hat er Säulen, bei denen einem schwindlig wird, so groß und protzig sind sie. In der Vorhalle müssen sie ihre Handtaschen und jeden merkwürdigen Gegenstand abgeben, das heißt alles, vom Fotoapparat bis zum Kugelschreiber Marke Pilot. Cuca holt Katrinka-Terra-Cognita und Optimalmaus Pérez aus der Tasche und verwahrt sie in ihrem Skelleté, also ihrem ehemaligen Dekolleté, sie wollte ihre kleinen Freunde bei sich haben, denn sie wird sie doch nicht einfach in glücklichen Momenten vernachlässigen. Für sie ist Freundschaft etwas, worauf man sich in schlechten Zeiten verlassen kann, aber in guten eben auch. Die meisten der Gäste sind *schon da*, genauso wie die Marsmännchen aus dem Cha-Cha-Cha des *Aragón*-Orchesters: *die Marsmännchen sind schon da / sie kamen tanzend im Cha-Cha-Cha / prima cha, prima cha, prima cha* ... Die Gesichter sind dieselben wie in »Ihrer Niedrigkeit« (abgesehen von Paloma Pantera, die eingeschnappt ist, weil man sie hier nicht zum Singen eingeladen hat, und abgesehen vom Landeswaschlappen, der auf Reisen geschickt wurde), und noch viele andere haben sich eingefunden, wie zum Beispiel Koto Klamoto, Designerin der asiatischen Haute Kosture, die darauf wartet, daß man ihr eine Modenschau auf dem Laufsteg von *La Maison* mit einer Nachbildung der chinesischen Mauer genehmigt; außerdem ist da der große cucalambeanische Dichter Xavier Zan Jón Persi-flage, die Vizeministerin für Magrikultur und auswärtige Agroideologie, Wallburga Wacht-am-Meer, die Fahnenträgerin bei der Niederlage der Leichtflugzeuge über halbterritorialen Gewässern, der Minister (Verzeihung, der *Boss*) für Akupunktur und Koloratur Barbar Quark Palaveros, unter den Kumpeln aus dem Viertel bekannter als Blabla Arg Kokolores; Raubespierre, Salamon Fumé, Paul Rochade 007, der kriegserprobte Pilot, unser Dissidentenoffizier mit der Mission, sich dumm zu stellen und die Frage der Menschenrechte zu ignorieren, und noch viele andere Gäste. Die Rote Hexe gesteht dem Büro-Beau, daß sie vor Neid auf María Reglas tief ausgeschnittenes Kleid mit den Tüllvolants umkomment. Ihre Gattenfrau Siegismunda sticht mit einer Nadel in eine Stoffpuppe des großen Dichters Zan Jón Persi-flage. Schick, Mick und Lack unterhalten sich tuschelnd über die vage Möglichkeit, in der Lotterie des Büros der Indelikatessenvertretung der Verschweinigten Staaten eine Ausreisegenehmigung zu gewinnen, sie tun niemandem etwas zuleide, haben aber einen Riesenschiß, daß wieder alle Schwulis eingesackt werden und im Knast landen. Die schwerbehinderten Schwuchteln, die Optische Neuropathie und die Periphere Neuropathie, sehen nichts und leiden nicht, machen sich aber ebenfalls große Hoffnungen, was die zwanzigtausend Visa für Úrsula Sánchez Abreu angeht. Plapperich der Große spricht oder *parliert* – ein gewollter Gallizismus – mit den Drei Französischen Grazien und ihren jeweiligen Zofen Eins, Zwei, Drei, er ist äußerst verärgert, weil die Dame mit dem Riesenschnauzer am Arm des Fax auf und davon ist. Demenz Crespo unterhält sich angeregt mit dem Meisterpianisten, mit Pontifeist und der Pseudoehrenlegion über einen Film, den er mit María de Medeiros in der Hauptrolle drehen wird. Jaklette Habituell (die einen einzigen Orgasmus im Leben gehabt hat, und das war hier, in den sechziger Jahren, mit einem bärtigen Opportunisten, der die Sierra zwar nicht mal von weitem gesehen hatte, sich aber nicht rasieren konnte, weil er unter einer Mykose am Kinn litt, und nun damit prahlte, zu den bärtigen Rebellen zu gehören und sich so durch alle Betten vögelte) ist eine Regisseuerin vom gallischen Fernsehen, die bezahlt wird, damit sie Ideen hat, was nicht das gleiche ist, wie dafür bezahlt zu werden, *weil sie Ideen hat;* sie besucht uns schon zum millionsten Mal, um zu sehen, ob sie nun endlich XXL interviewen darf. Ich an ihrer Stelle würde es aufgeben und besser versuchen, mir einen Lottoschein zu mopsen, wenn sie bei *Millionaire* auf TF1 mitmacht, hat sie vielleicht mehr Glück. Chanel Labelle und Curette Labête bereiten gerade zusammen mit der Mogelrumänin eine Liste von den Teilnehmern der Koffer-Tournee vor, ihrer ganz persönlichen Reise nach Jerusalem, wobei es weder darum geht, zu reisen, noch einen Stuhl zu ergattern, sondern an Silvester einmal ums Karree zu gehen und sich gegenseitig einen Koffer abzujagen, um wenigstens im nächsten Jahr das Glück zu haben, eine Reise unternehmen zu dürfen, und sei es nach Guanabacoa. Kurz und gut, wieder einmal ist hier die Creme de la Creme oder besser der Schaum des Abschaums vereint. An die zwei Stunden müssen sie in der Halle mit dem Granitboden warten. Die Säle mit ihren Riesenfarnen wirken wie eine Nachbildung der Berge der Sierra Malaistra. Jetzt verstehe ich, warum manche Journalisten so gerne hierherkommen, es ist, als kämen sie zum Berg, da dieser nun mal nicht zu ihnen kommt. Bei der Gelegenheit interviewen sie XXL, schreiben ein Buch über sanfte Hügellandschaften, etwa mit dem Titel *Rosiges Kuba*, und bewegen sich ein wenig in der Welt der revo-*lotionären* Helden.

Nach zwei Stunden werden die Falttüren geöffnet, sie gehen einen langen Gang entlang und sehen, wie sich am Horizont eine Schlange formiert. Also wirklich, die Schlangen haben es auf Cuca Martínez abgesehen. Die Arme, dabei ist sie doch sowieso schon halbtot vor Schreck, ganz verkrampft und kurz vor einem Infarkt.

Die silbrig glänzende eiserne Wand, die dünn wie Aluminium wirken möchte, gibt automatisch nach; es ist eine Schiebetür, die so reibungslos gleitet wie ein Duschvorhang. Der Größe nach ist sie für ein Raumschiff gemacht. Aus dem Innern – oder aus dessen Ministerium, was auf dasselbe hinauskommt – tauchen nicht etwa die Trekkies von *Star Trek* auf, sondern Extra Extra Large in eigener Person, und zwar im Anzug, rosig und bepudert wie einer der französischen *Louis* (nicht die aus Gold, sondern die Könige), in Siebenmeilenschritten läuft er den Auflauf ab. Sehen Sie, nicht mal die Sprache macht hier einen Sinn, wer hat denn schon so was gehört: *den Auflauf ablaufen?* Und wer folgt ihm beflissen auf den Fersen, mit elegantem Gehabe, aber geschmackloser denn eh und je in seinem Panamahut und seinem weißen Leinenanzug, so eingebildet, so aufgeblasen, daß man ihn nur antippen muß, und schon platzt er? Der Alte. Ja, der New Yorker Mafioso, wie er leibt und lebt. Dem Uan wird schwindlig, aber er erholt sich ganz professionell, also pfeilschnell, als würde ihn das überhaupt nicht weiter berühren. Soll er sich hier nur tüchtig amüsieren, die Rechnung, sein Höhenkoller wird ihm im nächsten Kapitel schon noch serviert werden. Die wild wuchernde Bepflanzung läßt einem kaum Bewegungsfreiheit, dennoch heißt XXL jeden einzelnen einen nach dem anderen willkommen, und während er hier die Garderobe, da die Frisur, ein Perlenkollier, einen Orden oder einen Scheißhaufen lobt, drückt er die Hand der Belobigten oder des Belobigten. Genau in diesem Moment wird er jeweils vom Fotoblitz getroffen, als untrüglicher, aufgezwungener Beweis, der schon das Schafott, die Verurteilung durch zukünftige Gerichte vorwegnimmt. Alle Welt soll hier reingeritten werden. Genügend Scheiße gibt es ja. Keine Sorge, wen nicht das Blitzlicht erwischt, den erwischt es schon noch ganz von selbst. Sogar vom Himmel kann es Scheiße regnen.

Zehn Kapitel
Verzeih mir, Gewissen

Verzeih mir, Gewissen,
damals hast du mir
so harte Vorwürfe gemacht,
aber ich weiß, in dieser Nacht
hatte ich sie verdient von dir.

von Piloto y Vera;
gesungen von Moraima Secada

Als erst einmal ein Großteil des pittoresken Publikums das brisante und riskante Händeküssen hinter sich hat, wird in einen noch größeren Saal übergewechselt, der in das kalte Licht endlos langer Neonröhren getaucht ist. In der Mitte des Megasaals sehen wir einen zwei Kilometer langen Tisch, der exquisite Speisen und Getränke zur Schau stellt. Cuca Martínez kommt sich wie im Film vor und fragt sich nicht ohne Angst, ob das wohl das Letzte Abendmahl ist.

(Spiel nicht mit dem Feuer, du verbrennst dir noch die Pfoten, ich habe dich schon mal gewarnt, spar dir Ironie und Witzchen für den Feierabend auf. Hier mußt du dich aber zusammenreißen und mucksmäuschenstill sein. Nichts anfassen und dich nicht mal anfassen lassen; wenn du auf die Toilette gehst, halt dich so kurz wie möglich auf, schau dich nicht um, überall sind Kameras. Der Uan tut mir allerdings wirklich leid, nun gut, er hat sich ja selbst in den Schlamassel gebracht. Das Leben ist schon hundsgemein.)

Also mir tut er nicht im geringsten leid, denn das Opfer hier heißt Cuca Martínez. Jedem sein Kreuz. Jedem sein

Karma. Schau, da kommen sie ihn schon holen. Cuca Martínez muß Uans Arm loslassen, zwei Männer in schimmernden grauen Anzügen aus einem ähnlichen Stoff wie der von den Khakihemden der Zuchthäusler oder von den Arbeitshemden, die es früher auf Marken gab und die gegenwärtig in XXL in Mode sind, einigen europäischen Designern zufolge, fordern den Uan auf, sie zu begleiten. Untröstlich sucht die Alte Zuflucht bei ihren Freundinnen. Am Arm der Mechu und der Puchu geht sie zu dem königlichen Bankett, das ihr verdächtig nach Science-fiction aussieht. María Regla hakt sich bei der Fotokopiermaschine unter, und beide schauen sich nach dem Fax um. Aber das Fax hat sich bereits ganz nach vorne geschoben, mit einem Teller bewaffnet, stürzt sie sich auf einen *Tamales*-Eintopf. Den Uan haben sie in ein Separée gebracht, wo XXL den ausländischen Journalisten gerade die neue, unglaubliche Orangenernte prophezeit, die wir im nächsten Jahr haben werden. Die Zitrusfrüchte werden den gleichen Umfang wie unser Globus haben und mehr Saft geben als alle Meere des Planeten zusammen. Sie werden schon noch sehen.

(Wir werden's schon noch sehen. Werden wieder mal Flora und Fauna versauen und massenhaft Geschwüre, dafür aber keinen Schnupfen bekommen, denn bei soviel Orangensaft wird die Säure einem zwar die Magenwände zerfressen, daß nichts mehr übrigbleibt, aber wir werden Tonnen von Vitamin C in unserem Organismus speichern, aber diesmal nicht im gesellschaftlichen, sondern im menschlichen. Immer muß ich etwas richtigstellen, denn zwischen offiziellem, pseudooffiziellem Jargon und dem der Straße gibt es ein paar saftige Unterschiede, wenn du das Viertel wechselst, mußt du dir schon einen Dolmetscher nehmen. Aber das hat auch sein Gutes, wenigstens werden wir da wortmäßig mordsmäßig bereichert.)

Uan wird vom Alten empfangen, der äußerst selbstsicher auftritt, ihm aber eine eiskalte Hand reicht. Er meint, daran sei die Klimaanlage schuld. Er fragt seinen Untergebenen übertrieben freundschaftlich, ob ihm der Palast gefällt, ob er sich wohl fühlt und seine hiesige Familie wiederfinden konnte und ob er Unterstützung braucht. Sein Gegenüber schüttelt den Kopf, Schweißperlen stehen ihm auf der Stirn, trotz des gewaltigen Eisschranks, der als Klimaanlage dient und eine ganze Seite des Raums einnimmt, und ihn überkommt eine unbändige Lust, dem Alten die haarige Nase voller Mitesser einzuschlagen. Warum geht er nicht in einen Schönheitssalon und läßt sich die Haut behandeln und enthaaren, wenn er schon so viel Kohle hat?

(Junge, wo denkst du hin, bist du verrückt?! Wenn er doch gerade abstoßend wirken möchte.)

Revulva, du Schnattergrille, ich verbiete dir, mich dazu zu benützen, dich direkt an die Figuren zu wenden.

(Da sieht man's, schon werde ich zensiert. Und das, obwohl die mir gesagt hat, daß dieses Kapitel mir gehören würde.)

Tut es das denn nicht? Glaubst du etwa, ich kann alles erzählen, was ich weiß? Wenn du mir nicht jedes Mal, wenn meine Finger wie entfesselt in die Tasten hauen, mit dem Lineal oder dem Buschmesser eins überziehst – denn du hast mich schon mal mit einem Zuckerrohrmesser geschlagen, du weißt ja, was du dir als gutes revolutionäres Gewissen schuldig bist –, dann wäre ich schon längst auf die schiefe Bahn geraten und hätte alles ausgespuckt, bis zu den letzten Hämorrhoiden. Dieses Kapitel gehört gerade deshalb dir, weil du deine Rolle bisher so gut gespielt hast: die Selbstzensur.

Der Alte schweigt. Der andere hat noch nicht zu sprechen begonnen. Das Schweigen legt sich schon wie ein dichter Umhang um sie, den man mit einer Schere zerschneiden kann. Der Uan läßt seinen Chef nicht aus den Augen, zeigt ein Gesicht des ›ich verstehe überhaupt nichts mehr‹, die hochgezogene Augenbraue des ›was zum Teufel tun Sie hier‹, die bebenden

Nasenflügel des Verratenen, die wechselweise roten Ohren des Gefoppten, den starren Mund des Entsetzten, aber auch des von allen Freunden Verlassenen.

»Ich ahne den Grund für deine Verwirrung. Ich bin persönlich gekommen, um den Dollar zu holen. Hast du ihn?« fragt er und täuscht Gleichgültigkeit vor.

Der Uan nickt widerwillig, zieht eine *Vogue*-Schachtel mit fast manieriert zierlichen Zigaretten hervor und zündet sich eine an. Vor fünfzehn Jahren hat er mit dem Rauchen aufgehört, aber immer trägt er in seiner Tasche eine Schachtel mit seiner Lieblingsmarke mit sich, aus Aberglauben, aber auch um sich selbst zu beweisen, daß er ein harter Bursche ist, daß er das Laster aufgeben kann, ohne zu harten Maßnahmen zu greifen, die einen quälen oder schizophren machen. Ohne jedes weitere Wort streckt der Alte die Hand aus. Der andere legt einen kleinen, weißen Umschlag hinein, den sofort ein Untergebener an sich nimmt, der flink verschwindet, um zu überprüfen, ob der Inhalt auch authentisch ist. Sein Nicken entlockt dem Alten das lieblichste Lächeln seines ganzen Lebens, aber auch das heuchlerischste.

»Gute Arbeit, mein Junge. Du wirst deinen Anteil bekommen. Deine Mission ist beendet. Ich bewundere deinen Mut. Ich weiß, wie schwer man sich oft aus solchen Verwicklungen befreit. Ich selbst bin in einen ganz schönen Schlamassel geraten, gestern war ich in NTV und CNN zur gleichen Uhrzeit, um fünf nach acht am Abend, zu sehen, und in beiden Meldungen hieß es, ich würde live sprechen. Kannst du dir das vorstellen? In NTV war es die Versammlung der *Poder Popular* und in CNN die Sitzung der Kongreßmitglieder in Washington, und das zur gleichen Zeit! Ich hoffe, niemand hat es notiert oder bemerkt, wie sagt man doch gleich?«

»Bemerkt.« Sein Mund füllt sich mit Speichel, fast muß er ausspucken, aber er schluckt den bitteren Schleim hinunter.

Sie sitzen auf einem olivgrünen Ledersofa. In den Ohren des Uan beginnt es seltsam zu dröhnen, so grell ist die Stimme seines Gesprächspartners. Sein Blick registriert wie mit einer Videokamera alles, was ihn umgibt. Drüben in einer Ecke hat ein Gast auf einem runden Tischchen neben einem Mahagonisessel mit filigranem Korbgeflecht ein Glas Bloody Mary stehenlassen. Dann faßt der Uan ein Foto in einem Rokokorahmen ins Auge. Darauf sind Arm in Arm, lebenslustig und gutgelaunt, in der Sierra Madastra XXL, der Alte und zwischen ihnen Luis zu sehen. Uan erbleicht, seine Augen scheinen jeden Moment aus ihren Höhlen springen zu wollen. Sie sind so trocken, daß die Augäpfel wie auf einem Trampolin zu hüpfen scheinen, um gleich darauf ins Leere zu springen.

»Was bedeutet das Foto da?« fragt er, während er unter größtmöglicher Anstrengung versucht, sich zu beherrschen, keinen Skandal auszulösen, sich nicht selbst einen heimtückischen Dolchstoß zu versetzen, der ihn in einen politischen Gefangenen verwandeln oder die Auslieferung nach Sing-Sing bescheren würde, wie in José Felicianos Lied, und zwar lebenslänglich.

»Ach, das Foto da! Ja, das ist Luis.« Und als wäre weiter nichts dabei, fährt er fort, liebevoll die Schulter des Uan zu tätscheln. »Er hat nicht an uns geglaubt, weißt du. Aber lassen wir die Vergangenheit ruhen, die können wir sowieso nicht mehr ändern. Beschäftigen wir uns mit der Gegenwart oder der Zukunft. Der Weg zur Unsterblichkeit führt über Extra Extra Large. Wir haben uns jahrelang gestritten, unsere Weltanschauungen, wenn wir denn welche haben, weichen voneinander ab, aber wir sind zu der Schlußfolgerung gelangt, daß wir Frieden schließen müssen, weil wir gemeinsame Interessen haben. Brandaktuell ist, daß er nach all den Jahrhunderten endlich den Jungbrunnen gefunden hat. Er hat ihn Hernando de Soto über Isabel de Bobadilla abgehandelt. Er ist äußerst stolz darauf, ich glaube, er wird noch in dieser Nacht mit der Sensation an die Presse treten. Er hat mir ein Fläschchen PPG geschenkt, das ist ein Medikament, das in dem Institut für Biotechnik entwickelt wurde und, wie sein Name schon sagt, dem ›Pimmel-Potenz-Gewinn‹ dient, es löst alle Probleme mit der Erektion. Am weiblichen Pendant wird gerade gearbeitet: für den ›Pussi-Pep-Gewinn‹.«

Der Uan muß sich in die Hand beißen, er steht vom Sofa auf, Blut quillt aus der Wunde, die seine Zähne geschlagen haben, und Tränen der Ohnmacht laufen ihm das Gesicht hinunter, um sich auf den Armen mit dem Blut zu vermischen. Er fühlt sich von allen verlassen, auf törichte Weise in die Enge getrieben und gefesselt von drei Familien. Der in New York, der des Alten und der von hier. Denn er hatte sich nur dazu bereit erklärt, den Schein zu suchen, um seine amerikanische Frau und Tochter zu beschützen, aber in dieser Stadt fühlt er sich nun gefühlsmäßig immer mehr an Cuca und María Regla gebunden, vielleicht spürt er, daß er letzteren mehr schuldet, die im Grunde die ersten waren, denn ihnen hat er am meisten Schaden zugefügt.

(Ich werde ihn nicht im Stich lassen. Selbst wenn er mich mit sich in den Abgrund reißt. Aus einem gestürzten Baum soll man kein Kleinholz machen. Ich habe dir ja gesagt, es gibt so entsetzliche Dinge, daß man sie besser vergißt, statt über sie zu schreiben. Aber sind sie einmal aufgeschrieben, dann gibt es kein Zurück mehr. Da mußt du durch oder es gleich bleibenlassen. Halbtöne sind was für Verräter. Besser, man schweigt fein still, anstatt ins Fettnäpfchen zu tappen oder Verrat zu begehen. Aber hast du erst mal den Mund aufgemacht, dann mußt du die Flucht nach vorne antreten, und zwar mit gehörigem Schwung. Natürlich ist das einzige, was du damit erreichst, einen Menschen zur Strecke zu bringen, ihn zu zerstören, zu vernichten, ihm sein Elend zu entreißen. Das ist nun, weiß Gott, keine Heldentat, was hat man davon, einem so armen Mann, der Sklave des Banditentums ist, so übel mitzuspielen? Wie kannst du auf einmal so mit der Tür ins Haus fallen, verstehst du, und ihm einfach so ein Foto seines ermordeten Freundes in Gesellschaft seiner Kumpel oder seiner Henker vor die Nase halten? Und der andere antwortet ihm dazu noch solch zynischen Unsinn und begeht das gleiche Verbrechen zum zweiten Mal. Die Politik ist eine schlechte Ratgeberin. Ich habe dir mehr als einmal gesagt, daß du besser die Finger davon läßt. Schämst du dich nicht vor den beiden anderen Fotos, die über deinem Schreibtisch hängen? Macht es dich nicht traurig, sie anzuschauen und sie bei allem, was du tust und was du schreibst, zusehen zu lassen? Hast du keine Angst davor, daß die beiden Bilder deiner geliebten Schriftstelleridole dich vielleicht nicht länger beschützen, sondern dich verlassen und die Nase voll davon haben könnten, daß du überall deinen Senf dazugeben mußt?)

Das erste ist ein Schwarzweißfoto, signiert von Chantal Triana und im Havanna der Sechziger aufgenommen. Darauf ist José Lezama Lima zu sehen, der in einem sonnenbeschienenen Säulengang zu sitzen scheint, seine Rechte ruht auf einem Resopaltisch, und er trägt das einheimische Guayabera-Hemd, piekfein gebügelt, in der Tasche steckt sein Asthmatikerspray, und mit der Linken streichelt er eine Zigarre. Das andere ist ein herrliches Porträt von Marguerite Yourcenar, aufgenommen von Christian Lvowski, ein Freund von Jean Mattern, der so nett gewesen ist, mir dieses klare Gesicht der belgischen Autorin zu schenken, mit dem halbangedeuteten Lächeln, das weise Falten säumen, und mit den Augen, die gerade in den kindlichen Abgrund des Munds hinabtauchen, ein paar graue Haare verdecken halb das Ohr, an dem eine Perle hängt. Merkwürdig, die Perle ist das Zentrum des Bilds, wie um anzudeuten, daß dieses Gesicht die Reinheit einer Perle hat und die Seele der Schriftstellerin eine Perle aus den tiefsten Tiefen des Ozeans ist. Dann ist da noch das Porträt von meiner Mutter. Ein Wunder, daß du, liebes revolutionäres Gewissen, es nicht in deine Liste der großen Bildnisse aufgenommen hast. Meine ferne Mutter, meine unerreichbare Mutter. Meine ebenfalls lächelnde Mutter neben anderen, nicht weniger glücklichen Müttern. Glücklich darüber, getrennt von ihren Kindern zu leben? Glücklich, ständig auf eine schlechte Nachricht zu warten? Aber meine Mutter schickt immer nur glückliche Fotos, vielleicht, damit ich mir keine Sorgen mache. Sie sitzt auf einer Sofakante, jeden Augenblick scheint sie hinabzurutschen, und wenn ich das Foto anschaue, möchte ich sie festhalten. Sie trägt einen grünen Pulli, den ich ihr von drüben mitgebracht habe, nein, nicht von *drüben*, Verzeihung, ich war auf dem falschen Breitengrad, den ich von *hier*, nämlich aus Barcelona aus der Ronda Universitat, mitgebracht habe; außerdem trägt sie eine braune Lycrahose mit Reißverschluß vorne, offensichtlich ist es kühl auf diesem Foto *meiner* Mutter in *meiner* kleinen Wohnung in *meinem* Havanna. Hinter ihr sind meine Bücher zu sehen, meine Wanddekoration, das vielleicht Unwiederbringliche. Meine Mutter, der Grund all meiner schlaflosen Nächte. Mein täglicher Traum. Mein Dorn im Fleisch. Die Quelle meines Muts. Meine Mutter, die mir beigebracht hat, Mutter zu sein. Wir sind dazu verurteilt, unsere Mütter als Geiseln dortzulassen oder unsere Kinder. Nein. Weder schäme ich mich, noch packt mich die Sehnsucht. Oder doch, mich überfällt alles auf einmal. Aber diese Gesichter geben mir auch Wut, Schmerz, Mut. Ihre Blicke sind zustimmend, aber auch vorwurfsvoll, denn nicht alles muß immer positiv sein. Aber ihre Leben sind bereits gelebt, sie haben das Ihre getan. Nun bin ich dran und muß das Meine tun. Das bittet mich lauthals diese Tote, die mir im Nacken sitzt. Ich darf nicht schweigen. Sollen doch die anderen ihr Schicksal unter Verschluß halten.

Kehren wir zum Uan zurück, denn ich will auch sein Los nicht vergessen. Das Geheimnis flüstert ihm diesen Bolero ins Ohr:

So viele Jahre träumte ich das,
es war eine Ahnung, oft gefühlt,
daß, als ich an deiner Seite saß,
ich all das Vergangene vergaß,
das mich gefesselt hielt.

Die Melodie bringt ihn wieder in die unmittelbare Gegenwart zurück, er zieht ein mit Guerlain parfümiertes Taschentuch hervor und reibt sich damit einen Finger nach dem anderen ab, und mit ein paar Schritten, stockend wie sein Atem, wendet er sich wieder dem großen Saal zu, um sich Caruca und Reglita anzuschließen. Der Saal kocht über von Futteralien und Frivolitäten. Gerade eben ist die feier- und fürchterliche Übergabe des Parteibuchs – oder Parteibruchs – an Nikitiza Villainterpol vorüber, eine Anerkennung dafür, drei Millionen Kochrezepte erfunden zu haben, die ungenießbar sind ohne ihren Rohstoff: die Lebensmittel. Nach den üblichen Worten der falschen Bescheidenheit fallen die hungrigen Raubtiere über den Tisch her. Natürlich ist dort nicht mal die Spur eines der drei Millionen Rezepte, die von der Geehrten kreiert worden sind, zu sehen. Seit einer Ewigkeit hat Cuquita keinen ähnlichen Festschmaus mehr erlebt, das ist wie ein Wettessen, und während sie schlingen und trinken, tauchen immer mehr Tabletts, mehr Flaschen auf. Gäbe es einen Preis für den gröbsten, ich meine größten Freßsack, er müßte an alle zusammen vergeben werden. Das Gedränge spottet jeder Beschreibung, alle stürzen sich auf die knusprigen Schweineschwarten, wollen eine Handvoll Kochbanenenchips oder fritierter Bananenscheiben ergattern und auch von den süßen Bananen probieren, sich einer Portion Schweinefilet bemächtigen oder eines Stückchens gebratenen Spanferkels und der Buletten à la Havanna, und zwar von den guten, aus echtem Rindfleisch, dann wird noch ein kleiner Langustenschwanz nachgeschoben, Knoblauchkrabben, verschlafene Bohnen, kurz und gut, alles, was man sich nur vorstellen kann! Der *Tamales*-Eintopf ist die Spezialität des Hauses, ebenso die französischen Käsesorten, die gar nicht französisch sind, sondern ein Abklatsch, aber selbst XXL versichert, daß der Abklatsch besser als das Original ist. Was französischen Käse angeht, da sind wir Meister. Man muß nur an den Weinkorken riechen und ist schon beschwipst, hat seine fünf Unsinne nicht mehr beieinander. Das Brot ist frisch aus dem Ofen. An Bier gibt es nur *Cristal* und *Hatuey*. Und als Nachtisch Coppelia-Eis – nach einem Rezept, das ein kubanischer Agent einer amerikanischen Firma geklaut hat –, Erdbeer und Schokolade, was sonst.

Cuca hat wie ein wildes Tier geschlungen, ihr Bauch ist so aufgebläht, daß sie sich wie ein Fädchen mit einem Knoten in der Mitte vorkommt. Die Mechu bringt nur noch hervor ›Mann, hier spachtelt's sich fein!‹, und die Puchu gibt ihr eins aufs Maul, weil sie sich wieder mal so blöd anstellt, wie soll man hier auch nicht fein spachteln, also so was? Das Fax will gerade der Dame mit dem Riesenschnauzer das Projekt ihrer Autobiographie verkaufen, und diese weist sie darauf hin, daß sie sich eigentlich nur Bilder großer Hinterhofmaler für so gut wie umsonst hinterherwerfen läßt. Auf einmal kommt es zu einem gewaltigen Tumult, weil die Fotokopiermaschine gerade in einer ganz modernen Klatschagenda, die ihr der Automatische Anrufbeantworter geliehen hat, ein Geschenk der drei Französischen Grazien, ein Netz von Kunsträubern entdeckt hat – merkwürdig, die Geschädigten und Beklauten sind stets warme Brüder, Intellektuelle und anerkannte Sammler, wenn man mal von all den Museen und Instituten absieht, in denen diese treffliche Bande mit hoher Trefferquote ihr Unwesen getrieben hat. Der Anrufbeantworter läßt die Fotokopiermaschine als hoffnungslosen Fall stehen, gerät aber umgehend an den Angelhaken von Jacques Pervers. Neben ihnen beginnt Yocandra eine philosophische Debatte mit ihren unversöhnlichen Geliebten. Mit einer knusprigen Schweineschwarte im Mund hat sich auch die Würmerbrut Adobo Mayombero, von Beruf Intrigant, an sie gehängt, da er es jetzt auf die neuen Hoffnungen des einheimischen Films abgesehen hat: die Durstige Welle, das Ohrige Brot und den Schlaflosen Propheten, die es in ihrem ganzen Leben noch nie mit reellen, geschweige denn mit Proteinfrikadellen zu tun gehabt haben, sie essen zum ersten Mal Fleisch. María Regla kokettiert mit dem Promovierten Programmchef, der, wie sein Name schon sagt, für die Sendungen im Verdunklungsprogramm des Staatsversehens zuständig ist, kurz TVUUUHHH, er erklärt ihr, wie zufrieden sie mit dieser Abkürzung sind, denn sie suggeriert den Schrecken, den die versehentlichen Zuschauer brauchen. Der Promovierte Programmchef hat außerdem die nützliche Sendung mit dem Titel ›Lebensmittelverteilung‹ ins Leben gerufen. Aber in Wirklichkeit hat sich unser Promovierter Programmchef gerade erst wieder entschlossen, am öffentlichen Leben teilzunehmen, denn er war jahrelang in der Versenkung verschwunden, als Strafe dafür, daß er seinen hohen Intelligenzquotienten unter Beweis gestellt hatte, indem er mehr aus weniger machte. Zu Beginn dieses gesellschaftlichen Prozesses hatte den Promovierten Programmchef die schwierige Aufgabe erwartet, als Einkäufer ins Ausland zu reisen, es heißt, er sei es gewesen, der Alfa Romeo vor dem Konkurs bewahrt hat, indem er ihnen in den siebziger Jahren ihr ganzes Warenlager mit Auslaufmodellen abkaufte, die dann unsere Taxis wurden. Zum Eklat kam es, als der Promovierte Programmchef erneut mit einer Riesensumme auf Fischzug ging; man führte ihm ein paar wunderhübsche Maschinchen vor, die eine andere Fabrik ruinieren würden, wenn sich niemand ihrer annähme. Da bekam der Promovierte Programmchef so ein Mitleid mit dem Fabrikanten, daß er sie alle aufkaufte, ohne überhaupt zu fragen, wozu sie überhaupt gut waren. Beim Zoll in Havanna las er sich dann die Bedienungsanleitung durch. Dort erfuhr er, daß es sich um Schneepflüge handelte, woraufhin er auf die Direktorenstelle eines Freizeitgeländes in Pinar del Río versetzt wurde. Auch da tappte er ins Fettnäpfchen; eines Morgens erhielt er folgendes Telegramm: BITTE KOMMA EMPFANG KAMMERORCHESTER MIT VIOLA UND CELLO. Worauf er, nicht faul, postwendend antwortete: KAMMER ZU KLEIN FÜR ORCHESTER KOMMA ABER VIOLA UND CELLO WILLKOMMEN. Damit war er für viele Jahre aus dem Rennen. Jetzt ist er jedoch wieder ganz obenauf, wie Phönix aus der Asche, und felsenfest überzeugt, daß ihm rein gar nichts vorzuwerfen war und sein einziger Fehler immer nur seine übertriebene Gewissenhaftigkeit, sein aufrechter Einsatz für die Partei gewesen ist. Umgehend schlägt der Kerl María Regla ganz selbstlos eine schnelle Nummer im Tausch gegen einen guten Sendeplatz vor. Das junge Mädchen, kleinmütig und frustriert, hat die Nase voll, sich Gelegenheiten durch die Finger gehen zu lassen, und willigt, ohne mit der Wimper zu zucken, ein. Schließlich war ihr Vater ja auch mal ein Feind und ist nun als Ehrengast hier eingeladen.

Den ersten Fauxpas leistet sich Cuquita, als sie ihre Plastiktüte hervorzieht und anfängt, sie mit Essen aufzufüllen, denn die Verpflegung für morgen will auch gesichert sein. Gerade als sie sich daranmacht, Köstlichkeiten ins Beutelchen zu schaufeln, bauen sich zwei Wächter hinter ihr auf und eskortieren sie. Aber Cuca Martínez fährt unbeirrt fort, baut für die Zukunft vor. Und Zukunft bedeutet für sie Frühstück, Mittagessen und Abendessen des morgigen Tages. Bald spürt sie ein Kitzeln in ihren dürren, schlaffen Zitzen, sie horcht auf ihr Knötchen, aber nein, das Knötchen schlummert, nachdem es sich vorher so gewaltig in die Brust geworfen hatte. Ach, meine liebe, kleine Jungfrau María des Kupfers, es sind Katrinka und Optimalmaus! Da begeht sie ihren zweiten Fehler. Ohne nachzudenken, holt sie die Küchenschabe und den Nager hervor und setzt sie zum Bankett auf ein Tablett mit grünen Kochbananen. Die Regisseurin Jaklette Habituell ist es, die als erste aufschreit und sich wie eine rumänische Turnerin mit einem Salto mortale an eine Gardinenstange hängt. Ein Riesengetümmel bricht los. Cuquita will jetzt nur noch ihre Freunde retten, und mit den Tierchen in der einen und dem Beutelchen in der anderen Hand flieht sie zum Ausgang. Der Uan hat seine Tochter am Arm gepackt, und sie stürzen hinter der Alten her. Logischerweise stellen sich zehn Reihen von Türwächtern vor Cuquita. Sie, ganz teuflisch ausgekocht, deutet in den Saal:

»Schnell, eine Invasion, eine Invasion von Mäusen und Kakerlaken!«

»Eine Invasion!« lautet der automatische Warnschrei der Wächter, die gar nicht weiter nachhaken.

Die rührenden Gorillas glauben der weißhäuptigen Dame felsenfest, sprinten, ohne zu zögern, im Schweinsgalopp die Gänge entlang und tauchen in den Tumult, in die kollektive Hysterie, die die fürstliche Villa noch immer fest im Griff hat: im ›Roten Salon‹, nicht dem vom *Capri*, versteht sich. Auf dem Parkplatz holen María Regla und der Uan die Alte ein. Sie rennen zum Mechy Benz, steigen ein, und der Mann fährt langsam, ganz gemächlich an, um keinen Verdacht zu erregen. Bald bemerken sie Ivos Chevrolet hinter sich, in dem die Mechu und die Puchu, das Fax, die Fotokopiermaschine, Hernia und Yocandra mit ihren beiden Kerlen sitzen. Der Uan wühlt im Handschuhfach, holt eine Cerelac, ich meine eine Compact-Disc, hervor, nimmt sie aus der Hülle und schiebt sie sanft mit dem Finger in den CD-Spieler. Moraima Secadas Stimme ertönt inmitten der um sie lauernden Gefahren:

Ich gab mich Träumereien hin
und hob ihn in die Wolken,
kein Zweifel bestand darin,
daß ich mir selbst nicht mehr gehörte.

Cuca Martínez seufzt klangvoll, als würde sie damit den Bolero unterbrechen wollen – und damit auch ihr Leben. Aber der Uan bekommt ein schlechtes Gewissen, er fühlt sich verantwortlich für die Situation, schiebt sich alle, aber auch alle Schuld zu, weil er immer noch die Liebe dieser Frau verletzt, und so schaltet er die Musik aus. Wieder könnte man das Schweigen mit der Schere zerschneiden, wie Kordsamt, so dicht ist es. María Regla beschließt, das Eis zu brechen:

»Mann, warum gehen wir nicht in den Palast der Salsa zum Tanzen? Na kommt, nun zieht keine langen Gesichter. Also wirklich, ist ja wie auf nem Begräbnis! Laßt euch bloß nicht unterkriegen, man lebt doch nur einmal.«

Der Rotz quillt nun über die Ränder von Cucas Spitzentaschentuch, sie weint vor Freude, als sie die tröstlichen Worte ihrer Tochter hört. Katrinka und Optimalmaus, die sich über das Dekolleté-Geländer des Samtkleids der Alten beugen, sind ebenfalls sichtlich gerührt. Der Uan ist so stolz auf seine Tochter, daß ihm die Brust schwillt wie einem Gewichtheber nach Gewinn der Goldmedaille. Anstandslos glücklich und entschlossen, sich wieder ins Geheimnis der Nacht von Havanna zu stürzen, wenden sich die Michelins des Mechy Benz in Richtung des Salsa-Asyls.

(Ach Mädchen, wie gut, daß du das Weite gesucht und

mich aus diesem Politintrigensumpf erlöst hast. Im Palast der Salsa, da herrscht ein ganz anderes Ambiente, ganz und gar unbeschwert. Genau das richtige für mich, mit dem Hinterteil zu wackeln und das Blut in Wallung geraten zu lassen. Ach, mein süßes Melonenherzchen, im Leben gibt's doch nichts Besseres als Riesenrummel und Riesengerammel. Bist du noch nie in einem Pornokino gewesen? Natürlich nicht, ist nicht's für dein Alter. Aber hast du nicht wenigstens mal in einen dieser Horrorläden geschaut, wo sie Riesenschwänze mit Dornen verkaufen? Ach Mädchen, du bist ja aus dem Holz einer Nonne geschnitzt! Ich rate dir, ins *Nuevo Continental* zu gehen, eins der chinesischen Kinos in der Calle Zanja, da mußt du dir zwar einen uralten chinesischen Film ohne Untertitel reinziehen, dann noch die Nachrichten und am Ende einen Film des zurückgebliebenen lateinamerikanischen Kinos, aber was kümmert's dich, denn du sollst ja gar nicht auf die Leinwand schauen und auch keine Filmkritik schreiben, was dich zu interessieren hat, ist das Gebumse, das im Parkett losgeht. Da sie die meisten Stundenhotels geschlossen haben, gehen die Leute zum Vögeln nun eben ins *Nuevo Continental*, das ist billig, und dazu bläst man noch auf chinesisch, was will man mehr? Deshalb nennt es sich auch der Palast der Kopulation. Eine Wonne, Schätzchen! Nach unserem Entrée – ach, wie französisch ist mir das rausgerutscht! – im anderen Palast, nämlich dem der Salsa, müssen wir uns gleich ins Getümmel auf der Tanzfläche stürzen, in die Arena, damit uns die Löwen fressen, in den Ring, damit Stevenson uns ordentlich in die Mangel nimmt, denn ich will, daß man mein Gesicht bearbeitet, meine Pobacken walkt, daß es nur so eine Lust ist, und süßer Schweiß soll fließen, kein Blut, Blut niemals! Denn ich habe puren Zuckerrohrsaft in den Adern, damit ihr's wißt. Du da, he, langer Lulatsch, komm mal näher, ich möchte deinen Klöppel spüren, mach's dir ruhig gemütlich, wir wollen nicht nur bloß ne Nummer sein, sondern auch ne ordentliche Nummer schieben. Mädchen, nun zier dich nicht, komm tanzen. Wenn du nicht gleich aufstehst, zieh ich wieder ab. Bist du etwa nicht meine Gefährtin? Meine Komplizin usw., wie in Benedettis Gedicht? Na los, gib dir nen Schubs, du herzloser Saftpo. Damit ist ein saftiger Hintern gemeint, hat nichts mit Sappho, der griechischen Lesbendichterin, zu tun. Die spielt die feine Dame, Junge, die macht sich ja selbst was vor! Ißt nicht, tanzt nicht, singt nicht, rührt nicht mal Obst an. Nun gut, das mit dem Obst ist verständlich, denn das ist irgendwo im Flachland verschütt gegangen. Schämst du dich gar nicht, daß jetzt sogar deine Figuren mir nichts, dir nichts ordentlich rangehen: Cuca Martínez und der Uan sind bei der *Charanga Habanera* nicht zu bremsen und werden ganz melancholisch beim dünnen Isaac Delgado. María Regla tanzt vornübergebeugt mit einem Halbstarken aus Sitios. Die Mechu und die Puchu reiben sich wie immer aneinander. Nur gut, daß sie offensichtlich ihren Anfall von Schizophrenie überwunden haben, denk doch nur, meine Liebe, was diese Frauen im Sommer vierundneunzig gelitten haben. Die Geschichte hast du wohl nicht erzählt, was? Siehst du, wie du dich selbst zensierst? Verdreh ja nicht die Augen und verbiet mir nicht den Mund, ich habe hier das Kommando, mal abgesehen von der Toten, ja ja. Also gut, weiter im Text, aber denk ja nicht, daß ich die Anekdote von der Mechu und der Puchu so einfach unter den Tisch fallen lasse... Hernia verwendet alle ihre Energien darauf, sich in einem Salsa-Rap zu verrenken. Das Fax hat sich gerade einen kanadischen Investor aufgerissen, wenn sie ihm weiterhin ihre Titten als Schreibtisch unter die Nase hält, wird er bestimmt noch ihre Memoiren veröffentlichen. Die Fotokopiermaschine paßt wie ein Schießhund auf und notiert, ohne mit dem Hüpfen aufzuhören, alles ins Notizbuch, das sie inmitten des Tumults dem Automatischen Anrufbeantworter geklaut hat. Yocandra und ihre zwei Rodin-Denker sitzen da wie drei Schulkinder. Also wirklich, das kann ich bei den Intellektuellen einfach nicht ausstehen! Sie wachsen in einem alten Mietshaus auf, müssen teuflisch Hunger leiden, wachsen im Rhythmus eines Kabeljaukisten- oder Mülltonnen-Rumbas auf, lesen vier oder fünf Bücher, ziehen von Cayo Hueso nach Miramar, und im Handumdrehen sind sie Chateaubriand, Lord Byron oder Madame de Staël. Das läuft heute ganz sicher so, denn ich nehme Gift drauf, daß Gabriel de la Concepción Valdés – Plácido für die Freunde, für die kleinen Kumpel – auch nicht gerade ein Einfaltspinsel war, sondern ein ganz schönes Schlitzohr, und doch haben sie ihn erschossen, damals beim Aufstand von 1844, der *Conspiración de la Escalera*. Also gut, gibst du dir jetzt nen Stoß oder nicht? Komm zu uns, wie schon die Parole des Unfreien-Jugend-Verbands sagt! Stimm in die Charanga ein:

Such dir nen reifen Mann, der dich unterhält,
über dreißig und unter fünfzig...
Damit du kriegst, was dir zusteht. Geld!

Ich habe gar nicht gewußt, daß revolutionäre Revulva-Grillen so weit sinken und mich auf so vulgäre Weise zu etwas drängen könnten. Aber sie hat recht, wenn ich zwischen einem Computer und einer Trommel wählen kann, entscheide ich mich immer für letztere. Wie dem auch sei, Cuca Martínez und der Uan gehen ran wie in ihrer goldenen Jugendzeit, sie führen den Leuten vor, wie man früher zu tanzen wußte, legen ein paar flotte Sohlen aufs Parkett, um die sie viele Teenager aus Vedado beneiden. Die Menge schart sich sogar um sie und klatscht im Takt, die Touristen schießen wie fanatische Japaner Fotos von links und rechts. Die Schnapschüsse aus der linkesten Ecke blenden am meisten, wie wir ja wissen. Cuca strahlt eine Glückseligkeit aus, wie sie sich viele der bleichen Vitaminleichen aus Europa nur wünschen können. Das sage ich ohne jede Demagogie, ich möchte hier nicht wie die Propagandisten des Hungers manipulieren und darauf herumreiten, daß es hier zwar nichts gibt, aber alle Welt glücklich ist. Täuschen Sie sich da nicht. Cuca ist glücklich, weil sie liebt. Mensch, merken Sie denn nicht, daß sie wieder mit dem Kerl tanzt, nach dem sie verrückt ist?! Dennoch schlagen sie Reglita nach einer Weile, als sie schon kurz vor dem Umkippen sind und beide Herzjagen haben, atemlos vor, zu gehen.

Mechy Benz – ganz menschlich ist dieses Gefährt für sie schon geworden – steuert nun eine der Straßen in Alt-Havanna an, wo María Regla wohnt. Der Uan ist schon ganz gespannt auf den Unterschlupf seiner Tochter und schiebt den Vorwand vor, daß er sie zu dieser vorgerückten Stunde, schon kurz vor Morgendämmerung, nicht allein nach Hause gehen lassen möchte. Das Mietshaus liegt ganz und gar im Dunkeln. In Mondlicht gebadet, wirkt die Statue des Brunnens im Hof echt florentinisch. Das Mädchen geht voran, die Eltern folgen ihr und sind ganz erschüttert von der modrigen Dunkelheit; die Wendeltreppe schwankt wie ein Fähnchen im Winde oder wie in den Filmen von Spielberg, in denen immer Treppen kurz vor dem Einsturz vorkommen. Sie treten ins anheimelnde Loch unter dem Dach, die Einrichtung ist Kitsch hoch drei, Poster von Annia Linares, auch so eine Variété-Sängerin im Exil, ein Tischchen im spanischen Reu-naissance-Stil (es tut mir leid, daß sich das Bühnenbild wiederholt, aber dies ist nun mal das Mobiliar des kubanischen Wohnzimmers) mit Plastikdeckchen und Tonvase, Blumen aus Pappmaché, das Bett ist eine bloße Pritsche, auf der alle Stellungen des Kamasutra, des Koitusnonplusultra und mehr ausprobiert worden sind. Darauf liegt eine Überdecke aus Chenille-Stoffresten, weshalb María Regla im Bett gar nicht mehr zu niesen aufhört, denn sie ist allergisch gegen Chenille. Der Schrank ist nur eine Nische in der Wand mit einem kleinen Vorhang, den sie sich aus Ausschußmaterial kubanischer Filme gebastelt hat, ein Geschenk des Negers Donatién, des Cutters des Icaic. Die vergilbten Bücher türmen sich in einer Ecke, ganz zerfleddert und von Motten zerfressen. Der Uan seufzt tief, so entsetzlich und schmerzlich berührt es ihn, unter welchen Bedingungen seine Journalisten-Tochter lebt. Zwar lebt überall auf diesem Planeten jeder Journalist auf diese Weise oder noch schlimmer, aber was heißt das schon? Sollen die Dinge sich denn zum Besseren oder zum Schlechteren ändern? Ist das ein Wettbewerb der Schrecken? Geht es etwa darum, die Lebensbedingungen des Menschen zu verachten, zu verschlimmern, herabzuwürdigen? Leben wir, um uns weiterzuentwickeln oder um uns unterzuentwickeln? Wird der menschliche Fortschritt am Grad der Armut oder am Grad der Entwicklung gemessen? Ist Armut ein Synonym für Würde? Erklär mir das, Gewissen.

(Darauf zu antworten ist zu heikel. Ob ich nun den einen oder den anderen Standpunkt vertrete, in jedem Fall werden die von der einen oder die von der anderen Partei über mich herfallen. *Besser, ich schweige, sage lieber nichts ...*)

Ein kleiner, dreckiger Opportunist, ja, das bist du! Du enttäuschst mich! Ich weiß nicht, wie ich in dich vertrauen konnte. Du Hanswurst!

(Keine Beleidigungen, das könnte dich ganz schön teuer zu stehen kommen. Wann wirst du endlich lernen, daß das Leben wie ein endloser Zug von Enttäuschungen ist? Fahrkarten gibt's umsonst. Ich kann dir diese Frage nicht beantworten, kann dir nicht auf die Sprünge helfen. Wie soll ich dir eine Frage beantworten, auf die nicht mal die reichen Industrieländer eine Antwort gefunden haben? Schreib also, daß man noch wird warten müssen. Und zwar mit Glaube, Hoffnung und Liebe, wie in dem mexikanischen Film.)

María Regla merkt, wie melancholisch ihre Eltern auf einmal geworden sind, umarmt sie und schmatzt sie ab, noch schleimiger als eine Schneckenspur auf einem Palmenstamm, und verabschiedet sie dann bekümmert, aber Gleichgültigkeit vortäuschend, mit einem einfachen:

»Mama, Papa, schlaft gut, wir sehen uns morgen.«

Und jetzt habe ich Lust, jetzt scheint es mir angebracht, Grille Revulva, zu erzählen, was die Mechu und die Puchu im Sommer vierundneunzig erlebt haben. Denn genau jetzt, als Cuca Martínez wieder über den Malecón nach Hause unterwegs ist und mit Beklemmung auf den Ozean blickt, der tief im dichten Schwarz der Nacht versinkt, erinnert sie sich an jene andere Sommernacht letzten Jahres, als die Puchunga und die Mechunga sie und Reglita zu einem geheimnisvollen Treffen in den Nachtklub *Rincón de Guanabo* bestellten. Der Abend war noch nicht hereingebrochen, als sie und ihre Tochter dort eintrudelten; der Himmel war dunkelblau, und eine Seebrise lud zu Abenteuern ein, zu Expeditionen, die eines Kapitäns Cousteau würdig gewesen wären. Und genau das hatten die Mechu und die Puchu vor, eine Expedition zum Raubtier im Norden. Sie waren es müde, auf das Gas zu warten, waren der Dauerstromausfälle müde, der verseuchten Bohnen, und auch noch in so einen verrückten Milchbarttausendsassa verliebt, zwanzig Jahre jünger als sie, eine Waise, verbittert und nicht gewillt, sein Leben auf dieser Teufelsinsel zu vergeuden, und so hatten sie beschlossen, ihm zu folgen, als er das Land unbedingt auf einem selbstgebastelten Floß verlassen wollte. Am Strand schluchzte Cuca Martínez laut und flehte sie auf Knien an, es sich noch mal zu überlegen und doch ein klein wenig – sie zeigte einen winzigen Spalt zwischen Daumen und Zeigefinger – an die ungeheure Gefahr zu denken, in die sie sich begaben. Währenddessen zurrte ihr Tausendsassa Bündel fest, rollte Seile auf, traf letzte Vorbereitungen, voll und ganz in Anspruch genommen vom kleinsten Detail. María Regla gab keinen Mucks von sich, sie hatte die Arme verschränkt, ihr Blick verlor sich am Horizont, und eisige Tränen der Wut rollten ihr die Wangen hinunter, während der Wind ihr Haar zerzauste und schneidend ins Gesicht fuhr.

»Sei doch still, Mama!« rief sie schließlich. »Ist doch ihre Sache, wenn sie alles aufs Spiel setzen und unbedingt als Haifischfutter enden wollen. Und ich hatte gedacht, ihr hättet euch geändert! Ihr habt zur Familie gehört für mich! Und dabei habt ihr mich nur getäuscht, nie habt ihr mich geliebt!«

Die Puchunga trat mit Tränen in den Augen und einem Kloß in der Kehle zu ihr:

»Sag nicht so was, Mädchen. Natürlich lieben wir dich, aber wir können hier nicht mehr leben, Kleine. Für uns ist kein Platz in dieser Gesellschaft, weißt du, seit über einer Woche suche ich krampflösende Tropfen, du weißt ja, daß mir die Insektizid-Bohnen nicht bekommen. Mal sehen, ob ich auf der anderen Seite des Teichs die verdammten Tropfen finde und meinen Magen kuriere. Stimmt schon, wir haben uns blindlings in diesen Grünschnabel da verliebt, aber das ist nicht die Hauptsache... Du kannst es bezeugen, Reglita, wir haben viel leiden müssen, man hat uns unser Leben beschnitten, entzweigehauen. Man hat uns nie wirklich akzeptiert.«

»Keine weiteren Erklärungen«, protestierte die Mechu energisch. »Die hat sich auch nicht besonders um uns geschert, als sie noch als Aktivistin unterwegs war.«

Aber die Puchu wollte sich auf alle Fälle mit einem Kuß verabschieden. María Regla wandte das Gesicht ab und beförderte die Alte mit einem Stoß auf den mit winzigen Muscheln übersäten Sand. Cuca umarmte ihre Freundin, die in Tränen aufgelöst war. Sie lief ihnen hinterher, bis ihr das Wasser bis zum Hals reichte. Und als die Dunkelheit das Floß bereits verschluckt hatte, winkte Cuca ihnen noch immer halb im Meer versunken nach. Ein paar Meter entfernt vergrub die schäumende María Regla ihr Gesicht im Sand.

Die Mechu, die Puchu und der Milchbarttausendsassa ruderten wie die Wahnsinnigen. Schließlich wurden sie, fast mit einem Sonnenstich, von einem amerikanischen Boot gerettet, welches sie auf dem Stützpunkt Guantánamo absetzte. In dem Zeltlager dort harrten sie vier Monate aus. Dann beschlossen sie, verzweifelt und vom Wunsch übermannt, Cuquita und Reglita wiederzusehen, erneut unter Führung des Tausendsassas, den das Scheitern seiner Pläne frustrierte und der außerdem seine kleine Freundin vermißte, sich auf den entgegengesetzten Weg zu machen, jetzt aber quer durch das Minenfeld, das das kubanische vom augenblicklich zwar noch amerikanischen Territorium trennte, aber wie die Dinge im nächsten Jahrhundert stehen, werden wir ja sehen. Die Frauen kamen wie durch ein Wunder durch, aber dem Tausendsassa wurde ein Bein zerfetzt. Sie gingen noch mal zurück und halfen ihm, den restlichen Weg zurückzulegen. Sie wurden wie Helden empfangen. Als das normale oder paranormale Leben sie wiederhatte, fand der nun einbeinige Milchbart Zuflucht in den Armen seiner zwanzigjährigen Freundin. Und die Frauen kümmerten sich um den Jungen, jetzt nicht mehr als Geliebte, sondern als Tanten. Alle drei leiden im stillen immer noch unter dem ungeheuren Verstümmelungstrauma. Aber am schlimmsten ist zweifellos der Junge dran. Jetzt kann er sich noch weniger Hoffnungen auf einen Neuanfang machen.

Sie hat sich nicht an dieses Erlebnis erinnern wollen. Sowohl Reglita als auch Cuca wußten nicht, ob sie sich freuen oder traurig sein sollten, als ihre Freundinnen wieder da waren. Sie hatten sie schon längst in Freiheit gewähnt. Cuca schließt die Augen, hält ihren Kopf aus dem Autofenster, der salzige Wind bringt ihr Haar und Wimpern durcheinander und ordnet ihre Ideen. Himmel, sie hätte beinahe für immer ihre besten

Freundinnen verloren! Wie hatte sie bloß zulassen können, daß sie fortgingen und sich in Gefahr brachten?!

Nach einem letzten gemeinsamen Spaziergang auf dem Malecón, umhüllt von Salzgischt, Wind und Träumereien, kehrt das Paar schließlich zu Cuca Martínez' Haus zurück. An der Tür lädt sie ihn ein, mit hineinzukommen. Er lächelt, und dieses Lächeln wird das letzte Bild sein, das sie von ihm bewahrt. Schon kündet die Nacht an, daß von diesem Augenblick an alles für sie das Siegel des *Letzten* tragen wird.

Auf dem Bürgersteig wird der Uan auf einmal von zwei *Genossen* angesprochen, die sichtlich etwas erschüttert, was sie als einen winzigen Mangel an Feingefühl von seiner Seite bezeichnen. Wie war es ihm bloß in den Sinn gekommen, sich auf so respektlose Weise an den armen Alten zu wenden? Er hat einen Herzstillstand erlitten und befindet sich in einem äußerst kritischen Zustand. Alles war ein paar Minuten nach der Unterhaltung mit dem Uan geschehen, er war grüngelb angelaufen und hatte schwarzen Schleim gespuckt. Im Notarztwagen hatte er wie wild nach Luft geschnappt, er konnte kaum atmen, seine Lungen waren wie blockiert. So einen Quatsch, so einen Quark kann er sich einfach nicht leisten. Die Taktlosigkeit hat ihre Grenzen. Kurz und gut:

»Wir müssen Sie mitnehmen«, was immer noch eine Spur verbindlicher klingt als ›verhaften‹ oder ›festnehmen‹. »Wir laden Sie zu einem Verhör in Villamarista ein. Morgen werden Sie das Land verlassen, verehrte Persona non grata.«

Cuca Martínez unterdrückt mit der Hand den Aufschrei. Sie fällt nicht in Ohnmacht, atmet tief durch und setzt Katrinka und den Optimalnager an der Türschwelle ab. Die machen sich sofort ans Graben eines Tunnels. Ich weiß nicht, warum Tunnel ein Symbol für die Zuflucht sind. Denn nichts ist einfacher, als den Eingang zu verstöpseln und die Flüchtigen zu ersticken. Entschlossen klammert sie sich an die Hand ihres Mannes. Wenn sie ihn mitnehmen, dann sie gleich mit, gibt sie damit zu erkennen. Mechy Benz wird nun von einem der Gegenseite geentert, und wie in den Walt-Disney-Filmen zieht die Stoßstange eine Grimasse des Mißfallens, des Ekels. Die Alte will mitkommen? Nichts einfacher als das. Und sie schnappen sich beide. Die Fahrt ist lang, nebelhaft, düster, wie jede Fahrt zum rechtlosen Nichts und zum nichtigen Recht, nach Cayo Cruz, dem Friedhof von Unrat und Unrecht. Er hat keine Angst. Sie auch nicht. Denn sie sitzen hinten im Wagen, eng aneinandergeschmiegt, und halten sich fest bei den Händen. Verbunden. Endlich miteinander verbunden. Nicht im legalen Ehebund, nicht mit einem Ring am Finger, sondern mit Ringen um die Handgelenke. Immerhin etwas.

(Die sollen keinen Bammel haben? Aber Mädchen, die haben einen Riesenschiß, sie wissen es nur gut zu verbergen. Das weiß doch jedes Kind, daß man den Typen am wenigsten zeigen darf, daß man sich vor Angst in die Hosen macht. Immer schön standhaft bleiben, man muß unbedingt seinen Mann und seine Frau stehen, Augen zu und durch. Als sie allerdings an ihren Bestimmungsort gelangen, der einen Strich durch ihre eigenen Bestimmungen macht, werden sie getrennt. Und da schlägt schließlich der Schiß, das Entsetzen, die Panik zu. Sie wird in ein kaltes Zimmer gesperrt, er in ein warmes. Sie wird beinahe zum Eiszapfen, er beinahe zu Zwiebelsuppe, und alles in der schwärzesten Dunkelheit. Allerdings wird ihnen manchmal stundenlang aus zwei Millimetern Entfernung in die Augen geleuchtet. Dann bricht die Schwärze wieder über sie herein, und schließlich kommen die Tierchen. Zum Spielen, wie ihnen liebevoll geraten wird. Einen weiblichen Kaiman für ihn, einen männlichen für sie, zwei Symbole des Vaterlands. Eine Nacht oder eine Woche vergeht, sie wissen es nicht. Nach dieser Zeit oder Unzeit werden sie freigelassen. Aber nicht einfach so, wo denken Sie hin. Er wird direkt zum

Flugzeug gebracht und als Persona non grata ins All katapultiert. Sie wird in einem kleinen Dorf ausgesetzt, das sie auf Anhieb wiedererkennt. Es ist ihr Geburtsort Santa Clara in der ehemaligen Provinz Las Villas. Dankbar und zärtlich verabschiedet sie sich in Gedanken von ihren Freundinnen, der Mechu und der Puchu. Bye, bye, macht's gut, ihr lieben Tantchen mit den weichen Birnen. Ciao, Katrinka-Terra-Cognita und Optimalmaus Pérez. Bye, bye, Fax, Fotokopiermaschine, Hernia und Yocandra. Schon versinkt sie tief im süßen Sumpf der Träumereien, sie küßt die Stirn ihres neugeborenen Babys. María Regla, nun bring doch deine Mama nicht um. Es liebt Euch alle Eure Cuca Martínez. Aus einer nahegelegenen Hütte dringt aus dem Radio in einer alten Aufnahme die Stimme der Mulattin Moraima Secada, die aus Liebe starb:

Da vergaß ich alle
Dinge, die das Glück
auf der Welt kurz
und lang die Qual machen.

Von Cuca Martínez' Lippen ist synchron, mit einer Spur von Bitterkeit, jedoch ohne Groll, der Rest des Boleros zu hören:

Verzeih mir, Gewissen,
ich weiß, du hattest recht,
doch trat in jenem Augenblick
alles vor dem Gefühl zurück
und ließ die Vernunft vermissen.

Die Vernunft vermissen. Die Vernunft vermissen. Die Vernunft vermissen. Die Vernunft vermissen. Die Vernunft vermissen. Die Vernunft vermissen. Die Vernunft vermissen. Die

Vernunft vermissen. Die Vernunft vermissen. Die Vernunft vermissen. Die Vernunft... Kratsch!

Piiiiiiiiiiiiiiiiiiiiiiiiiiiiiiiiiiiiiiiiiiiiiiiiiiiiiiiiiiiiiiiiiiiiiiiiiiiiiiiiiiiiiiiiiiiiiiiiiiii.

Blutleere. Arterienverkalkung. Gehirntod. Bloßes Dahinvegetieren. Ein guter Trick, um zu entwischen.)

Elftes und letztes Kapitel
Havannische Sehnsucht

Mit welcher Sehnsucht zieht es mich zu dir zurück,
doch das Schicksal verbietet die Rückkehr mir,
mein Havanna, meine geliebte Heimatstadt,
wann führt mein Weg mich wieder zu dir?
von B. Collazo, gesungen von Celia Cruz

Es ist früh am Morgen. Die *Ansicht der Tropen im Morgengrauen* ist rötlich, die Luft ist lau, schwer von Duft, von Lärm. Auf dem Treppchen des Flugzeugs nimmt der Uan noch einmal die Landschaft des Rancho Boyeros in Augenschein, komischer Name, vielleicht eine Ranch für Boleros oder für kleine Jungs, für Boys, wer weiß das schon! Tief saugt er seine letzte Luftvoll Havanna ein. Nichts, weder die Palmen noch die wild wuchernde Vegetation, weder die Menge, die sich fast über die Brüstung der Flughafenterrasse stürzt – jeder von ihnen wartet mit Todesangst auf einen Familienangehörigen oder verabschiedet ihn –, noch diese großspurigen Träger dieser minimalen Macht, die ihnen die Walkie-talkies geben, weder der Stacheldraht in der Ferne noch das Triste dieses häßlichen Flughafens, grau wie eine Eierschachtel, weder der blaue Himmel noch die riesige Sonne, noch die Zuckerwattewolken, nichts davon erweckt mehr seine Sehnsucht als dieser Geruch von Havanna, unbeschreiblich und auf unerträgliche Weise unvergänglich. Dieses ständig wechselnde und doch so überwältigende Aroma, das für ihn auch der Duft von Cuca Martínez' Körper ist und das ebenso die Wangen seiner Tochter María Regla ausströmen. Dann dreht er sich um und verschwindet durch die Flugzeugtür, am Boden zerstört, als wäre es das erste Mal.

María Regla rennt die feuchte Treppe ihres alten Mietshauses hinunter, in dem sie in der Calle Empedrado 305 zwischen Villegas und Aguacate wohnt. Sie ist ganz euphorisch; ihren Vater kennengelernt zu haben, hat ihrem Leben wieder Sinn gegeben und ihr begreiflich gemacht, daß man nicht so streng, so politisch korrekt sein darf. Außerdem hat ihr der Promovierte Programmchef schließlich eine Reportage anvertraut. Natürlich wird sie dafür mit Scheiben ihres jungen Fleisches zahlen müssen. Sie ist so im Glück, daß ihr Gebäude ihr nicht mehr als profanes Mietshaus erscheint. Wie einen Palast bewundert sie es. Höchstwahrscheinlich war es das sogar einmal. Im Mittelhof befindet sich ein Brunnen aus dem vergangenen Jahrhundert, ein alter Triton-Brunnen ohne Wasser, gebeutelt von Regengüssen und Ignoranz. Nur María Regla weiß, daß dieser alte, abgewetzte Marmor einen Gott der griechischen Mythologie darstellt, die Nachbarn halten ihn für den Heiligen Lazarus und haben ihm zu Ehren früher an jedem siebzehnten Dezember eine Kerze angezündet. Jetzt gibt es aber keine Kerzen mehr, nicht mal bei Stromausfällen, vergib ihnen, mein kleiner alter Babalú Ayé, von Tag zu Tag kommen mehr Fromme ohne Kerzen zu dir. María Regla wohnt gerne an der Grenze zum Stadtteil Centro, anstatt im widerwärtigen Herzen von Alt-Havanna zu leben, obwohl sie natürlich zu gern eine kleine, schnuckelige Wohnung in Vedado oder Miramar hätte oder, um ganz ehrlich zu sein, in Miami, huch, oh, Scheiße, Klappe halten, Gedanken! Aber sie ist stolz darauf, daß sie ein Zimmer für zwanzigtausend kubanische Pesos erstehen konnte, damals, als das noch reelles Geld war und als die Leute ihre Wohnungen außerdem für wenig Geld und in nationaler Währung verscherbelten. Sie hatte es im Schweiße ihres Angesichts erworben, hatte gespart, seit sie ihr erstes Journalistengehalt bekam (ein Hungerlohn). Und – warum sich etwas vormachen? – mit anderen heimlichen Ersparnissen durch den Schwarzmarktverkauf von allem möglichen Plunder, von einer Deodorantcreme in Dosen bis zu verschwommenen Kopien der Bücher von Alain Kardec, äußerst begehrte Objekte, selbst fortschrittliche *Santeras* studieren sie eifrig. María Regla fegt noch immer mit Höchstgeschwindigkeit die Wendeltreppe hinunter, die Stufen ächzen, so alt und verfault ist das Holz, manchmal muß sie sogar springen, weil ein paar Stufen fehlen, und wenn sie wieder aufkommt, dröhnt das ganze Treppengerüst. Das Gebäude erzittert in seinen Grundfesten, und von der Decke rieselt Putz, der ihr Wimpern, Haare und Schultern pudert. María Regla läuft ihrer zukünftigen Reportage entgegen. Sie erbebt überglücklich, denn endlich, nach tausend Jahren, hat sie ihre Reportage in der letzten noch überlebenden Nachrichtensendung im Fernsehen bekommen. Der Promovierte Programmchef hat sich dazu durchgerungen, ihr diese Gelegenheit zu geben, weil er auf ihre intellektuelle Leistungsfähigkeit vertraut, außerdem ist sie eine der wenigen Journalistinnen, die es überhaupt noch gibt, denn von den Reisen kehrt niemand mehr zurück. Sie haben ihr ein brandaktuelles Thema gegeben: der freie Bauernmarkt. Diese Gelegenheit wird sie sich unter keinen Umständen durch die Lappen gehen lassen, niemand wird ihr die Chance vermasseln! Das ist das dritte Mal, daß sie sich als Journalistin beweisen darf! Zwölf Jahre nach Abschluß ihres Studiums hat sie ihren Beruf erst bei drei Gelegenheiten ausüben können. María Regla nimmt festen Schrittes die Stufen, ihr Herz klopft und quillt über vor Liedern und Hoffnungen. Als sie fast die Straße erreicht hat, entdeckt sie, daß heute fünf weitere Stufen den Geist aufgegeben haben. Sie wird einen gewaltigen Satz tun, einen Salto mortale vollführen müssen. María Regla stößt sich ab, klemmt sich die Aktentasche, die sie vom Großvater einer Freundin geerbt hat, fest unter den Arm. Mitten in der Luft bleibt sie fünf Sekunden wie in den Kung-Fu-Filmen in *stop-motion* hängen, denn plötzlich kommt ihr in den Sinn, daß es gefährlich sein könnte, zu fallen, wieder auf dem Boden aufzukommen, aber sie hat keine Wahl mehr. Wie auch, da sie doch nur eine Berufsanfängerin mit Titel und Diplom ist – das verdankt sie XXL, der Revo und Pipapo, das können wir im Schlaf herunterbeten –, die sich entscheiden mußte, ob sie diese endlose Folge von Naivitäten fortsetzt, zu der ihr Leben verdammt war, oder ob sie sich in ihrem Zimmer verrammelt. María Regla schwebt mit ihrem Fünfzig-Kilo-Fliegengewicht durch die Luft, und ihre Füße kommen auf der Haustorschwelle auf. Aber dieser Sprung ist der Tropfen, der den Kelch zum Überlaufen bringt, das letzte Stück Lunte an der Dynamitstange, die aus Versehen scharfgemachte Granate. Hinter ihr fallen im Bruchteil einer Sekunde hundertfünfzig Jahre Stein, Zement, Holz und Putz in sich zusammen. Hundertfünfzig Jahre Geschichte. Hundertfünfzig Jahre Leben. Das Haus stürzt ein, während alle schlafen. Nicht einer überlebt. Das Gebäude zerfällt zu Staub. Nicht mal ein Klagelaut, nur ein Dröhnen wie bei einem Hammerschlag, dann eine transzendentale, überirdische Stille. Wie durch Zauberhand schaltet sich in den Trümmern ein Radiorekorder von selbst ein, und eine verbotene Stimme mischt sich unter die Staubwolke:

Havanna, ich weiß nicht, ob jene Zeiten wiederkehren,
Havanna, als ich vom Malecón aus deinen Mond mir suchte.
Havanna, wie sehn ich mich danach, deine Strände zu sehen,
Havanna, und ebenso das Lächeln deiner Straßen.
Havanna, so fern von dir vergesse ich dich nicht,
Havanna, aus Sehnsucht nach dir möchte ich zurückkehren.

Der Kameramann hat sich während des Wartens eine *Popular* angezündet, er lehnt am Prellstein und hat kaum Zeit, auf den gegenüberliegenden Bürgersteig zu springen, von dort kann er die Hand des Mädchens ausmachen, die aus den Trümmern ragt. Er läuft zu ihr hinüber, ruft um Hilfe, die Feuerwehr und der Notarztwagen treffen ein. Als ersten Leichnam ziehen sie den der Journalistin hervor. Er lag der Oberfläche am nächsten.

(So hat es sich abgespielt. Du weißt ja gar nicht, wie sehr du mich mit dieser Geschichte zum Weinen gebracht hast. Mein Gott, geliebte Yemayá, warum hast du nichts für sie tun können! Ihre arme Mutter wird an einem Herzinfarkt sterben. Unser Volksleiden oder -hinscheiden. So viele Schicksalsschläge! Allerdings hat sie sich schon aus der Wirklichkeit ausgeklinkt. Jedenfalls hätte sie gewollt, daß die Dinge einen anderen Verlauf nehmen. Aber wenn es nun mal nicht sein soll, kann man halt nichts machen. Niemand darf sich dem Schicksal in den Weg stellen. Gehe in Frieden, Licht und Fortdauer wünsche ich dir. Ich hätte aber, ehrlich gesagt, nur das Beste für sie gewollt.)

Die Tote ebenfalls. Wie jeder von uns wollte sie nicht sterben, vor allem jetzt nicht, da sich ihr gerade so viele Perspektiven zu eröffnen begannen. Hatte eben erst frisch ihren Vater eingeweiht. Aber so ist das Leben nun mal, ein Rührstück à la *Der große Radioroman*, eine venezolanische Endlosserie. Bei veonezolanischer Endlosserie fällt mir ein, warum beleben wir sie nicht einfach wieder? Was man auch will, die venezolanischen Serien machen's möglich. Warum lassen wir sie nicht einfach wieder auftreten? Da sie es sich doch so sehr wünscht.

(Ach ja, bitte, laß sie wieder auferstehen, sie hat doch so einen Tod nicht verdient, beim Einsturz eines Mietshauses, so was Unpoetisches, brrr, wie ordinär! Na komm, tu's für dein liebes Tantchen, gib ihr eine Mund-zu-Mund-Beatmung, Mädchen, sei kein Frosch. Laß sie künstlich beatmen.)

Nichts täte ich lieber, aber vergiß nicht, daß ich um Erlaubnis fragen muß. Sie ist es doch, die mir dieses Buch diktiert. Ja, hast du das denn noch immer nicht gemerkt? Es ist der Leichnam von María Regla Pérez Martínez in eigener Person, der mir von Kapitel eins an Komma für Komma, Punkt für Punkt diktiert hat.

(Also so was, Mädchen, na dann erst recht! Sei doch nicht undankbar. Dann hat sie ja wie ein Maulesel geschuftet und nicht du. Komm schon, bitte sie um Erlaubnis! Sie gibt sie dir bestimmt! Sie ist doch ganz verrückt danach, wieder ins Leben zurückzukehren!)

Okay, ich werde sie um Erlaubnis fragen. Aber wir wollen doch klarstellen, daß wir beide, sie und ich, uns ins Zeug gelegt haben.

Bitte Vater, bitte Mutter, bitte Echu Alagbana, bitte Haus Echu Akuokoyeri, bitte Ecke 3, bitte Maulbeerbaum, sei gesegnet, zweite heilige Patentante, sei gesegnet, Hüterin von Orula, sei gesegnet, mein Kopf, seid gesegnet, alle Orishas, ihr Alten, seid gesegnet. Sei gesegnet, begünstigter Kopf, Orisha ozeanischer Tiefen, König sein Sohn, sei auf der Hut unterwegs, das Wild ist für Obatalá, Obatalá, laß mich gewähren.

Ein *rewind* für diese Sequenz. Zweite Klappe. Draußen. Tag. Szene ohne María Reglas Tod. Film ab! Ich meine, Schrift ab! Der Kameramann hat sich während des Wartens eine *Popular* angezündet, er lehnt am Prellstein und hat kaum Zeit, das Bündel aufzufangen, das ihm zufällig in die Arme fällt. Den leblosen Körper des Mädchens. Im Laufschritt trägt er sie zum Lada. Als sie drinnen sitzen, startet der Fahrer in Panik den Wagen, ohne genau zu wissen, ob er Zeuge eines Einsturzes oder eines Feuers gewesen ist. So viel Staub steigt auf, daß die Menge der Schaulustigen in einer grauen Wolke verschwindet, die nach Abwässern stinkt und in den dreckigen, entweihten

Himmel aufsteigt. Die Feuerwehrsirenen und Martinshörner der Streifenwagen alarmieren die ganze Stadt. Als María Regla wieder zu sich kommt, fährt das Auto schon die Calle Línea im Vedado entlang. Gleich werden sie in Miramar sein, dann kommen noch ein paar Wohnviertel, danach kleine Dörfer... Dann schließlich der Ort, an dem sie die Bauern interviewen soll.

»Heilige Jungfrau María von Regla, was zum Teufel ist passiert, ich bin doch nur gesprungen! Ich wußte, daß etwas geschehen würde, ich hatte so eine Vorahnung, in der Luft wußte ich, daß etwas Schlimmes passieren wird! Mir werden die Dinge immer schon eingegeben, bevor sie geschehen! Himmel noch mal, alle sind sie umgekommen, auch die Kinder, Angelito Patricita, Rebequita, Elenita, Carlitos, oje, oje, oje! Und was zum Teufel machen wir jetzt, verdammt noch mal, wohin fahren wir?«

Der Fahrer mustert sie befremdet im Rückspiegel, der Kameramann auf dem Beifahrersitz wendet sich nicht weniger erstaunt zu ihr um. Sie bringen keinen Ton hervor, die Verblüffung verschlägt ihnen die Sprache. Sie versteht sofort. Sie hört auf zu weinen, streicht sich die staub- und schweißverklebten Haare glatt. Sie stützt den Kopf in ihre Hand, die sich in den Haaren vergräbt, während der Ellbogen am Fenster ruht. María Regla wird klar, daß sie alles verloren hat. Das einzige, was ihr noch bleibt, ist die Reportage. Und die wird sie machen. Später werden wir sehen, wie's weitergeht.

Die frische Meeresbrise und die Beklemmung hüllen sie in luftige Schläfrigkeit. Ihr brennen die Augen, das Zahnfleisch, das Gehirn. Aber sie will die Lider nicht schließen, sie zwingt sich dazu, die Landschaft anzuschauen: die Straßen, die Gesichter. Die Straßen sind verdreckt, die Bäume abgeholzt, die räudigen Hunde reiben sich am Rinnstein, ringen mit dem wütenden Juckreiz, Körper eben geköpfter Katzen zittern noch in Blutlachen oder baumeln an Wäscheleinen. Die Kinder gehen in Lumpen, ohne Schuhe, unterernährt, die kleinsten von ihnen sind nackt. Die Frauen grummeln unwirsch und abstoßend in sich hinein. Die jungen Mädchen vegetieren vor den Bäckereitüren vor sich hin. Die Männer fangen einen neuen Streit an, um sich gegenseitig umbringen zu können, die Frauen sind ebenfalls kurz davor, nur die Schuld, Leben in die Welt gesetzt zu haben, hält sie zurück. An jeder Ecke glüht ein Scheiterhaufen von Alten. Es gibt keine Häuser, kein Geld, keinen Strom, kein Wasser. Es gibt Steuern. Diese Leute nennt man *Bedürftige*, und sie sind in der Mehrheit. Doch als sie weiterfahren, verändern sich die Häuser, immer mehr werden von Gittern geschützt, dort wird alles für Dollars angeboten, alles ist funkelnagelneu, frisch gestrichen, mit Plastikvorhängen, getönten Scheiben, damit niemand hineinschauen kann, auf Neonschildern steht: *Rápidos, Cupets,* Benzin und Essen gegen Devisen. Wer aus diesen Geschäften herauskommt, den erkennt man nicht wieder, alle sehen sie völlig verändert aus! Sie sind nun mit Plastiktüten voll roten Fleisches und Cola-Dosen beladen und tragen Jeans, T-Shirts mit Florida-Palmen und gepunktete Turnschuhe, ach, und die Farbe ihrer Wangen spielt ins Rosa, und obwohl sie sich die ganze Zeit wie *Gusanos* durchs Leben winden, erwarten sie dennoch etwas von der Regierung, sie sind Heuchler und hassen aus tiefstem Herzen das Zuteilungsheft, früher gingen sie in ihren Überzeugungen ganz auf Nummer Sicher oder waren sogar bei der Sicherheit – wenn man mal all jene ausnimmt, die ihr ganzes Leben Stipendien eingesackt haben, oder die Glücklichen, die ihre Familie in den USA nicht vergessen hat, die Nutten und Schwengler mit Glück, die Schwarzmarkthändler für Tabak, Rum, Marihuana und Kokain, die Touristen aller Länder, vereinigt euch etc. Die aus diesen Geschäften treten, von denen immer mehr aus dem Boden schießen, nennt man *Diplovolk.*

Hinter schmierigen Vorhängen in überwachten Vierteln, eingesperrt in ihren Schrecken, an den Fingernägeln kauend, gefangen in ihrem Chaos, mit der Kloschlüssel herumschreiend, wild gestikulierend, Telefongespräche vermeidend, grün und blau von Schlägen, ihre Hoffnung an Initiativen ausländischer Journalisten und ans Jenseits hängend, überleben in ihrer Minderheit die *Dissidenten*. Die Paranoiker, im Grunde deprimiert, aber nach außen hin euphorisch und munter, mit einem unerschütterlichen Vertrauen in sich selbst, eitel, stolz auf ihre angeblich völlig neuen Ideen unter der Sonne, mit besten Aussichten, reich zu werden, stark, gesund, unbesiegbar, unzerstörbar, sie bilden die Bastion der Mittelmäßigkeit mit ihrer beispielhaften, effizienten, hochmütigen und natürlich korrumpierten, Verzeihung, unkorrumpierbaren Haltung. Unersetzbar, mächtig, unsterblich, infam ... das sind schließlich die *Machthaber*. Ich glaube, ich hätte sie kaum besser porträtieren können. María Regla ordnet sie der neuen gesellschaftlichen Stufenleiter nach: Machthaber, Diplovolk, Dissidenten, Bedürftige... Verdammt, ich hab ja ein Gedächtnis wie ein Sieb, wie konnte ich die *Überlebenden* vergessen! Oder mit anderen Worten Künstler, Schriftsteller, Philosophen ... falls letztere nicht umschwenken und sich einer der anderen Gruppen anschließen.

Das ist die Stadt, mit der María Regla hier zusammenprallt. Die Straßen sind verlassen, ab und zu überfährt ein Diploauto einen Diplohund. Ein Diplofahrrad fährt gegen einen Diplopfosten. Mir nichts, dir nichts parkt ein Diplolada mit weißem Diploministerkennzeichen in der Diplogarage eines Diplorestaurants. Eine Diplohure stolziert kokett umher, den Diplowanst voll mit Diploschweinskeule und Diplobohnen. Ein Mädchen, frisch von der Universität, empfindet Neid und macht sich Gedanken darüber, ob es nicht besser wäre, Diplokarriere auf dem Malecón zu machen. Sogleich fällt ihr die Diplorede von Diplo-Extra-Extra-Large ein, die es auf Marke gab, und eine inbrünstige religiöse Berufung packt sie: *Unsere Huren sind die gebildetsten und gesündesten der ganzen Welt.*

María Regla hört im Autoradio das Lied von Pablito Milanés:

Was ist denn das Leben schon wert,
wenn sich alles in Warten verkehrt,
jede Minute aufgeschoben wird,
nur damit man schließlich im Bette stirbt…

Der Text soll sich angeblich auf eine Passage des Briefes beziehen, den das Ehepaar Rosenberg seinen Kindern vor dem Tod geschrieben hat. María Regla muß sogleich Rotz und Wasser heulen, ohne sich selbst erklären zu können, warum. Aber gleichzeitig muß sie auch lächeln, als sie die persiflierte, aus dem Zusammenhang gerissene Version hört, die der Fahrer, der ihre Beklemmung nicht bemerkt, jenseits von Gut und Böse anstimmt:

Was ist denn das Leben schon wert,
wenn man einen Lada fährt,
ohne einen Nissan dann und wann,
den man weiterverscherbeln kann…

Als sie vor einer Ampel halten, läßt er sich die Gelegenheit nicht entgehen und macht ein Rasseweib an, Typ amerikanisches Präriepferd, das in einer knallengen Levi's gerade vorbeischaukelt.

»Hör mal, Kleine, bist du Kapitalistin?« Da die Frau nur die Augen verdreht, antwortet er selbst: »Na, deine Massen sind zumindest ganz schön unterdrückt.«

Die Landschaft wird nun immer ländlicher. Das Grün

wirkt wieder so wie in älteren Filmen, die Palmen sind wartende Bräute, und es gibt noch jede Menge mehr von diesem kubanischen Seelenschmalz, der so relevant und redundant ist: der blaue Himmel, der Kot- und faulige Grasgestank, die hingepuderten Wolken, die Aquarellfarben … Alles ist genauso wie früher, was sich da Stück für Stück, Kilometer für Kilometer im Blick der jungen Frau spiegelt. Aber die agitatorischen Plakatwände mit den Kampfparolen *Sozialismus oder Tod, Comandante befiehl, Hier wird sich niemand ergeben, Wir sind durch und durch Kubaner, Ihr Herren Imperialisten, wir haben keine Angst vor euch* … all diese Botschaften machen eine seltsame Verwandlung durch: dralle, lächelnde Kinder erklären auf Plakaten im Stil der Fünfziger *Besser wachsen mit Nestlé*, Manolo Ortega, unser alter Regierungssprecher, erscheint auf einem anderen Werbeplakat als schlanker Jüngling, gar nicht mehr so feist und steif, so aufgebügelt wie jetzt, und bekennt lauthals lachend, daß doch nichts über *Hatuey*-Bier geht. Ein angehender Filmschauspieler wirbt für Pepsi, eine Leinwandgröße für *Guerlain*. Auf einem anderen Plakat werden *Pan y americanos* – Brot und Amerikaner – gefordert statt *Panamericanos*, womit die Sportwettkämpfe gemeint sind; und so geht es weiter, die ganze Straße lang. Keine Menschenseele, kein einziger Bauer zu sehen. Nur Landschaft und Werbeplakate, die immer mehr nach den Fünfzigern aussehen. Die junge Frau versteht nicht, was da vor sich geht. Als befände sie sich in einem Traum, den andere für sie programmiert haben. Ein Traum ohne jeden logischen Anknüpfungspunkt. Der Fahrer pfeift *Only you* von den Platters, er trägt Anzug und Krawatte, der Kameramann ebenfalls. Sie trägt das Haar kurzgeschnitten, mit Dauerwelle, und ein gelbes Kleid, an den Schultern breit ausgeschnitten und an der Taille eng anliegend, während der Rock locker fällt, sowie leichte, bequeme Schuhe, ideal zum Rock'n'Roll-Tanzen. Erschöpft, aber deshalb nicht weniger erstaunt, streichelt sie das Vinyl der prächtigen, gemütlichen Sitze eines Chevrolets Baujahr achtundfünfzig. Sie haben das Dorf nun erreicht, der Kameramann öffnet die Tür und reicht ihr die Hand, um ihr beim Aussteigen zu helfen.

Das Mädchen springt aus dem Wagen. Im Dorf findet ein Fest statt. Das Fernsehen ist live dabei. María Regla regt sich auf, schäumt vor Wut, auch bei dieser Reportage hat man ihr mal wieder einen Staatsstreich versetzt: Jemand ist ihr zuvorgekommen. Aber sogleich bemerkt sie, daß die Kameras kostbare Ungetüme sind und die Kameraleute alle Schlips und weiße Leinensakkos tragen. Sie ahnt, daß sie aus ihrer Epoche gefallen ist. Statt über den freien Bauernmarkt geht diese Sendung über eine Tombola, bei der die Paare ihre Aussteuer, Häuser, Mixer, General-Electric-Kühlschränke gewinnen können (nun wird es keine Reisen nach Miami mehr geben, das heißt doch, aber die Tombola wird Namen und Standort ändern...).

Das Publikum ist sonntäglich herausgeputzt, alle lachen neugierig, klatschen, und jeder hofft zu gewinnen... Gerade sind ein paar schwangere Bäuerinnen an der Reihe. Sie werden um das Babykörbchen spielen. Unter den Teilnehmern fällt María Regla ein Mädchen auf, das ihr sehr gleicht, es hat chinesische Züge, eine Mulattennase, volle Lippen, ein Samtkinn. Wie eine Doppelgängerin, bloß dunkelhäutiger. Das Mädchen ist ungefähr im achten Monat, es zieht den Zettel aus der Tüte, die ihr der junge Germán Pinelli hinhält – ist der nicht schon im Alter von hundert gestorben? Sie hat gewonnen! Das Babykörbchen mit Moskitonetz, das letzte nordamerikanische Produkt, das im Kaufhaus *Pestana* noch übriggeblieben ist, bevor es verstaatlicht wird! Der Moderator spricht vom ruhmreichen Jahr neunzehnhundertneunundfünfzig im scherzhaften Reklameton und fragt dann das junge Mädchen, welche Farbe das Moskitonetz für das Baby haben soll. Sie antwortet, am ganzen Körper zitternd: weiß mit rosa Schleifchen. Mit beharrlicher

Stupidität hakt Pinelli noch einmal nach, warum gerade diese Farbe?

»Weiß ist die Farbe der Kinder.« Das ist die ganze Antwort.

»Aber Sie wohnen in Havanna, was tun Sie hier in Santa Clara?«

»Ich wollte in meinem Heimatdorf entbinden.« Und sie erhält stürmischen Beifall.

Der spindeldürre Pinelli will nun zu einer Waschmittelverlosung übergehen und befördert das junge Mädchen mit einem versteckten Ellbogenstoß aus dem Bild. María Regla geht ihr schnell nach, bevor sie sie aus den Augen verliert, und nimmt sie sanft beim Arm. Das Mädchen ist so müde, daß es keinen Widerstand leistet, es läßt den Schein nicht aus den Augen, der beweist, daß es ein Babykörbchen gewonnen hat.

»Entschuldige, ich möchte gern ein Interview mit dir machen ...« María Regla spürt, daß hier etwas Geheimnisvolles im Gange ist. »Wie alt bist du?«

Sie will nicht antworten, stolpert und fällt fast auf die Nase. María Regla hält sie fest und trocknet der Schwangeren mit ihrem Rocksaum den Schweiß von der Stirn:

»Wie heißt du, in welchem Viertel wohnst du in Havanna?«

Der anderen ist schwindlig, sie übergibt sich.

»Verzeihen Sie, könnten Sie nicht morgen wiederkommen? Ich fühle mich gar nicht gut ... Ich heiße Caridad und arbeite in der *Cafetera Nacional* in Havanna ... Aber augenblicklich bin ich hier zu Besuch ... Merkwürdig, Sie ähneln mir! ... Ich lebe in dem blauen Häuschen da drüben ...«

»Ich werde kommen. Dein Leben interessiert mich, ich möchte etwas im Fernsehen darüber machen.«

María Regla wird rot, sie schämt sich ihrer eigenen Worte.

Ihr wird ganz seltsam zumute bei diesem elenden schwangeren Mädchen. Sie verspricht, übermorgen vorbeizukommen. Die Fahrt ist lang, und sie muß zurück... Aber wohin? Sie ist ganz durcheinander, weiß gar nicht mehr, ob sie zu einem nicht mehr existierenden Haus oder in eine nicht mehr existierende Zeit zurückkehren wird... Der Gedanke entsetzt sie, daß beides zutrifft. Nachdem sie Caridad verlegen auf die Stirn geküßt hat, steigt sie in den Chevrolet. Der Wagen setzt sich in Bewegung. Und wieder Landschaft, Werbung, Wahlplakate und schöne, junge Menschen beiderlei Geschlechts, ein strahlender Himmel, kokette, hochmütige Palmen, wilde, leuchtend grüne Vegetation, freche Wolken, der Geruch nach Kokoskaramellcreme, aber auch üble Ausdünstungen, jede Menge... Nun taucht die Stadt wieder auf, mit all ihren Pros und Contras. Mit ihren Hügeln und Schrunden. Die Stadt ist wie ein ranziger Käse. Die Tunnel der Unvernunft nagen an ihr. Havanna, meine Mutter, immer noch jung, immer noch mein einziges Universum, immer noch meine Zukunft. Havannawandle mich, mein Gefängnis. Havannawandle mich, meine Freiheit, mit deinen Vorzügen und deinen Fehlern: farblos und trist, aber voll Lust, Trubel und Qualen.

María Regla schaut sich ihre staubigen Hände an, den derben, fadenscheinigen Stoff ihrer Jeans, die Löcher der abgerissenen Türgriffe an den Lada-Türen. Die aufgeschlitzten, zerfledderten Sitze. Der Kameramann schläft, der Fahrer trällert ein Lied von *Los Van Van* vor sich hin:

»Der Fleischer ist ein Pfundskerl, der Fleischer ist eine Kanone.«

Sie rüttelt den Kameramann wach:

»Was ist passiert? Wo waren wir?«

»Na, bei der Reportage. Aber war nichts. Wie ist es möglich, daß du dich nicht dran erinnerst? Niemand wollte vor laufender Kamera sprechen... Die Leute haben Schiß, unter sich sprechen sie, aber sobald sie eine Kamera sehen, kriegen sie's mit der Angst... Na komm, du kannst heute nacht bei mir schlafen...«

Sie kehrt in diese oberflächliche Wirklichkeit zurück, ohne Haus, ohne Zeit. Ihre Familie hat die Nachricht womöglich im Radio gehört oder in der Zeitung gelesen. Der Kameramann sagt, sie solle sich nichts vormachen, solche Nachrichten würden nicht mehr verbreitet, Einstürze sind inzwischen an der Tagesordnung, haben keinen Neuigkeitswert mehr. Wenn ihre Mutter davon erfährt, wird sie sie bestimmt für tot halten, unter den Trümmern begraben. Und ihr Vater, oje! Sie weint wieder, jammert ängstlich vor sich hin. Sie ringt sich dazu durch, mit dem Kameramann zu gehen, sie wagt kaum einen Schritt zu tun, so müde und lädiert ist sie.

Der Kameramann wohnt in einer kleinen Wohnung in Vedado, natürlich zusammen mit Mutter, Vater, zwei Tanten und mehreren Geschwistern und Vettern. Seine Frau wohnt im Haus ihrer Eltern. Deshalb haben sie keine Kinder. Er klappt eine Liege auf dem Balkon auf, das einzige freie Fleckchen, und legt sich dort schlafen. María Regla fällt erschöpft auf die Bettcouch, auf der normalerweise ihr Freund schläft. Mit den Augen fest auf die chinesischen Schattenspiele an der Decke geheftet, muß sie unaufhörlich an das Mädchen aus dem Jahr neunundfünfzig denken.

So ausführlich sie dem Kameramann auch von den merkwürdigen Vorfällen erzählt, er mag ihrer Geschichte oder ihrem Alptraum zwar Glauben schenken, aber bezeugen kann er ihn nicht. Er dreht sich auf die andere Seite und beginnt, anhaltende Schnarchtöne von sich zu geben. Am frühen Morgen fängt María Regla mit derselben Leier an, sie vergißt sogar, daß sie Haus und Hab und Gut verloren hat, und als sie der Kameramann daran erinnert, tut sie es als bedeutungslos ab. Sie ist dafür, sich einen Wagen zu organisieren und in das Dorf zurückzukehren. Der Krug geht so lange zum Brunnen, bis er... bricht... oder wieder heil wird. Aus Mitgefühl und weil er ein toller Kerl ist, wie es sie heutzutage gar nicht mehr gibt, leiht sich der Kameramann von seinem älteren Bruder den Lada. Und unverzüglich starten sie in Richtung kubanische Provinz.

Dieselbe Landschaft, aber diesmal ändern sich die Plakatwände nicht. Die Botschaften bleiben dieselben. Oder beinahe. Bald schon ist in modernen Lettern, in Halogen- oder Neon-Leuchtschrift zu lesen: *Erleben Sie eine Versuchung.* Und im Vordergrund der Hintern einer Schwarzen mit zahnseidendünnem Tangahöschen. *Rauchen Sie Hollywood-Zigaretten, Go to Hollywood, Reisen Sie mit Cubana.* Und so weiter und so fort... bis sie schließlich in Santa Clara, in der ehemaligen Provinz Villa Clara, eintreffen.

Alles ist völlig verwahrlost, das Dorf würde nicht nur baufällig, sondern auch verlassen erscheinen, wenn da nicht ein paar barfüßige Mädchen wären, die mit einem Strick Seilhüpfen spielen. María Regla tritt zu ihnen. Nervös und ohne das Schauspiel zu verstehen, das sich die Zeit außerhalb aller Gesetzmäßigkeiten launisch erlaubt. Die Mädchen, zunächst scheu, unterbrechen ihr Spiel und warten auf die Frage:

»Kennt ihr ein schwangeres Mädchen, das Caridad heißt? Gestern habe ich sie hier getroffen, sie hat mir gesagt, daß sie in dem blauen Holzhäuschen wohnt...«

»Caridad, Caridad?« Das zottelige, sonnenverbrannte Mädchen denkt angestrengt nach.

»Also, hier gibt's nur ein Häuschen in verblichenem Blau, da drüben...«, und sie deutet auf ein Dach, das von einem Gebüsch verdeckt wird. »Und da wohnt, soweit ich weiß, eine halbverrückte Alte, die gerade eingezogen ist, und die heißt... die heißt Cuca.«

»Meine Großmutter hat mir erzählt...«, mischt sich ein anderes Mädchen ein, »daß Cuca ihre Kindheit hier verbracht hat und nun zurückgekehrt ist, um ihr früheres Leben hinter sich zu lassen... Die ist komplett durchgedreht. Sie verbringt den ganzen verdammten Tag damit, zu erzählen, sie hätte sich vor Jahren mit einer Journalistin hier verabredet und sei zurückgekommen, um auf sie zu warten, denn ihre Lebensgeschichte soll im Fernsehen gebracht werden, in einer Telenovela...!«

»Was für ein Jahr haben wir?« fragt die Journalistin.

»Na hör mal, was für ein Jahr werden wir wohl haben, neunzehnhundertfünfundneunzig!«

Eine Ahnung steigt in María Regla auf. Sie geht zu dem Gebüsch hinüber. Die Mädchen fangen wieder mit dem Seilhüpfen an. Der Kameramann schnarcht im Wagen. Ihre Kleidung hat sich diesmal nicht verändert, auch das Auto nicht. Ob der Zeitenwechsel wirklich stattgefunden hat? Und warum war ausgerechnet die Vergangenheit das Modell gewesen? Warum nicht die Zukunft? Warum nicht die Zukunft erträumen, erfinden?

(Also, Moment mal, bis zu dem Punkt hast du mich zu Tränen gerührt, nicht eine Sekunde habe ich dich unterbrochen. Aber dieser Monolog eines übernächtigten Philosophen paßt überhaupt nicht zu dir, das ist nicht dein Stil, also wirklich. Komm ganz einfach wieder mit beiden Füßen auf den Boden der Tatsachen zurück, Schätzchen. Du bist nicht María Regla, du bist ihre Angestellte. Hat sie dich etwa gebeten, sie wieder auferstehen zu lassen? Na? Ja oder nein? Wenn ja, dann bin ich still. Aber soweit ich mich erinnere, bin ich auf die brillante Idee gekommen, sie für ein Weilchen ins Leben zurückzuholen, du hast sie nur um Erlaubnis gefragt, und sie hat sie dir liebend gerne gewährt. Aber das erlaubt dir noch lange nicht, Unsinn zu quatschen, es gibt dir nicht das Recht, dich auf ihre Kosten zu amüsieren, damit du's weißt. Was soll denn das immer mit der Zukunft? Siehst du denn nicht, daß wir viel zu sehr in der Tinte sitzen und den Kopf gerade mal über Wasser halten können, damit du dann ankommst und von den gebeutelten Leuten verlangst, sie sollen an die Zukunft denken? Sie haben mit der Gegenwart zu kämpfen! Die Zukunft, die dir so Kopfzerbrechen bereitet, kannst du dir für den Sonntagsausflug aufheben, meine Liebe! Diese Leier kenne ich auswendig, meine Gute, komm mir bloß nicht damit. Ich sage es wieder und wieder, aber hör gut zu, Kind, denn auf dem Ohr scheinst du taub zu sein: Leb dein Leben, Mädchen! Du wirst nichts bewegen können. Hier ist alles den Bach runtergegangen, nichts mehr zu retten, die Krankheit ist chronisch, jeden Moment kann der Tod eintreten, aber niemand mag sich mit Totenwache oder Beerdigung befassen. Diesen ganzen Aufstand, den du da wegen der Stadt, des Landes, der Häuser, die wie Kartenhäuser zusammenfallen, und der dahinsiechenden Landschaft machst. Was hast du denn erwartet? Daß wir ein karibisches Tokio errichten würden? Ich sag's ja, wir haben nur noch Kichererbsen im Schädel statt Grips. Deshalb bekommt man auf Marken auch nur noch Kichererbsen. Das nationale Gift. Asterix' Zaubertrank: ohne Essen unbesiegbar werden. Wir haben zwar kein einziges rotes Blutkörperchen mehr im Leib, aber wir verschlingen das mächtigste Imperium der Welt. Kurz und gut, bis jetzt fand ich's wirklich prima, bis auf den kleinen Ausrutscher mit der Zukunft. Das mit der Zukunft kommt raus, und zwar flott. Wird's bald. O. k.? Hab ich nicht recht? Na, dann weiter im Text.)

Hat man schon mal so eine Unverfrorenheit gesehen? Für eine sprechende Grille riskierst du ja ne ganz schöne Lippe, Revulva. Wenn du mich noch mal ohne stichhaltige Argumente unterbrichst, bekommst du von mir eine geschallert, die sich gewaschen hat. Laß mir mein philosophisches Palaver, ich weiß schon, was ich tue. Dir dürfte doch bekannt sein, daß das meine große Schwäche ist, mein verrückter Traum. Anhand eines Kichererbsenrezepts zu philosophieren. Kichererbsen auf englische Art: Du läßt die Kichererbsen ein wenig einweichen, dann werden Schinkenwürfel und gehackte Zwiebeln in Butter angebraten und die Kichererbsen hinzugegeben, unter ständigem Rühren auf hoher Flamme eine ganze Weile kochen lassen, dann mit einer guten Brühe übergießen, in der sie weiterköcheln können, bis sie weich sind; das Ganze wird mit Salz, Pfeffer und geriebener Muskatnuß abgeschmeckt, mit Speisefarbe oder Safran bekommt es noch einen kräftigeren Ton, und schließlich wird die Soße mit hartem, zerquirltem Eigelb eingedickt. Mit Würstchen servieren.

(Kannst du mir verraten, wo ich, von den Kichererbsen abgesehen, die anderen Zutaten auftreiben soll, verdammt noch mal? Geh du lieber deine Briefe oder banalen Gedichte schreiben, na los. Auch diese Generation ist nicht mehr zu retten. Immer mehr fallen wir zurück. Mach ruhig so weiter in deinem Trott.)

An der Eingangstür schaukelt in einem fast schrottreifen, knarrenden Lehnstuhl eine Alte. Sie löst den Blick von den Rosenhecken, als sie María Reglas Gegenwart spürt. Ihre Vermutung bestätigt sich. Das Geheimnis ist aufgeklärt: Vor ihr sitzt Cuca Martínez, ihre Mutter höchstpersönlich. Sie lächelt genauso wie früher, schüchtern, müde.

»Wie lange habe ich darauf gewartet, dir alles zu erzählen! Jetzt werde ich es wohl können …«

Aber Cuca Martínez spricht zu der Journalistin aus dem Jahre neunundfünfzig. Der Wirklichkeit entflohen und verkalkt, erkennt sie María Regla nicht. Sie erwähnt sogar, daß ihr die junge Frau irgendwie bekannt vorkommt. Aber – und sie wimmert – ihre arme Tochter wurde ja von den Trümmern eines Mietshauses in Havanna begraben. Sie kann das allerdings nicht glauben. Eine Stimme in ihrem Herzen sagt ihr, daß ihr kleines Baby noch lebt, irgendwo, und auf sie wartet.

Sie bittet die Journalistin, ihr Leben für eine Fernsehserie niederzuschreiben, aber sie muß so wie die brasilianischen Telenovelas werden, die Brasilianer sind da Meister, einsame Klasse, *number uan*. Eine plötzliche Träne gräbt sich durch ihr Gesicht. Nach demonstrativem Schweigen haut sie wieder in die gleiche Kerbe, es muß der Renner des Sommerprogramms werden, mit jeder Menge Intrigen und viel Spannung, und endlos lang soll sie sein, dreihundert Folgen und mehr, ein Straßenfeger!

María Regla möchte sich nicht damit abfinden, einen Geist vor sich zu sehen. Obwohl die Geister viel bessere Geschichten auf Lager haben als die Lebenden, denn sie erzählen sie voll Sehnsucht und Schmerz und lehnen sich unablässig gegen ihre Ohnmacht auf. María Regla versucht ihrer Mutter zu erklären, daß sie es ist, ihre Kleine, sie hat ganz recht, sie ist noch am Leben. Lebendig in ihrem Herzen. Cuca Martínez ist nicht zu bremsen, sie fängt an, ihr Leben von ihrer Geburt an zu erzählen, versetzt sich in die dreißiger Jahre zurück. María Regla hört zu und denkt, daß ihr nun nichts weiter übrigbleibt, als alles aufzunehmen. Später wird sie sich dann eine wahrhaftig Lebende suchen, die es für sie niederschreiben soll. Bestimmt wird sie das tun. Wir werden ja sehen. Und zwischen Palmen und Blätterwerk dringen die zärtlichen Stimmen von *Clara y Mario* hervor, die Schlußmusik:

Müßt ich am Ende meiner Taten
mein Leben niederschreiben,
müßt ich die intensivsten Stunden
am Ende in Worte kleiden,
dann würde die Vernunft mir raten,
von dir am meisten zu schreiben,
denn in meinem Herzen wirst du
immer die erste bleiben.

(Ein würdiger, ordentlicher Schluß. Ein schönes, ergreifendes Ende. Erste Sahne. Glückwunsch. Zwar nichts Außergewöhnliches, aber nicht übel. Glaubst du, es wird Cuca Martínez gefallen, wenn sie es liest? Und was denkt María Regla darüber, was sagt sie dazu? Erzähl schon! Hat es ihr gefallen?)

Sie kann es nicht lesen, es kann ihr nicht mal jemand vorlesen. Sie ist tot. Hast du das vergessen? Und die Toten können weder leiden noch überhaupt etwas fühlen. Jetzt bin ich wie ausgedörrt, leergepumpt, verlassen, obwohl... Ich schaue mir noch mal genau die Fotos an. Das Fotoalbum: meine Verbindung zur Wirklichkeit. Meine Tochter spielt mit ihrem Vater in einem Park in Madrid. Ich schaue ihnen von der Bank aus zu. Ich würde geben, was ich nicht habe, wenn meine Mutter dort, ich meine hier wäre. Ich glaube, zumindest etwas Gutes haben wir zuwege gebracht: dieses fröhliche Mädchen in seinem roten, weißgepunkteten Kittelchen, das sich auf der Schaukel vergnügt. Auf kubanisch schenkt sie uns eine unschuldige Geschichte von Ungeheuern. *Elle nous raconte une naïve histoire de monstres en français.* Ihre Ungeheuer haben nichts mit den meinen, nichts mit denen von Cuca Martínez, nichts mit denen von María Regla zu tun. Es sind ihre Ungeheuer. Um den meinen die Stirn bieten zu können und sie gegen die ihren zu verteidigen, suche ich bei meiner einzigen Waffe Zuflucht. Ich öffne ein kubanisches Geschichtsbuch von Manuel Moreno Fraginals und lese die Verse von Beatriz de Jústiz y Zayas, der Marquise von Jústiz de Santa Ana, geschrieben 1762:

Du, Havanna, in fremder Hand?
Klagst inmitten von all den Trümmern?
Muß dich die Kapitulation bekümmern?
Was für ein Schmerz! Oh, geliebtes Heimatland!

Inhalt

Zweiter Teil

Danksagungen

Ich danke Attys Luna, Ricardo,
meinen Freunden, dem Verlag Actes Sud,
der »Ecole des Hautes Etudes en Sciences Sociales« und
dem »Centre National du Livre« in Paris
für ihr Vertrauen und ihre Hilfe.

MERIDIANE
Aus aller Welt

MERIDIANE ›aus aller Welt‹ sind Bücher, die zeitgenössisches Erzählen repräsentieren, die durch ihre literarische Qualität Beachtung verdienen und in einer Spanne geschrieben sind, die von leicht lesbarer bis zu artistischer Prosa reicht.

MERIDIANE ›aus aller Welt‹ sind eine Einladung an die Leser, die zeitgenössische Literatur und damit die Welt, deren Zeitgenossen und -zeugen wir sind, in ihrem Erzählen und ihrem Geist kennenzulernen.

MERIDIANE ›aus aller Welt‹ bieten Literatur aus dem unerforscht-altvertrauten Phantasie-Kontinent, Unterhaltung, die nicht langweilt und für alle erreichbar ist.

Meridiane 1

Thomas Hürlimann

Das Holztheater

Geschichten und Gedanken am Rand

1997. 100 Seiten. Leinen

Meridiane 2

Pierre Gandelman

Die einzige Frau ihres Sohnes

Roman

Aus dem Französischen von Thomas Dobberkau

1997. 160 Seiten. Leinen

Meridiane 3

Judith Katzir

Matisse hat die Sonne im Bauch

Roman

Aus dem Hebräischen von Barbara Linner

1997. 320 Seiten. Leinen

Meridiane 4

Steinunn Sigurdardóttir

Der Zeitdieb

Roman

Aus dem Isländischen von Coletta Bürling

1997. 180 Seiten. Leinen

MERIDIANE 5

Dezső Tandori

Langer Sarg in aller Kürze

Evidenz-Geschichten

Aus dem Ungarischen von Hans-Henning Paetzke

1997. 280 Seiten. Leinen

MERIDIANE 6

Jurij Galperin

Leschakow

Roman

Aus dem Russischen von Therese Madeleine Rollier

1997. 280 Seiten. Leinen

MERIDIANE 7

Richard Powers

Galatea 2.2

Roman

Aus dem Amerikanischen von Werner Schmitz

1997. 460 Seiten. Leinen

MERIDIANE 9

Zoé Valdés

Dir gehört mein Leben

Roman

Aus dem kubanischen Spanisch von Susanne Lange

1997. 340 Seiten. Leinen

MERIDIANE 10

Julia Franck

Der neue Koch

Roman

1997. 160 Seiten. Leinen

MERIDIANE 11

Gianluigi Melega

Von den fortschreitenden Übertretungen des Major Aebi

Roman

Aus dem Italienischen von Moritz Hottinger

1997. 200 Seiten. Leinen